语文教学的理想境界

无痕教学 润泽生命

李凤◎著

●新生代通派名师系列●

凤凰出版传媒集团
江苏教育出版社

图书在版编目（CIP）数据

语文教学的理想境界：无痕教学润泽生命/李凤著.
—南京：江苏教育出版社，2011.10（2014.4 重印）
（新生代通派名师系列）
ISBN 978-7-5499-1062-5

Ⅰ.①语… Ⅱ.①李… Ⅲ.①语文课—教学研究—中小学
Ⅳ.①G633.302

中国版本图书馆 CIP 数据核字（2011）第 199964 号

书　　名　语文教学的理想境界——无痕教学润泽生命
作　　者　李　凤
责任编辑　司亚宁
出版发行　凤凰出版传媒股份有限公司
　　　　　　江苏教育出版社（南京市湖南路 1 号 A 楼　邮编 210009）
苏教网址　http：//www.1088.com.cn
照　　排　润星之源文化有限公司
印　　刷　九洲财鑫印刷有限公司
厂　　址　河北省三河市灵山大口
开　　本　787 毫米×1092 毫米　1/16
印　　张　15.5
字　　数　250 千字
版　　次　2011 年 10 月第 1 版　2014 年 4 月第 2 次印刷
书　　号　ISBN 978-7-5499-1062-5
定　　价　30.00 元
网店地址　http：//jsfhjy.taobao.com
邮购电话　025-85406265，85400774　短信　02585420909
E - mail　jsep@vip.163.com
盗版举报　025-83658579

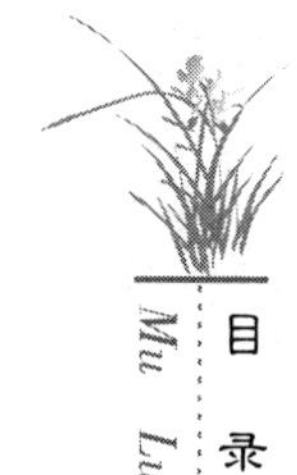

目录 Contents

序

“无痕”无巅　追求有径

——探寻李凤老师“无痕语文”的三重境界

我1991年认识李凤老师，至今已有20年。记得有一年她上公开课《十五的月亮》（歌词），上得轻松开放，很有灵气。正在她准备“松一口气”时，作为抓教育科研的副校长，我却给她提出一个新要求：“写一篇教学体会，2000字以上，争取发表。”开始她不很理解，我又说：“你为这堂课投入那么多，产出只有一堂课，投入产出比太低了！太可惜了！我每上一堂公开课，都要写一篇文章，都在3000字以上，而且都发表。”上进心强的她听从了我的话，还真的发表了文章。后来她回忆总结说，正是我的这句话，把她推到了教学、科研双轨并进的高速公路的路口。那时才到“而立”之年吧，一路走来的李凤，现在已过“不惑”，教学、科研成了她有力搏击的两翼，美丽的凤凰完成了起飞，翱翔在蓝天白云间！

属于李凤老师的这种翱翔，源于她在语文课堂的自然、自由的游走姿态。在当前语文界，人们常常批评泛语文、无中心拓展、无效讨论、教师不作为、去知识化、多媒体化等误区，这些误区的出现，究其实质，是教者缺失哲学思考、不善处理语文教学过程中的各种辩证关系、未曾达到“无痕”境界的结果。在处理诸如教者与文本、教者与学生、学生与学生、学生与文本、工具与人文、走进与走出、放开与收拢、预设与生成、语文与社会等关系的时候，李凤老师的游走姿态总是显示出自然流畅、轻松自如、水到渠成、恰到好处的特色，而作为其对立面的“有痕语文”则总是有机械叠加、强硬灌输、生硬生涩、被动勉强的缺憾。人们可能会欣赏李凤老师的上述境界，但并不认同“××语文”一类的表述名称。是的，“××语文”给人“山头林立，寨旗乱舞”之感，内容界定者多，概念重合、模糊等弊端也不鲜见，但不管语文教学打着什么旗号，“无痕”应是其共同遵循的规律和追求的目标。从哲学眼光看，“无痕”无巅，是理想境界，但追求有径，有乐，因为追求者游走的小径通向语文教学的职业幸福。探寻李凤老师“无痕语文”的三重境界，其意义也在于此。

一、既是追求，更是本真

当代社会很多“追求”并非出自本真，不少人的“追求”烙上太深的荣誉欲与物质欲的印记，涂抹上太深的功利色彩。这些人没有了本真，有的是扭曲、作秀，成了“被追求”一族。

李凤对“无痕语文”的“追求”来自本真。在李凤老师看来，教育本无痕，生活应本真；享受生活离不开享受语文教学，享受语文就是享受生活。她已经把语文教学作为生活不可分割的一部分，作为生命的一部分，追求“无痕”，已经成为她平常的生存状态。就像青歌赛上评委赞扬云南新疆等原生态歌手的演唱只是把放歌地点从草原田间搬到舞台上一样，李凤老师在加入名师培养第一梯队后提出“追求无痕”的专业研究方向，也只是将她原先语文教学的游走步履“晒”到专家瞩目的舞台供人们欣赏、评点和指导而已。她没有“被培养”“被科研”，她一直自主自在自由地行走在自己的本真之路上。

李凤如今的“追求”源于本真，高于“本真”。本真的原生态色彩固然可贵，但它也是在渐进中吸纳新元素的结果。青歌赛的评委们对云南新疆等原生态歌手在演唱中适当地加入流行唱法甚至美声唱法的新潮处理大加赞美，李凤来自“本真”的“无痕”追求，在南通市名师培养的舞台上，“导演”们也为她科学地植入时新元素，使她不断提升理性思考的密度、理论支撑的强度和教学视野的高度，缩短经验性教学与专业性教学的距离。能与时俱进的“本真”才是更有个性的，才是最有生命力的。

二、既是继承，更是创新

优秀遗产自有魅力。李凤老师已经在她的文章中多次阐述了她的继承观，我想说的是，当你把专业性教学与优秀遗产接通时，爆发的火花是绚丽的。我很欣赏李凤老师在连云港上的《散步》。在这堂课的“延展阅读”部分，李老师引进“国际家庭日”图案，与学生一起讨论图案寓意，设计过“国际家庭日”。此时，课堂呈现较为浓厚的亲情孝道色彩，体现对传统道德的继承。在教学技艺上，此时处理“放”与“收”、“走进”与“走出”“人文性”与“工具性”等多对矛盾都需要“无痕”艺术，李凤老师完全处于一种自然沉醉的状态中，她的“无痕”艺术竟然深深打动了那位前来听课的年轻教师，他“太激动了”，他要和同学们一起倾诉，李老师在倾听了他那一番发自肺腑的话语后，迅即作出反应，自然承接的两句话放中见收，回归文本，水到渠成地将课堂教学推向高潮，这种在公开课中鲜见的情景，看似偶然，实则必然——基于优秀遗产继承的“无痕”艺术使课堂闪放异彩！

继承是为了创新，为了发展。李凤老师曾在一篇文章中提到孔子的“无痕”教育：孔子带领弟子到泗水河畔赏景，孔子遇水必观，引出谈水的话题，最后弟子们十分自然地结合如君子般的水，畅谈自己的志向。这里的“引发”“导入”“放开”“生成”极为自然流畅，这种“无痕”艺术值得我们继承，但怎么用于当代45分钟一节课的课堂教学，需要我们寻求合适的方法，体现创新智慧。例如李凤老师教《端午日》一课时，设计了“三放三收”环节，其中第二“放”是要求学生做小记者，报道赛龙舟场面。这一“放”放得很开——报道赛前筹备工作，报道赛龙舟的过程，报道领奖与庆祝实况，报道观众看龙舟的场景……这一环节会不会造成失控？不会，因为教者幽默地要求同学“借助文本，神游茶峒”，以文本为基础，所以学生的“放”是“放而有度，放而有据”，是信息拓展和信息重组的结合，是文本理解和创新思考的交融，是驰骋想象与口头表达的连接。多对矛盾和谐统一于一个教学环节，正是“无痕”教学艺术创新发展绽开的绚丽之花。

李凤老师在继承中“创新”有她自身的特点。

一是时代性强。体现当代文化视野，渗透先进教育理念是创新的灵魂。例如教《端午日》时，她要求学生从传承中华文明的高度设计今年的端午节怎么过。学生关注非物质文化遗产的申报，于是从茶峒回到家乡，从理解转为行动，由感知转为情思，由体悟转为创造。这一步紧承上面的“报道”环节，自然而不生硬，成为人文教育升华的必要一步。

二是适合自己。率直坦诚、亲和力强、童心洋溢是李凤老师的个性特点。在师生互动、生生互动中，李凤老师的教师角色会显得很模糊，她和学生一样说自己的家庭，说自己与亲人、长辈的交往及感受，她会很平等地成为交流与倾诉的参与者，说学生之所欲说，道学生之所爱道，此时的她，儿童的角色、姐姐的角色、学生的角色、伙伴的角色、母亲的角色等多种色彩反而会变得鲜明起来。这种适合自己的“创新”，才是不可复制的“无痕”技艺的生命力所在。

三是渐见体系。“无痕”语文教学必须面对多样的矛盾对立，从李凤老师的主题报告中，我们可以初步看见她游走于这些对立体之间的足迹，初步领略她架构的“无痕”语文教学框架的风采。我曾在听了《散步》一课后对她处理“走进”与“走出”“放”与“收”的关系的教艺作过这样的点评和梳理：

“走进文本”与“走出文本”、“放开”与“收拢”是课堂上经常需要处理的两对矛盾。内容是否互补，时间分配是否合理，过渡衔接是否巧妙，时机抓得是否在火候，往往是教者设计理念和教学艺术的反映。善教者，处理这些矛盾自然自如，臻于“无痕”。李凤老师的“无痕”艺术体现在：

1. 师生的真情交流至于“无痕”。这堂课起始时，师生没有直接走进文本，而是走过了这么三步：说两句古语“树欲静而风不止，子欲养而亲不待”；教者说今年怎么过五一节；学生说今年怎么过五一节。这就是走进文本之前的“放”，它起到三个作用：一是拉近距离，活跃气氛；二是走近题材，作好铺垫；三是体会幸福，接近角色。这一段教学过程，没有过多的引用，而是以师生真实的生活和情感为基础，发自内心，如初春残雪融入小溪，淙淙欢歌而去。上述第三点作用“体会幸福，接近角色”实际上由“放”转入“收”，学生已经在自由自在的状态下站到了文本的门口，由“放”到“收”到进入文本，没有明显的界限，是师生真情交流营造了两者之间的这种“无痕”境界。

2. 学生的率真描绘至于“无痕”。李老师让学生根据自己的生活积累补充文本中对春天的描绘，模仿奶奶的语气对儿子说一番动情的话，用描述性语言说奶奶在背上的真切感受等。学生说得那样率真，那样进入角色，似乎“走出”了文本，是“放”，但它确实又是一种个性化的文本阅读，是对文本的合理补充延伸。这样的放收结合，这样的以“跳出”的形式实现的“进入”，是“用教材教”的教育思想的体现，而这又是在学生自主率真的描绘中完成的，这样的“无痕”境界是最有价值的。

3. 学生的情感内化至于“无痕”。学生对国际家庭日徽号的解读，为国际家庭日作出的亲情设计，说得争先恐后，说得那么真诚，那么朴实。在这里，师生走出了文本，似乎很散，放得很开，但这是一种“由文本延展，延展中有文本”的艺术，因为李老师开始时就要求学生“不一定设计得轰轰烈烈，就像散步那样自然、亲切，可以增加家庭幸福指数就行”，巧妙地使学生做到“放中有收”；而学生感人的真情设计，决不是心血来潮，而是这堂课情感积累内化为实际行动，知、情、行是那么和谐地结合在一起，没有一丝被动勉强，没有一点伪情矫情，教者最后水到渠成的一句结束语“《散步》，一首亲情、人性、责任的生命交响，阅读《散步》，一次心灵漫步”，又使学生的“心灵漫步”回到文本。走进与走出，放与收如此得心应手，充分显示“无痕语文”的魅力。

当然，如前所说，“无痕”是一种理想境界，一种终极之境，可以渐近之却不可以“凌绝顶”。“体系”只是“渐见”，只是雏形，需要呵护，更需要培育。

三、既是风格，更是人格

风格是稳定的常态，是享受。有人这样概括教师专业成长的 4 个阶段：①适应坚守；②改革高效；③反思出经验，探求见个性；④个性成为常态，进入自由状态——师生共同享受语文乐趣的状态，形成风格。可以说，李凤老师已经开始进入第 4 个阶段，初见风格。就以“预设”与“生成”这对矛盾为例，李凤老师有她较为成熟的处理艺术，那就是：①有范围，但不束缚；②有引导，但不硬拉；③有发挥，但不代替。当然，我用的词是“初见”，稳定只是能称为风格的前提之一，风格的打磨和成熟是一个较为长期的过程。

风格是一种特殊的人格。“无痕”不仅体现在李凤老师的课堂教学中，更是渗透在她的全部教育生活、生存状态中。她的生存状态的显著特点是：语文生活化，生活语文化。她既是一名为众多家长追捧的语文教师，又是一位知名度很高的班主任。这与其说是她的“无痕”教艺使然，不如说是她的人格魅力使然。她做到了“教书高明，育人高超”。她的宽恕、平等、民主、信任、尊重、和善、“阳光”、贴心、笑容、关爱，她的好学、勤奋、视野、眼光、睿智、“时尚”、开放、包容等品质时时影响着她的学生，在学生心中烙下终生难忘的印记。阅读学生写给她的博客、作文、信件，能强烈地感受到真诚的感恩之心，怀念之情，以至多年后李老师给我们引用这些文字时，她都会与听者一起潸然泪下。能不能这样说，名师首先是育人家，其次才是教书家。名师的风格其实就是人格，降格了的人格不可能通向受人称道的教艺风格。在物欲至上的风气愈演愈烈的今天，李凤老师这种交融着人格魅力的教学风格，更有其可贵之处和推广价值。“感动中国”对大学者季羡林的颁奖词说：“心有良知璞玉，笔下道德文章”。诚哉斯言！我们欣慰地看到，在季大师的追随者中，李凤老师有条件成为其中的一员。

曹津源

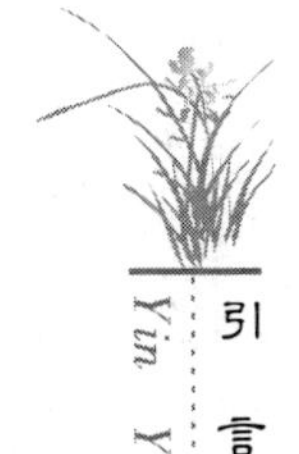

引　言

雁过无痕

我的曾祖父曾是私塾先生，人称“李师爷”。但到了我祖父这一辈以后，几乎都是地地道道的农民。我的父亲完小毕业就做了小会计，后来是大队支部书记。没有多少文化的父亲，希望鸡窝里飞出金凤凰，于是给我取名“金凤”。

小学五年级时，教我们语文的是从岔河镇来的老先生，姓丁。不知为什么，很有学问的丁老师有一天竟然在全班说了这样一句话，大意是我们这个班的学生中，将来就数我有出息。在班里，我年龄最小（一般的孩子比我大两岁，大三、五岁的大有人在），辈分最小（我们村小，班上很多孩子是我的叔叔、姑姑，还有爷爷、奶奶辈的），个子最矮。当时班上一些同学很嫉妒我，以为最受大家敬重的老师也会偏心，但在我，心里自然乐开了花。孩子受暗示性较强，容易被大人的期待所左右。虽然那时我不知道皮格马利翁效应，但小小的我从此有了一个良好的心理暗示。相信和接受了丁老师的判断之后，他的期待就内化成为我对自己的预期和判断，力争成为全班人当中最优秀的一员从此成为我的奋斗目标，无论这个班队发生了怎样的变更。现在想来，丁老先生就是我的皮格马利翁。

1978年，县教育局举办首届中学生作文比赛，题为《春满校园》。刚由村里农中撤并到岔南中学就读的我，侥幸从全县众多参赛选手中胜出，进入十五人大名单，参加了为期半个月的作文集训班。作文好就考文科吧，虽然当时我还不知道历史书、地理书长什么样。

1980年，我考取南通师专中文科后，曾祖父和父亲特别开心。村里同龄人中，我是唯一一个考取大学的。为此，父亲大摆宴席，答谢曾经教过我的从小学到高中的老师。

1983年，学校邀请李吉林老师给师专即将毕业的我们做报告。李老师的讲演点燃了踌躇满志的我的梦想，做李吉林那样的老师成为我坚定的人生理想。

朱永新先生说过：“教师若没有一个理想和冲动，对教育很难产生一种执著的动力和持久的热情。一个热爱生活、内心充满微笑的教师，一定能以愉快的心情迎接生活的每一天。”

1983 年 7 月，我以优异的成绩完成了学业，有幸成为如东县中年纪最轻、学历最低的新老师。我到学校图书室借阅的第一本书是斯霞老师的《我的教学生涯》，那时，有个浪漫的梦在我的心中氤氲。

新手上路，忐忑不安。好在老教师们言传身教，给了我莫大的帮助。印象颇深的是第一堂校内公开课，领导、老师们给了我很高的评价与殷切的期待。人的能力的形成，相当一部分取决于周围环境和他人的期待以及他对自己的期待。从这个意义上说，任何人都是他自己的创造者，都是自己信念的形象。当一个人没有得到应有的注意和期待，而是被埋没在人群中，那么他很可能就这样一直平庸下去；而当他被周围人寄予厚望并频频鼓励时，他就能宛若新生，仿佛突然间充了电一样，做出一番令人不可思议的“壮举”。正是领导、老师们的殷殷期待和不断鼓励，才使我能够拾级而上。所以，在我成长路上给予期许、提携的领导、老师，你们都是我的皮格马利翁。

皮格马利翁效应告诉我们，内心期待有一种潜移默化的影响，能够创造良好的情感气候和心理环境。做孩子们的皮格马利翁成为我的自觉意识：让每个孩子树立“我能够成功”的信念，开发他们的天分，培育其好奇心，为他们的梦想助力，给他们足够的爱与信任，足够的正向期待，尤其是对那些缺乏爱与鼓励的孩子。这样，我和孩子们伙伴般亲密和谐。他们的自尊得以保护，上进的欲望被激活，潜能得以挖掘，才情得以充分挥洒。一些家长不知我给孩子使了什么魔法，使那么顽劣的孩子都对我如此信赖。其实，我只是做了一个传人，皮格马利翁的传人，为孩子们织就了一张释放巨大生命力量的夏洛的“网”而已。

享有期待，梦里花开。

小时候，我的家境不是很好，但每逢有背着孩子的妇女或衣衫褴褛的老者登门乞讨，外婆哪怕自己挨饿，也要把饭食省下来端给他们。家里来了穷亲戚，外婆总是笑脸相迎，倾其所有款待他们。外婆温厚和善的好心地影响了我。心存善良，心底坦然，与人为善，对生命的同情，对纯真心灵的呵护，使我的教学多了一些创意，生活多了几许浪漫。

孟子说："大人者，不失其赤子之心者也。"赤子之心，就是一颗纯洁、有生命力的"心"，珍惜保护好这颗"心"，才能成为品德高尚的人。真、善、美，真是一切美德的基础，没有真，什么都无从谈起。童真是儿童的天性，是率性天真的品质，童真是我享用一生的财富。

刚工作不久，学校组织初高中青年教师演讲比赛。我凭借《校园：心中的伊甸园》荣获第一名。在不少年轻老师为自己身为教师叫苦不迭、想方设法逃离校园时，我快乐地享受着孩子王的生活，和那些比我小不了几岁的学生们打成一片：一起踢毽子、跳绳、打球，一块儿唱歌、说笑、吃零食，俨然一个大孩子。我们班有位来自农村的孩子没有吃过奶油蛋糕，看着其他同学吃直流口水，我赶紧从小卖部给她买了两块。我至今还记得她依在教室后门上啃蛋糕时满脸奶油的憨笑模样。前年，我请一位语文特别出色的女生吃肯德基，这名才女吮指的刹那，我蓦地想起二十年前的奶油女孩，心里特别柔软。和孩子们在一起，感觉真好。

把学生当孩子看。对于他们无意的冒犯，善意地理会，不给其造成压力；对于上课偷偷喝口饮料，扮个鬼脸的小子，幽默地给其台阶。关注孩子的情绪变化，给予慈母般的温存。

把学生当朋友看。第一次做班主任那会儿，班上有个船民的孩子，父母常年在外行船，早饭没人料理，经常饿肚子。我得知后，约他每天到学校和我一起吃早饭。从此，矮矮的他成了我的小尾巴。班上有位来自农村的孩子，看到别人吃蛋糕很眼馋，我立马掏钱请他吃了个够。有两位女生，放了寒假到我家去玩，一直呆到三十晚上也不愿回家，家长来接时候，居然赖在床上不起来……老师有了"童心母爱"，就会满眼童真童趣，善待身边的各类孩子。投桃报李，孩子们让我获得了很高的幸福指数。

美国作家马克·吐温说，善良为一种世界通用的语言，它可以使盲人"看到"，聋子"听到"。心存善良，心滚烫，情火热。善良开启智慧，纯洁灵魂。

善良是生命的黄金。"天以蓝，地以黄，山以青，水以绿，虎以猛，人以善，各有本色。"善良是为人的本色，也是教育的本真。

有人问我，做教师最成功的体验是什么？那就是以心换心，享用童真。抛却一切世俗烦恼，享受自然纯真的童心，心灵和谐而安静。

天空没有留下雁的痕迹，但它的确从空中飞过。

且听风吟！

我的乌托邦

“乌托邦远在地平线上，我靠近两步，它就后退两步；我前进十步，它就向更远处退十步。无论我如何迈进，永远够不着它。那么，乌托邦为什么存在呢？它存在的作用就在于——让我们前进。”（《拉丁美洲，被切开的血管》）

“无痕”语文，我的“乌托邦”。二十八载扑朔迷离的寻觅，山重水复，柳暗花明。在走向“无痕”的语文教学实践中，我不时“感受到一种发自心灵深处的战栗、欣快、满足、超然的情绪体验”（马斯洛称之为“高峰体验”）。那种感觉犹如站在高山之巅，海潮般的愉悦和满足感在心灵深处释放、延展，伴随着高峰上的洁净、安详、和谐席卷了我。我品尝到自己的生命与文本、孩子的生命相融的永恒与无限，没了阻隔，忘了自我，精神顿悟，心灵共舞，思想饱满而充实。它成为我自由、自信、幸福、快乐的精神源泉，照亮了我的语文人生。

我的数学启蒙老师很严酷，对学生动辄大声呵斥、辱骂，拎耳朵，罚跪，用教鞭抽打。上他的课大家总是噤若寒蝉，如坐针毡。那时，正热播《地雷战》，同学们在他到校的必经之路上挖坑、灌水，躲在桑树林里看他摔得人仰车翻。“仇”报了，但他彻底坏了我们学数学的胃口。

美国心理学家吉诺特曾经说过：“在经历了若干年的教师工作之后，我得到了一个令人惶恐的结论：教育的成功与失败，我是决定性的因素，我个人采用的方法和每天的情绪，是造成学习气氛和情境的主因。身为教师，我具有极大的力量，能够让孩子们活得愉快和悲惨，我可以是制造痛苦的工具，也可以是启发灵感的媒介。”

教育影响孩子，影响未来，教育伟大，教师责任重大。语文，是精神的母体，文化的脉搏。我希望用如水的柔情营造安全的课堂，让学生身心自由愉悦，兴味盎然，用语言、文字、文化的美润泽其心灵，此其一。

第二，当今社会功利主义和实用主义泛滥，人们的趋利动力远远超过自我完善、自我发展的追求。语文教学的功利性、实用性愈演愈烈。联合国国际 21 世纪教育委员会提出了一个令人为之振奋的命题：“教育：必要的乌托邦。”语文老师必须守望精神家园，回归语文教育本身，尊重教育规律和学生身心发展的规律，让所有的生命各美其美，美美与共。“只有当心灵忠实地拥护精神生活的事业，反对一种异己的或至少不令人满意的世俗的造作时，人的禀赋才能变成不只是一种被动的态度或单纯的劳动准备状态，而成为一种完整的行动，实际上，成为无论何种行动的真正灵魂。”（鲁道夫·奥伊肯《生活的意义与价值》）

想起马克思质问普鲁士当局的一席话：“你们并不要求玫瑰和紫罗兰散发出同样的芳香，但你们为什么却要求世界上最丰富的东西——精神只能有一种形式呢?”语文老师不能循着考试分数来教，而要因素养之别而为。分数的蜗居里看不见知识世界之外还有一个“意义世界”，同时拥有两个世界的人，才是一个完整、独立的人。语文素养，很多时候是通过“熏陶”“浸染”完成的。“无痕”语文，讲究平素涵养，让学生经常“泡”在“语言实践之吧”，沉潜涵泳，策划交际，养真气，练内功。理想的语文素养实现方式是“教学相长”：在教学交融中“学”攀“教”栏，越攀越高。

其三，教学主张关乎教学方式、学习方式，它就是生命度过的方式。“无痕”不仅体现在我的课堂教学中，更是渗透在我的全部教育生活中，生存状态中。我和学生生命共度，喜乐相伴，休戚与共。享受生活离不开享受语文，享受幸福的语文就是享受生活。来自语文与孩子本身的巨大吸引力让我无法抗拒。心存善良，心滚烫、情火热的我邂逅语文，在爱中找到快乐，在快乐中享受被爱的幸福。率真而为、亲和力强、童心洋溢是我的真性情。我和学生的关系亦师亦友，我不想控制他们，只是尊重他们，倾听其心声，与乐拔苦，于是我少了一般老师的琐屑的烦恼和莫名的痛楚，多了份潇洒与从容。我引领孩子们到文字深处漫步，并经由作品的桥梁去和作者进行心灵会晤，教师与学生都是“带着幸福上路”，载着幸福归来。

第四，“无痕”语文是契合教育本真的科学路径。无痕语文能够做到低耗高效，促进全能发展，因为它遵行身心发展规律，契合教育本真，依据年龄特征，让心灵共勉。初中生正处于向独立性转变、从少年向成人转变的过程中，对这一群体的教育不宜生搬硬套，目的明显的教育教学会使他们产生抵抗情绪，衍生情感障碍。孩子在其中越是感觉不到教育意图，这样的教育效果越好，这就是无痕教育的真谛。

无痕语文内涵

“无”，不是什么都没有，“无”是潜在的“有”，“有”是显现的“无”。“无痕”语文教学，即尽可能隐藏教学意图和目的，淡化教学痕迹，在伙伴化关系、生态化情境中不露痕迹地给学生以语文教育的教学方式。自由，自主，自然，本真，和谐，灵动，共生，是“无痕”语文教学的特质。学生在不知不觉中生成知识，涵养智慧，锻造精神，教学走向“清水出芙蓉，天然去雕饰”“胸中有剑而手中无剑”的无痕境界。它既是一种教学方式，更是一种教学艺术，一种充满人性化关怀的教育智慧，是语文教育的美学哲学境界。

无痕语文教育是源于教师对教育的真爱，基于对学生的尊重、信任与人性化关怀，指向学生终身发展的有根教育，它遵从学生身心发展节律与语文教育规律，注重情境创设，注重唤醒、激活、倾听、引导、迁移，自我生成、自我完善。在潜移默化中不露痕迹地进行本真自然的柔性的生态化教育，是语文教育的理想境界。

以简驭繁，返璞归真，探寻真、纯、实、活的教学境界，走向看似无意却有意、看似无招却有招的空灵意境——无痕，将有魂教育植根于无痕教学中，是我孜孜以求的教育理想。

“无痕”语文十分注重学与教的融洽协调，语言与精神的和谐同构，情趣与意韵的妙合共生，她所关注的不单是文本、知识，还有生活、生命，不但是本学科的经典的，还有广角的潮流的。

诚如苏霍姆林斯基所言：“学校应当成为一个道德丰富的炽热地燃烧着的策源地，要使我们的每一个学生在某个活动领域中获得幸福和欢乐，这个活动是道德的美和道德的完善，从充满着高度道德意义的高尚活动中得到了体验自己的人格尊严感的幸福。”教学双方感到幸福与否，这是衡量教学质量的一把尺子，也是检测教学“生态”状况的一条标准。遵从生命优先法则，激发学生的生命活力，提升学生的生命质量，促进学生的人生幸福，乃语文教师的终极目标。语文教育过程不仅是教师引导学生求真、向善、爱美的过程，也是引导学生体验幸福的生命历程。只有教师率先具有对于教育幸福感的追求，学生才有可能从教学过程中，真切感受到他们自己被尊重、被启发、被引领、被当做学习的主人，并能投入有效的实践活动，“无痕”的教学境界，应该也只能诞生在这样的饱含着幸福感的教育境界之中。

语文教师是一种幸福、快乐的职业。学生的幸福感是一种成功的体验，教师的幸福感是一种高峰体验。当我们的内心充盈着幸福感时，教师的教育教学行为才会充满温情、饱含热情、挥洒激情，才会催生智慧的火花。这是一种潜移默化的强大力量，它能在有形与无形中影响学生。

追梦的路上，我倾注真实情感，构建师、生、文本浑然一体的民主、开放、和谐、共生的课堂，用真实、自然、含蓄的艺术手段，让学生在相当自在的状态中去感受，在相当自由的氛围中去挥洒，在相当自如的境地中去创造，在不知不觉中生成知识，涵养智慧，锻造精神，力求使教学走向“清水出芙蓉，天然去雕饰”“胸中有剑而手中无剑”的无痕境界。

第一章

有痕语文之觞

第一节 应试之觞

一次，去苏北送教，当地领导选择了一所考试成绩颇好的学校的初二某班作为我的执教班级。课前，和学生接触时，几个女生亲密地跟我讲："老师，今天上课你要喊我们回答问题吗?"我说："是啊。"她们特别紧张地要求："你上课的时候想让我们回答什么问题，现在将答案告诉我们，到时候我们帮你。"我十分诧异："这怎么可以?"她们认真地说："你不是上公开课吗?平时上课我们老师是不喊学生发言的，到上公开课时我们老师都这样。"我一时语塞。

这里的老师也许太极端了，但在我们身边，类似的现象屡见不鲜。

一些语文老师认为语文课就是一门知识课，语文课的目的就是掌握知识，语文能力、语文素养是由语文知识自然转化、生成的。于是在教学中，他们有意无意地忽视了语文与生活的联系，把应试的需要作为教学内容取舍的唯一依据。以教材为中心，以考试为目标，以知识为内容，以灌输为方法。这种教学，完全是一种被动的教学，教师以考试为"指挥棒"组织施教，学生以教师为"最高真理"被动接受。

这种"应试语文"将一篇篇有血有肉的文章分解为一个个知识点，踩着知识点教，就着知识点练，将语文课上成了练习课。课堂上听不到读书、争鸣声，教师俨然知识的传声筒，学生成了书记员。上课记笔记，课后理笔记、背笔记，做习题。语文的魅力消减殆尽，学生学语文的兴趣荡然无存，语文教育的成效无从谈起。

君不见，现在的应试宝典、秘籍畅销不衰；各种应试专家被奉为上宾，到处布道讲学；做阅读理解的，甚于练口头表达的；看满分作文的，多于读经典名著的。中学生的作文假大空者多，套话者多，雷同者多。"语言在人的心里，从思想走到良心，又从良心回到思想的时候，那才是心灵的真正胜利。"（雨果）语文教学把语文当成工具，而且是应试教育的工具。这种技术、工具，一年比一年复杂，让学生付出的“机会成本”越来越大。这就是语文教学的本末倒置。

许多专家呼吁：中学语文教育应避免功利化的应试教育倾向，应该关注如何提高学生的人文素养，包括培养学生良好的学习习惯，使他们养成主动、积极的学习态度，并尽力给学生创造一个良好的学习环境等。此外，还要通过各种方法鼓励学生多读经典书籍。

第二节　模式之觞

在杜郎口红极一时之际，2009 年 3 月 21 日，全国三大教学流派中小学语、数、外“同课异构”研讨会在上海开幕，我与该校“当红小生”徐立峰老师在上海同台同课异构《麻雀》。杜郎口中学的徐老师为了这堂课，先在全校“同课异构”了一番，据说效果很好。可是，由于对上海的学生情况估计不足，全班仅有一名学生与之唱和，其他学生宛若局外看客。他的“导学案”无法推进，彻底颠覆了课前的设想，所以整节课在“尝试”的过程中失败了，以至于后来说课的时候徐老师很坦诚地说了“我这节课是如何失败的”。

教学模式是在特定的条件下，为了获得某种教学结果，将多种具体教学方法综合运用而形成的模式，是在一定的教育思想、教学理论和学习理论指导下的，在某种环境中展开的教学活动进程的稳定结构形式。教学模式的主要任务是形成一种学习环境，以最适宜的方式促进学生的学习和发展，但是没有一种模式是为完成所有类型的学习或者是为适用于所有学习风格而设计的。

《基础教育课程改革纲要》中将课程的目标表述为知识与能力、过程与方法、情感态度与价值观三个方面，这应该是一个全方位的目标体系。新课改强调以师生互动为中心，积极倡导自主、合作、探究的学习方式，根据教材的内容、体系特点，有的放矢，因地制宜地进行教学。

有人说，杜郎口模式只不过是一棵长在那片土地上的怪苗而已，不是在任何地方都能开花结果的。我以为，没有一种模式放之四海而皆准。单一、僵化的教学模式，格式化痕迹明显，过于受教案、学案的牵制，在现实中变成了一种负担，师生失去了自由发展的空间，当学习为“服从现实需要”而努力时，教和学快乐得起来吗？无论什么课文，什么体裁，教师都以不变应万变，难免有点呆板，长此以往，形成教学的定式，影响学生的求知兴趣，使课堂疲软，没有新鲜感，最终导致教师厌教，学生厌学。而且对于语文教材的精品篇目来说，导学案模式无疑是一种灾难，达不到鉴赏的目的。编写繁琐费时，有多大价值也值得商榷的“导学案”虽美其名曰“导航仪”，有时真成了“铁锁链”，严重限制了学生的思维，扼杀了学生的创新意识。教学模式的痕迹重了之后，语文教学的诗意又如何体现？教师的风格如何彰显？

好的教学模式应该是多元的，经过优化组合的，不露痕迹的，但又是遵循教育教学规律的，有据可查的。教学模式正从单一性向多样性发展，从以“教”为主向重“学”的方向发展，从经验归纳型向理论演绎型发展。作为一个优秀教师，不能只会运用一种教学模式，而应该应当结合教学实际，领悟教学模式建构的方法，灵活运用多种多样教学模式，超越模式，走向教学的自由境界。

教无定法，是针对死板的教学模式提出来的。解放思想，优化重组，走无痕“大语文教育”之路，才是可持续发展之路。

第三节 身份之觞

教师代表社会的一面，代表成人世界，在学校里始终处于主导的优势地位，学生则处于相对劣势的地位。在语文课堂教学中，很多教师总是习惯按照预先的教学设计，对学生进行控制。学生虽有自己的兴趣世界，想以自己的方式学习，但最终不得不服从教师。同时，教师为了维持秩序，采取一系列手段控制学生。他们总是视自己为权威和知识的掌握者，“真理代言人”，对学生耳提面命，甚至“高压控制”。

“把学生拿下”，这是一位新教师回答我提出的“你为什么对学生态度那样凶”这个问题时作出的回答。我仔细地看了看她——一位刚出校门的大学生，心里很不是滋味。她很认真地告诉我：有老师好心提醒，新来的老师一定要对学生凶一点，一开始就得把学生拿下！

“把学生拿下”，学生既不是一块高地，也不是你专政的对象，你怎么把他们拿下？他们是一个个鲜活的生命，是一个个可爱的生灵，你怎忍心将他们拿下？

“把学生拿下”，意味着你已经把学生摆在了对立面，把自己放在统治者的位置上：只准规规矩矩，老老实实，不准乱说乱动，否则，别怪老师我不客气。有这样的思想作祟，上课时自然板着年轻漂亮的脸，使用着吆来喝去的腔调。这样的课堂自然死气沉沉，无民主的气息，无人文的色彩，无张扬的个性，无生命的芬芳。久而久之，这样的老师在学生心中漂亮而不美丽，年轻而不可爱；这样的语文课堂令学生望而却步，如履薄冰，如坐针毡。你也许“拿下”了学生，但你绝不可能赢得学生的心。

“把学生拿下”，靠的不是严词厉句，不是三板斧凿不进的铁青脸孔，不是故作深沉的姿态……赢得学生的尊重，靠的是教师的人格力量：慈爱善良的心地，高尚纯洁的品德，渊博的学识，一定的才智，适度的幽默……

想“把学生拿下”的新教师（也许还有不少老教师），必须先把自己拿下，把自己的思想堡垒拿下，把教材、教法拿下！必须端正教育理念，拨正教育航向。否则，居高临下，一心想要震慑学生，让学生俯首帖耳，不但不可能“把学生拿下”，犯了众怒，起了公愤，学生反而有可能把你给拿下。即使不到这个地步，身为老师，学生对你只有怕，没有敬，更没有爱，他们虽然当面不敢“犯上”，但腹诽、私下议论的一定不在少数。教师只有走进学生的心海，才能步入教育的阳光地带，学生才会为你所折服，你才能真正“把学生拿下”。

因为有爱才有教育，有爱才有魅力，有爱才有威望，有爱才有成功。

“无痕”语文教育旨在培养学生素养，语文教学的过程是一个“对话”过程，是师生之间的一种人际交往过程，是语文教师与学生一起合作参与完成的一个生活场景，一个正在发生的生活故事。语文课堂教学是一个师生情感流动的过程。这个过程，始终以情感为动力，因此，它是流动的、变化的、起伏的、曲折的，也是美丽生成的。情感要流动，就要得力于师生之间的双向理解，教师通过优美的语言、和谐的动作、饱满的激情用自己内心流淌的情感滋润着学生的心田，学生内心也会生发出不可遏止的情感波澜，他们或用表情、或用动作、或用语言将此表露出来反馈给教师，多次循环，反复流动，让学生产生一种感动，一种无可名说的感悟，形成一种和谐的不露痕迹的师生交往状态。

第四节　教化之觞

教化是与道德教育、教养紧密相关的概念，突出的是政治和道德方面的教育和感化。语文课应不应该具有教化功能呢？回答应该是肯定的。每个学科都存在德育问题，但是语文学科的特殊性，就在于工具性与人文性的统一，这一课程性质决定了它责无旁贷地要比其他学科承担更多的德育与教化的任务。

在我们的语文课上，至今可以看到明显的道德狂热。语文教师像道学家、牧师一样在传道，在煽情，在起劲地进行爱的教育、社会主义道德教育。师生在课上表现出的，主要是道德激情，而不是语言智能。这种语文课没有了语文味。语文教师非要装作道德领袖和道德裁判，太累了。靠语文课匡正世道人心，太虚幻了。语文教材所用的文本不可避免地要体现这样那样的价值观，学生在学习过程中肯定要受影响，教师也肯定会自觉不自觉地施加影响，语文教学的教化作用是躲不开的。语文教师的注意力，应该首先在语文智能的培养上，教化是第二位的事情，而且必须是潜移默化地进行，不要僵硬地“亮剑”。

对形象的语言文字，学生在教师的引领下，通过读书内化理解，进而又通过理解将内化的情感外化为语言表达出来。在一遍遍研读，一次次交流中，经历了丰富的心路历程，学生和作者渐渐靠近，对文本有了感悟，与教师情感和鸣，有了身临其境的感受性、体验性的读书，议论和心智的交流，激活了思维，打开了情感的闸门，他们动脑、动口、动情、动心，多元化地解读文本，这样的教化踏雪无声。无痕教化，才是真正的灵魂洗礼。

李海林说得好：“学生与语文接触”是语文课的本质之所在。他具体阐释道：我们看政治课本历史课本数学物理化学课本不都是读语文吗？但为什么它们都不是语文课呢？因为在学这些课程的时候，我们的目标是指向语文所负载、传达的内容，而不是语文本身，只有语文课，我们的目标是指向语文本身的。语文课，以语文为学习的对象，以语文为学习的目标，以语文为学习的手段。换一句话说，我们学的是语文，我们追求的也是语文，我们又是“通过语文来学语文”。这就是我所说的“学生接触语文”的本义之所在。

总而言之，语文课，自始至终，须臾不能离开语文，否则就不是语文课了。

苏霍姆林斯基说："把教育意图隐蔽起来，是教育艺术十分重要的因素之一。""一种教育现象，孩子在其中越少感觉到教育意图，它的教育效果就越大。""我们可以形象地说，由道德概念到道德信念的道路是从行为和习惯开始的，而行为和习惯中又渗透着儿童对于所作所为事物的深刻情感和个人态度。"著名教育家于永正说："当老师教育学生时，如果学生知道你在教育他，你的教育就失败了。"这是"无痕教育"的真谛。

《中学语文教学大纲》明确指出："语文教学要进行思想教育。思想教育要依据语文学科的特点，在语文训练中进行。要着重于思想感情的陶冶、道德品质的培养，使学生提高社会主义觉悟，初步具有辨别是非、善恶、美丑的能力。熏陶渐染，潜移默化，循环往复，逐步加深。"

由于语文德育内容具有分散性、丰富性等特点，这决定了语文教学中最有效的教化途径即渗透。教师需发掘语言文字的表现力，发挥文中形象的感染力，适时、适度、适量地渗透、点染，于无声中润物。

第二章

无痕语文之源

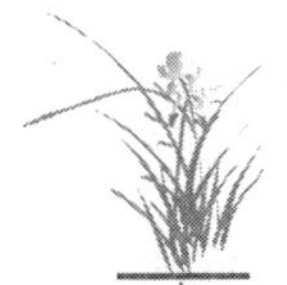

第一节 哲学之源

庄子是道家著名的代表人物，他的著作中蕴涵着丰富的哲学思想。庄子“行不言之教”的教育思想意指教师以身作则，让教学在自由的情境中进行，强调了学习者的自觉领悟。他反对过多的说教，主张一切要顺应自然。“行不言之教”的教育思想对当代教育的启发颇多：培养学生的直觉思维，尊重学生的主体性，创造和谐的课堂氛围，树立“交往”的师生观，教师以身作则和提倡生成性课堂教学。

庄子言“言者所以在意，得意而忘言”。《秋水》中，庄周不是鱼，但他能体验到鱼儿的出游之乐，因为他做到了主客交融，在体验的瞬间，庄周就是那条鱼，那条鱼就是庄周，所以庄周能真切地体会到鱼的快乐。“庖丁解牛”“津人操舟”都是在练习“技”“术”的过程中，有所感悟而达到“道”的。纵观庄子的一生，他的积累何等丰厚，他积累体验更积累感悟，最终成为“逍遥境界”里一只展翅高翔的大鹏。庄子强调“洛诵”“于讴”，“洛诵”即背诵，“于讴”即吟咏领会，熟读成诵，反复揣摩，其科学价值之一就是体会语感。

老子的整个哲学思想体系是崇尚自然、顺其自然，“无为而无不为”，还有就是关于矛盾双方对立统一的相互转化。老子“无为而治”“守柔曰强”。《道德经》：“大白若辱，大方无隅，大器晚成，大音希声，大象无形。”意思是：最白的东西好像是污浊的，宏大的方正（形象）一般看不出棱角，宏大的（人）材（物）器一般成熟较晚，宏大的音律听上去往往声响稀薄，宏大的气势景象似乎没有一定之形。有意化无意，大象化无形！就是不要显刻意，不要过分地主张。要兼容各态，无才能容纳万有。无形态无框架才能容纳一切形体！“大音希声，大象无形”是一种和美的自然朴素而没有任何人为痕迹的最高的本真境界。

“大道至简”意味着“少而精”，博大精深意味着“多而广”，大道至简与博大精深是一对矛盾，是一体的两面。大道至简与博大精深是可以转化的，大道至简往往要博采众长，与其他专业融会贯通。仅仅融会贯通又会造成新的“博大精深”，融贯中西、博采众长只是基础，还不是大道至简，大道至简必须再整合创新，跳出原来的框框，去粗取精，抓住要害和根本，挥动奥卡姆剃刀，剔除那些无效的、可有可无的、非本质的东西，融合成少而精的东西。

中国哲学主张“天人合一”。“天人合一”是一种境界，是中国哲学和诗学共同追求的境界。所谓“境界”，是指人的一种高度自由的精神状态。在这种状态中，人与自然外物、人与他人不再有隔，而呈现出物我两忘、我与天地上下流通的“有无之境”。“天人合一”注重人与自然的一体性，也就是把人看做是内在于自然的因素，是自然的一部分，同时自然也是人的另一体，是“人的精神的无机界”。从把握客体的方式上看，“天人合一”是以内在的心灵和生活去体验、去直觉事物，重心在于主体的情感生活以及对世界、人生真谛的彻悟，而不在于考察研究客观事物的内在普遍规律。从关注的对象言，“天人合一”思维更注重“大我”与“小我”相交融的整一性。“天人合一”就是外物与自我的和谐统一，人与天是一种可称为“双向”的涵纳关系。人与天虽不相同，却互相涵纳。人与天的统一性基础在人能通过其认识活动和能动的实践而回归天（自然），即达到“天人合一”的境界。这个境界才是天（自然）的本然状态，也是人之为人的理想状态。

禅学名著《碧岩录》载：有一位修行僧对镜清和尚说：“我从里面啐，请老师从外面啄。”这就是禅界名句“啐啄同时”的由来。母鸡孵蛋二十一天后，蛋里面的雏鸡开始成形，这时雏鸡在里边啐蛋壳，与此同时，母鸡在外面啄啐。啐啄同时进行，就会从蛋破处产生新的生命。任何一方早了或迟了，雏鸡都有生命危险。参佛悟禅也一样，师家在启悟学人时，也有必要讲究“啐啄同时”的机用，这是中国禅宗对教学理论的重要贡献。

禅宗的“拈花微笑”“世尊拈花，迦叶微笑”内含他们心心相印、顿悟到的真如境界。这种境界，内涵丰富，永恒流转，生生不息，不可言说。因此，我们把它表述为类似文艺审美追求的“自由解放的精神境界”，当然也只能是道其精神于万一，只能是意会领悟其精神于大概近似，以便有助于人们感悟它。

从方法上，禅宗的启发是：这种精神境界不可言说，只可意会和感悟，要体验。有理性融于其中，但如盐溶于水，有味无痕。它不是对客观事物的科学认识，而是通过形象动人以情，诱人进入境界。

第二节 美学之源

苏轼曾经写过一首充满禅意的《琴诗》：“若言琴上有琴声，放在匣中何不鸣？若言声在指头上，何不于君指上听？”是啊，既要有琴，还要有善于弹琴的手指头，两者巧妙配合，才有优美动听的琴声。教与学也一样，教师就是一个“琴师”，只有工于“音律”，富于激情，弹准音符，学生这把“琴”才会奏出优美动听的旋律。教学中师生密切结合，融洽互动，才能达到思维共振、情感共鸣、活动默契的审美境界。

康德说：“崇高引起的感动不是游戏，而好像是想象力活动中的严肃。所以同媚人的魅力不能和合，而且心情不只是被吸引着，同时不断反复地被拒绝着。对于崇高的愉快不只是含着积极的快乐，更多是惊叹和崇敬!”

对话理论：对话并不仅仅局限于两人之间，它可以在任何数量的人之间进行，甚至就一个人来说，只要他持对话的思维与精髓，也可以与自己进行对话。这样来理解对话，就意味着对话仿佛是一种流淌于人与人之间的意义溪流，它使所有对话者都能够参与和分享这一意义之溪，并因此能够在群体中萌生新的理解和共识。德国学者科林伯格指出：“在所有的教学中，进行着最广义的‘对话’。……不管哪一种教学方式占支配地位，这种相互作用的对话是优秀教师的一种本质性的认识。”在他看来，教学原本就是形形色色的对话，拥有对话的性格。这就是“教学对话原理”。巴西著名教育家弗莱雷认为，教育具有对话性，教学应是对话式的，对话是一种创造活动。教学就其本质而言，是交往的过程，是对话的活动，是通过对话在交往与沟通活动中共同创造意义的过程。他在其《被压迫者的教育学》中提倡教学对话，“通过对话，学生的教师和教师的学生不复存在，代之而起的是新的术语：教师式学生和学生式教师，教师不再仅仅去教而且也通过对话被教，学生在被教的同时，也同时在教，他们共同对整个成长过程负责。在这个过程中，‘特权式’讨论已不再奏效。这里没有谁教谁，也没有自己教自己，只有从头到尾在相互地教”。

奥地利哲学家马丁·布伯在他的名著《我与你》中把人的世界分为"它"之世界和"你"之世界两种，认为"人无'它'不可生存，但仅靠'它'则生存者不复为人"。"教学的出发点不是知识，而是作为人的教师与学生。教学是教师与学生这两个主体之间的平等对话。"在布伯的教育思想中，"相遇"是个核心原则，"相遇"引发学生和教师之间交互式的"对话"，通过"对话"，教师控制、引导和支持儿童潜能的发展。因此，布伯说："决定性的影响不是被归于本能的释放，而是归于与被释放的本能相遇的力量，即教育力量。"通过与教育力量的相遇，学生的成长更加直接和有效。"我—你"关系的范型是当两个人相遇于真诚地赏识对方时，欢迎对方是为了对方的缘故，不是为了自己的目的来利用对方。他称这种关系为"对话"或"相互契合"。"对话"意味着把教学看成是两个人之间的会话，也就是师生双方都参加、相互交流的体验，而且每一方对于对方来说都是一个主体。任何人均不应强迫儿童直接与间接屈从他人的意志及教科书中的意识形态，屈从一套教学者所监管的固定知识。欲使此关系获得改善，教师应鼓励学生进行对话，探询学生的观念或提供其他的观念，引导学生在各种不同的动向中有所取舍。师生关系由过去的"二元对立"变为"二元共生"，不以谁为中心，不在抽象的意义上讲谁决定谁，而是在生命与生命的互动中，在不断的变化与生成中同生共长，互相视为伙伴而与之"相遇"。所以，"相遇"是创造教学美的契机，"对话"是创造教学美的平台。

美在自由。席勒认为美的欣赏是一种"自由的欣赏"。他说："在审美王国中，人卸下一切关系的枷锁，并摆脱不论是身体的强制或是道德的强制。""通过自由给予自由，这就是审美王国的基本法律。"儿童的"自由"是想象、思维和言语的"自由"，是无拘束的生命潜能的释放，是自由自在的内在情感的宣泄，是无所顾忌的言语的交流。教师以轻松愉快的方式把美的对象显示给受教育者，使学生在接受教育时，完全出于自觉，出于对美的渴求和向往。

美在和谐。苏联美学家尼·阿·德米特里耶娃指出："美的一般定义是事物之间的相互关系——正确的、恰当的、协调的、多样统一的关系。"美的本质正是在感性和理性的统一下，运用形象的可感性达到情感的感染性，以开拓和发展人的综合协调性。教学的情致醇化而升华为教学中的和谐，这是心灵和世界浑然合一的情感。"天人合一"，这个境界才是天（自然）的本

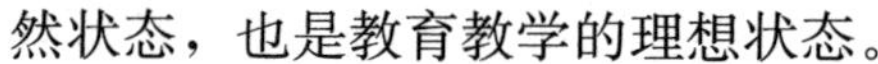

然状态，也是教育教学的理想状态。

美在自然。“自然”是中国传统的最高审美理想。宗白华先生认为，美的“源泉是人类最深心灵与他的环境世界接触相感时的波动”，“美的踪迹要到自然、人生、社会的具体形象里去找”。教学的无痕是师生处于一种和谐的课堂氛围中，学生在课堂中素质的提高，能力的增长，不是刻意而为之（的），而是顺应学生原有的基础，使他们自然地成长。

第三节　教育学之源

无痕语文是从历史深处走来的教育理想，无痕这一提法可以追溯到先秦时代。庄子，和孔子同时代的道家人，主张不言之教。弟子头脑空空而来，思想充实而去，这里的不言之教就是无痕，让人去参悟，也是无痕。孔子是乐学的积极倡导者。他深知，要博学，必须愉快地学，要学习得好，必须心情舒畅，所以启发学生说：“学而时习之，不亦说乎。”他指出学习是一件快乐的事，还把乐学作为治学的最高境界。他说：“知之者不如好之者，好之者不如乐之者。”《论语》中记录了这样一个事件：“马棚失火焚毁了。孔子从朝廷回来，问的是‘伤人了吗’，却不问马。”由此可见，孔子是关注人的，他的教育思想也是如此，从人出发，注重人的价值。孔子带领弟子到泗水河畔赏景，孔子遇水必观，引出谈水的话题，最后弟子们十分自然地结合如君子般的水，畅谈自己的志向。孔子的这种教学不仅表现了对学生的关爱及师生之间浓浓的情谊，也彰显着无痕教育的智慧。

老子的整个哲学思想体系是崇尚自然、顺其自然，“无为而无不为”。《道德经》：“大方无隅，大器晚成，大音希声，大象无形。”最大最美的声音乃是无声之音，有意化无意，大象化无形，就是不要显刻意，不要过分地主张，要兼容各态，无才能容纳万有。无形态无框架才能容纳一切形体，进入自然朴素而没有任何人为痕迹的本真境界。

儒家教育理想不少地方都闪烁着无痕教育的光芒，反对机械学习、被动灌输。好的教育，要采取柔性教育，反对只顾形式。

叶圣陶先生也明确提出，凡为教，目的在达到不需要教。这话说白了就是倡导无痕教育，教师之教，在于相机诱导，让学生自由研讨，自求解决。

有人认为，叶圣陶就是近代倡导无痕教育的宗师。“教是为了不需要教。……就是说咱们当教师的人要引导他们，使他们能自己学，自己学一辈子，学到老。”

朱自清《教育的信仰》：“‘做人’是要逐渐培养的，不是可以按钟点教授的。所谓‘不言之教’‘无声之诲’，便是说的这种培养的功夫。要从事于此，教育者先须有健全的人格，而且对于教育，须有坚贞的信仰，如宗教信徒一般。他的人生的理想，不用说，也应该超乎功利以上。所谓超乎功利以上，就是说，不但要做一个能干的，有用的人，并且要做一个正直的，坦白的，敢作敢为的人！——教育者有了这样的信仰，有了这样的人格，自然便能够潜移默化地教育，‘如时雨化之’了；这其间也并无奥妙，只在日常言动间注意。但这个注意却不容易！比办事严明，讲解详晰要难许多许多，第一先须有温热的心，能够爱人！须能爱具体的这个那个人，不是说能爱抽象的‘人’。能爱学生，才能真的注意学生，才能得学生的信仰；得了学生的信仰，就是为学生所爱。那时真如父子兄弟一家人，没有说不通的事；感化于是乎可言。但这样的爱是须有大力量，大气度的。正如母亲抚育子女一般，无论怎样琐屑，都要不辞劳苦地去做，无论怎样哭闹，都要能够原谅，这样，才有坚韧的爱；教育者也要能够如此任劳任怨才行！这时教育者与学生共在一个‘情之流’中，自然用不着任法与尚严了。法是力量小的人用的；他们不能以全身奉献于教育，所以不能爱——于是乎只能寻着权威，暂资凭借。但权威是冷的，权威所寓的法则也是冷的；它们最容易造成虚伪与呆木的人！操行甲等而常行偷窃的学生，是各校常见的。循规蹈矩，而庸碌无用，但能做好好先生的学生，也是各校常见的。这都是任法尚严的流弊了。更有一件，权威最易造成或增加误会；它不但不能使人相亲相爱，反将使人相忌相恨！”

肖川的善好教育理论强调：善的生活，即体面的、有尊严的、负责任的生活，精神高贵和优越的生活，正直与光明的生活，富于德性的生活，充满了同情与关爱的生活。而好的生活是能够使人感受到惬意与轻松、感受到内心的充实与和谐、感受到精神与物质的富足、感受到心灵舒展与个性张扬的生活。善好生活是一种自我实现的生命历程，是一种“不惑、不忧、不惧”的生活。它一定是能够使学生形成阳光般的心态和健康人格的，是能够提高学生的自尊和自信的，能够使学生内心变得越来越充实和富有力量的。生活中充满了对所有学生的深切关注，没有人被忽视和被遗弃。

在西方教育思想中，这一教育主张也是源远流长的。柏拉图、亚里士多德倡导教育要协调心灵，形成性格力量，要让人利用觉察不到的方式自己观察，自己体会，让他们的悟性看到外面的世界，他们的心底升出一道活流。保加利亚的暗示教育认为教学应该利用亲和氛围、语调色彩、人格魅力等诸多外部因素，使学生在无意识当中接受知识，开启智慧，促成发展。

苏霍姆林斯基说过："教育者的教育意图越是隐蔽，就越是能为教育的对象所接受，就越能转化成教育对象自己的内心要求。"

乌申斯基说："教师个人对学生心灵的影响所产生的力量，无论什么样的教科书，无论什么样的思潮，无论什么样的奖惩制度都是代替不了的。"无痕教育更强调教育者面对不同情况的学生，机动灵活地采用不同的教育方法与手段，有目的地实施因材施教，以求教育活动取得事半功倍之效。教育必须顺其自然——也就是顺其天性而为，否则必然产生本性断伤的结果。

德国教育家第斯多惠说："一个人的天资就是其自身能力和活动可能性的基础（或胚胎），天资是一种起因（或动力因），而不是一种行为，教育就是对天资的激发。"好比说，人的天资是一块沃土，土地再肥沃也要靠耕种，耕种什么，怎样耕种，将得到不同的结果。这就是对资源如何开发的过程，这就是教育。

我们每个人的发展成果是很难传播给别人的。谁想拥有成功，就必须自己努力去获得，从外部只能受到激发。可以说，孩子的天资唤醒得越早就越容易发展，唤醒得越晚就越难于成为力量。天资潜藏得越深、越久，越难被唤醒。

教育需要无痕，这不仅仅是一种向往，也不仅仅是一种境界，这是一种规律，一种原则，一种方法，更是一种技巧。我们不能人为地去创造规律，我们应该顺应这个规律，坚持这项原则，使用这种方法，掌握这种技巧。

教育一词在英语中有"自我生成"的意思，而在德语中则意味着"引导""唤醒"。因此，青少年学生应是一个独立的"变量"，而不是传统意义上"依赖的变量"。他们不独受教于成人，而且能够独立自主地进行学习，真正的知识也不是由教育传授给学生的，而是出自学生本身。这种"不教而教"的无痕的教育效果，是教育的最高境界。语文教育应当以语文本体的存在为基础，超越工具主义的有限视野，站在精神生成与表现、文化存在与创造、历史对话与再生的高度，发挥语文教育的多维功能。

第四节　心理学之源

有千百种方法可以让孩子失去自尊心，但重建自尊却是一个缓慢而困难的过程。萧伯纳在他 90 岁寿辰时说过：“要记住，我们的行为不是受经验的影响，而是受期待的影响。”

心理学认为，自尊是个体对自我总体知觉的评价，包括能力和价值两个重要元素。自尊越来越受到重视，它似乎与儿童的心理卫生、行为问题、学业成绩、社会适应有关。自尊无可避免地会影响儿童的适应能力，低自尊的儿童比较容易感到无助、焦虑、自卑、不快乐。从心理学的角度来看，当代中学生的自我意识趋于早熟，具有极强的自尊心、独立感、自信心和好胜心，不愿意让别人小看或轻视，不轻易接受教师的指令。在这个阶段，由于生理发展和心理发展的不平衡性，受自我意识觉醒等因素的影响，青少年心理发展呈现错综复杂、矛盾重重的局面，逆反心理表现得十分突出。“在关系到最高生活价值方面，教会别人是不可能的，每一个人都应自己教育自己，可能做到的只是帮助他更深刻地理解周围世界和自己，成为自己，实现比他身上现有的更好的东西。”科恩的论述绝好地说明我们的教育要帮助学生克服逆反心理，必须做到“不露痕迹”。

初中生正处于从依赖向独立转变，从少年向成人转变的过程中，对这一群体进行教育不宜生搬硬套，否则会产生抑制抵抗，衍生情感障碍，这就是人们经常说的逆反心理。我想：当老师教育学生时，如果学生知道你在教育他，你的教育就失败了。所以我们说，教育的单调做作，锋芒毕露，刺激过强，就会引起学生的逆反心理，反而欲速则不达。而无痕语文，则更多地采用了自由体悟参悟、交流分享等生生互动、师生互动的共赢方式，远离了生拉硬拽、强行灌输的粗野，氛围融洽，动态生成，学生在没有感到受训导的情况下，在不对抗的情况下，与文本的内容，与教师的引导，与伙伴的合作，产生了高度的心理相融，效率更高，积极思维就产生了，这其实就是一种正向的心理暗示，这一点，可以佐证无痕语文的高效，是因为它符合发展心理学的原理。凭借隐性课程，使潜在规律焕发生成，传统的课堂教学思想非常强调，课程就是跑道，教学就必须把学生赶到跑道上去，教师就要不断地扬起教鞭，赶着学生跑到终点，这一思想根深蒂固。当然，它也曾经发挥过积极的作用，但是它的体性是显而易见的，因为教育教学除了逻辑的、理性的、阳刚的，还有非逻辑的、感性绵柔的，除了指令的、明示的，还有暗示的。因此，课程教学理论就出现了隐性课程，其代表人物认为，施教者除了以外显的方式教授外，还要有间接的、内隐的方式，通过受教育者无意识的心理反应，使其获得认知、情义方面的内容，特别是激活内变的情愫，唤起领悟的智慧。课堂应是向未知方向挺进的旅程，随时都有可能发生风暴和美丽的图景，而不是一切都必须遵循线路、没有激情的行程。可见，课堂教学是一个动态生成的过程，而生成是一个和谐课堂教学的重要表征。生成的信息往往是课堂教学中闪现的最为宝贵的教学资源，如能加以智慧的推进，常常会给我们的课堂教学带来不曾预约的精彩。从语文学科特点来看，它不同于唯理性学科刚性的、教师直白的教学，强制的、大量的灌输，只能起到告诉的作用，绝不能达到激活的效果，反而会影响学生对同一文本的多重多维的理解。更重要的是，语文课堂不仅是知识的传授，还有道德、情感等多种人文教育的渗透，而无痕恰恰是弥散的、融合的。无痕语文基本符合这一课程教学思想，它十分注重语言与精神的和谐同构，整体设计教学，让学生自由品读，提取妙词佳句，体会情趣意韵，教师相机点拨导引、分享演练，使师生对话自然和谐，学与教十分融洽协调。其中，所指点讨论的不单是文本的、知识的，还有生活的、情义的，咀嚼语言涵泳、情韵，有声有色，妙伦无痕。让人如沐春风，仰瞻幸福，这就是隐性课程所追求的应然效果，这就是无痕语文所向往的诗意生存。

第三章

无痕语文之魂

第一节 本真自然，清水芙蓉

马克思有句名言：“任何一种解放都是把人的世界和人的关系还给人自己。”教育过程中师生关系的解放，就是要把“人的世界和人的关系”还给教师和学生，这其中的关键是学生的“人的世界”的真实内涵——自然心态支配下的活动。

美国教育心理学家吉诺特博士曾深情地说：“在经历了若干年的教师工作之后，我得到了一个令人惶恐的结论：教育的成功和失败，‘我’是决定性因素。我个人采用的方法和每天的情绪是造成学习气氛和情境的主因。身为老师，我具有极大的力量，能够让孩子们活得愉快或悲惨，我可以是制造痛苦的工具，也可以是启发灵感的媒介，我能让人丢脸也能叫人开心，能伤人也能救人。”当你一脸阳光地走进教室时，学生的心情就会轻松舒展；当你杀气腾腾地面对他们时，学生则会噤若寒蝉；当你以热情的话语肯定学生，以赞赏的眼光激励学生时，他们就会充满幸福喜悦；当你指责嘲讽学生时，他们心灵的天空霎时就会愁云惨淡。

语文是一种知识，也是一种能力，但同时更是一种力量，一种无形的爱。只有爱语文，才能教好语文；只有怀着真诚的爱，才能教会学生学好语文。本真之爱就像汩汩清泉，源源不断地滋润着孩子们的心田，让他们爱学习，爱语文，爱人生。无痕语文“摈弃浮华，返璞归真”，真水无香，倾听天籁，看似平淡的语文教学中处处洋溢着对学生浓浓的关爱。而只有在充满温情与仁爱的氛围中，学生才能生长出和煦、细腻、体贴的心灵。

一、与乐拔苦

人与人之间，相知才能相惜，唯有懂得才能以慈悲坦诚的心面对，也就不会有怨恨的产生。慈爱众生并给予快乐（与乐），称为慈；同感其苦，怜悯众生，并拔除其苦（拔苦），称为悲；与乐拔苦，二者合称为慈悲。教师要有慈悲之心，善待每一个生命，把学生当孩子看。对于他们无意的冒犯，善意地理会，不给其造成压力；对于上课偷偷喝口饮料，扮个鬼脸的小子，幽默地给其台阶。关注孩子的情绪变化，给予其慈母般的温存。靳羽西说过，魅力的源泉，不在财富，也不仅是有礼的举止、优雅的风度和美好的仪容，更重要的是内心真诚友善的意愿——是否拥有一颗愿意关怀别人的慈善之心，并且付诸实践。

把学生当朋友看。第一次做班主任时，班上有个船民的孩子，父母常年在外行船，导致他的早饭没人料理，经常饿肚子。我得知后，约他每天到学校和我一起吃早饭。从此，矮矮的他成了我的小尾巴。班上有位来自农村的孩子，看到别人吃蛋糕很眼馋，我立马掏钱请他吃了个够。有两位女生，放了寒假到我家去玩，一直呆到大年三十晚上也不愿回家，家长来接的时候，居然赖在床上不起来……

美国作家马克·吐温称善良为一种世界通用的语言，它可以使盲人“看到”，聋子“听到”。善良能够开启智慧，纯洁灵魂。

“又是一个新鲜的早晨，可惜，我睡过了头，来不及吃早饭了。我以最快的速度飞奔到教室。‘咕咕咕……’肚子开始反抗，唱着斗争的歌：‘叽里咕噜，叽里咕噜。’‘好饿呀！’我下意识地叹道。同学们都朝我投来诧异的目光，两秒钟以后，哄堂大笑，羞得我无地自容。语文老师问道：‘李宁吉同学，你没吃早饭吗？’我抿一抿嘴，摇了摇头。就这样，语文课伴随着我的饥饿上了下去。不一会儿，老师宣布让我们自己复习。同学们的朗朗读书声淹没了我的‘饥饿歌’。正当我专心背书之时，一个不明飞行物朝我飞来。什么？棕色的椭圆体。定神一看，是一个装潢漂亮的面包，上面有肉松，喷喷香！谁送的？抬头一看：语文老师！我怔住了。她背着阳光站在窗外。我眯起眼睛看着她，她在冲我笑，甜甜地笑，眉毛上扬，嘴巴微翘，额上的碎发随风轻扬。

作为一个老师，她可以像对待自己的孩子那样对待自己的学生。冷了，加衣服；饿了，买面包。除了其他老师都具有的严格外，她更多了一分慈祥，一分关爱。她用她的言行来感染每一个人，用她的微笑感动每一个人。我也冲她笑笑，感动便停留在这心动的一刻。我永远都忘不了她对我们最无微不至的照顾、最温馨动人的体贴，忘不了那怡人的微笑！”（学生李宁吉的《感动》）

作为一个语文老师，我早已淡忘了这一小小的善举，而我的学生却因此有了这样的感动。

耕耘友善并不需要刻意或是策略性的计划，在日常生活中是很容易做到的。做一件不经意的小善事，你会发现，自己会感到多么快乐。“当你为别人做好事时，你会有一种身心宁静平和的感觉”，尽管那些全是小事，但“善良的爱心行为会释放类似啡呔的情感激素，之后，感觉良好的化学成分会进入你的下意识中。”（理查德·卡尔斯的《不要忽略小事》）我们不能改变世界，但不以善小而不为，通过自己的点滴努力，使孩子的精神世界变得更美好，何乐而不为呢？

初中生正处于生长发育的关键时期，思维也处在变动不拘的阶段，亟须他人的认可与尊重。但同时，他们又缺乏把握自己的能力，自制力相对薄弱。在这样的情况下，升学的压力、社会的压力、家庭和同学的压力，很容易造成孩子心理上的挫败感。因此，我们需要走进孩子的心里，明白他们真正需要的是什么。

出差刚到家，就接到朋友的电话：“你班有一个学生叫×××，在你外出开会期间服安眠药自杀未遂。她的家长不想告诉孩子的班主任，请你回来后一定做做孩子的工作，听说孩子最喜欢你。”

我惊呆了：自杀？她？

15岁的她，是个漂亮又非常爱漂亮的女生：身材小巧玲珑，肤色白里透红，明眸顾盼生姿，小嘴微微上翘（很像芭比娃娃）；发型、发夹几乎天天变，衣服、鞋子、背包时尚有品位。她不但学习成绩好，而且是全校最好的“舞者”、出色的“名嘴”之一。聪明又有灵气的她，自小是家庭中的“掌中宝”，学校的“焦点”人物。但同时，早熟、开朗、任性的她，对自己交异性朋友的事也不忌讳。那么，是什么事情导致她动了“自杀”这个可怕的念头？

下午散学后，我牵着她的手来到办公室（没有别人）。在她的眼里和心里，比她妈妈都年长的我，是她的知音。

轻轻地关上门，她照例坐在我身边。我端详着她：脸色苍白，满是倦意。良久，我们谁也没有说话。强烈地，我涌起一股冲动。我拍拍大腿，张开双臂说：“孩子，让我抱抱你！”

她的眼睛湿润了，乖乖地坐到我怀里。我紧紧地抱着她，就像抱着自己的女儿，一个如花似玉的、差点就永远失去的女儿，心里满是母亲的柔情和爱怜。

“为什么？为什么做傻事？”

她说：“很多苦缠住我，我想摆脱。他真的不理我了，我很失落。我在家中没有想要的自由，偷偷买了‘小灵通’，又被家长教训，引发了一场剧烈的争吵。我想逃避，就吃了外公剩下的安眠药。”

“想过后果吗？”

她说：“也没有多想，吃完药后，换上自己喜欢的衣服，梳好头，觉得头晕，就在床上躺下，后来，就什么也不知道了。”

天啊，幸亏她外公的药瓶中只有20几粒药，如果多的话，她……

我不寒而栗。

“想过别人的感受吗？”

她坦率地说：“当时没有考虑自己的行为会给周围的人带来多大的痛苦。现在想想，好害怕，也很惭愧。”

是啊，这个小公主，平时，都是别人迁就、照顾她，她几乎没有想到过自己对亲人、对社会的责任。

我摩挲着她的小手，和她交流对生命、亲情、爱情的感悟，告诉她同学、老师是如何喜欢她，欣赏她的才华……说着说着，我的声音发颤，眼泪不由自主地滑落。

那天，我抱着她直到薄暮。

第二天，她在随笔中夹了一封信给我：“好久好久没有人抱过我了，在您温柔的怀里，我苏醒了，感觉好安全，好温馨，好幸福。您的怀抱让我感受到理解与慈爱，也感受到义务与责任。您放心，经历过这件事情之后，我会真的长大。不管遇到什么挫折，被您的怀抱温暖过的我，一定会‘敬天爱命’（引用您的话），积极地拥抱人生！”

生死绝非个人私事，而是家庭的、社会的和大众的大事。敬畏生命，正确处理生命与生活之间的关系，学会面对困惑，承受挫折，是人生永恒的考题。当孩子遭遇挫折之后，发自肺腑地“与乐拔苦”，将生命中最温柔的部分奉献给他们，人性的光辉就不仅会温暖孩子，也会温暖自己。

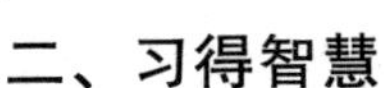

二、习得智慧

慈悲是无量智慧。当你的心充满祥和，去到哪里都一样欢喜自在；当你的心充满智慧，一花一草都令你见到真理。苏东坡轻吟："来往烟波非定居，生涯蓑笠外无余，一蓑烟雨任生平。"佛说："一花一世界，一树一菩提!"以清净心看世界，以欢喜心过生活，以平常心生情味，以柔软心除挂碍，你会习得人生智慧。

清晨到校，我推开窗户，为摆放在空调外机上的文竹浇水。一只鸟儿俯冲过来，在我手上狠狠地啄了一口，还在我崭新的真丝短袖上留下一摊脏兮兮的分泌物。我惊恐地关上窗子，直喊倒霉。隔壁张主任闻声赶到，告诉我，鸟儿在她窗外的空调外机里侧做了窝，窝里还孵出了两只小鸟呢。鸟儿啄你，八成以为你要伤害它的孩子了。我恍然大悟，鸟先生误会我了。可我哪里申冤去？就算鸟儿知道了原委，也无法向我赔不是啊！

鸟儿的一啄，"啄"痛了我，勾起我误"啄"学生的记忆。

那天，听徐一波妈妈说：开学前三天，徐一波信心十足，学习非常努力，家长也很开心。可第四天，他的老毛病犯了——大出鼻血，没有食欲，人软得像棉花团一样，上学都是家长接送的。他怕耽误功课，一直没去看医生。可是鼻子出血后，听课提不起神，课堂效率低，课后花很大气力也无济于事。我不知其中原委，只看到开学不到一周，他的学习成绩每况愈下，联想起他过去的不自觉，就把他叫到教室外扎实地批评了一顿。徐一波也不辩解。看到他泪流满面，我还以为是他内心受到触动，认错了呢，谁知那是委屈的泪！

听了家长的叙述，我心中真不是滋味：不明就里，主观武断，错怪学生，伤害了孩子，还自以为爱生如子，严格要求，做了好事呢！我和鸟儿真挺像的。

好在我不是鸟儿。我把徐一波请出来，满怀愧疚地向他真诚地道歉。沟通中，我还了解到，上课时他常一条腿伸到外面，是因为课桌矮小，而他人高腿长，一直放在桌子下面实在吃力。我坦率地告诉他，对他的这一行为，我那天也想指出来，看到他哭了，才没说。徐一波笑着说："李老师，我知道你喜欢我们，看我不争气就着急，我不怪你。"

鸟儿因为爱孩子误啄了我，我还耿耿于怀呢，学生被我误"啄"了，竟然大度地宽容我。感动之余，我仿佛明白了许多，也一下子原谅了鸟儿。

不久，我读到《孔子传》里的一则故事：在子路将他看见正在烧饭的颜回偷饭吃的事告诉了孔子和其他弟子后，孔子既没有责怪颜回，也没有在众弟子面前轻率地批评颜回，而是让弟子们不要再提此事。弟子们都很纳闷。吃饭时，孔子说："我想先用这饭祭祖。"颜回连忙说："老师，不行，这饭不能用来祭祖了。刚才煮饭时，有一团灰落入锅中，我把它抓了出来，觉得丢了可惜，就把它吃了。由于这饭已脏，且被我先吃了，不可用来祭祀祖先。"孔子听后感叹道："人们向来都相信自己的眼睛，其实自己的眼睛也有让人不相信的时候，要真正认识一个人，真不容易呀！"

孔子高妙的教育艺术令我折服，"循循善诱""诲人不倦"的大家风范令浅薄、粗糙的我汗颜。

这则故事时时警策我：教育学生，不能不问青红皂白地就把学生训斥一通。学生学习成绩不理想的背后，也许有些鲜为人知的原因。教师千万不可对所有的同学都用一把尺子衡量，动辄一番教训，而要耐下心来，先了解情况，再采取含蓄的教育艺术或方法。

教育的目的是唤醒生命的良知，它需要教育者满怀生命的善意，敬重生命，善待生命——包括犯了这样那样过错的生命。把令学生"懊恼的失误"关在门外，将学生过去的错误通通忘却，不要使过去的错误成为学生今天、明天进步的包袱。

威廉·詹姆斯提醒我们："人类本性中最深刻的渴求就是赞美和期待。人性最深刻的原则就是渴望别人对自己的关怀。"于是，我以包容之心、怀柔之心拂去他们"心灵的尘埃"；以信赖的目光、期待的眼神，鼓起他们"重新再来"的勇气；以温馨的话、真挚的爱坚定他们"弃恶从善"的决心。

看到有位女生虽然已经尽力了，但学习成绩仍不理想，我不再苛责她，因为我知道，由于小时候生过一场大病，她学起来比一般同学要费劲得多。一位男同学心情烦躁，无心听课，老师用请他回答问题的方式提醒他，他答不出来却一蹦三尺高，并冲出教室。事发之后，任课老师告诉我这件事。我没有贸然行事，而是心平气和地找他谈心：原来他父母正闹离婚，第二天开庭，让他选择跟谁过。

是啊，和老师一样，我们的学生生活在人间凡世，他们有着属于自己的极富个性的生活，有着自己的喜怒哀乐。顽劣和缺点，是学生成长路上不可避免的存在。孩子的心灵是稚嫩的，需要老师精心的呵护！我们这些为人师的，只有擦亮双眼，才能真正走进学生的生活，走进学生的心灵世界，才能了解孩子，给孩子以善意的劝告，真诚有益的帮助。

像鸟儿那样误啄一气，不仅不能解决问题，反而事与愿违，在所谓的好心下办错事，损伤学生的尊严，甚至造成严重的后果。两千多年前的孔子早已洞悉“呵护学生心灵”的秘诀，且在教育实践中身体力行了，今天的我们不更应该做得更好吗？

把整个心灵献给孩子，站在孩子的角度思考，告诉孩子你真棒，鼓励孩子你能行！从此，走进孩子的心海，走进真正的教育世界。

真心爱孩子，我享受了很多的惊喜与感动。春游时，一群笨手笨脚的男生用野花与青草精心编出一个漂亮的花环，出其不意地套在我脖子上，邀我跳舞。假日里，他们会三五成群地来看我，或打电话说很想我，就想听听我的声音。

快乐的课堂里，我与孩子们一起成长。他们因为爱语文而爱上了我；又因为爱我而爱上了我教的学科——语文。

2005 年 1 月 15 日，在“教育在线”网站，我读到这样一个令我感怀的帖子：“我是你的学生陈迎春，你还记得吗？无意在这里遇到老师，真的特别高兴！拜读老师的大作，感受老师的爱，似乎是走进了遥远的记忆长廊中。是您充满爱意的鼓励和出众的教艺让我对语文一直有着无法言喻的喜爱，所以毕业之后我也选择了语文教学……”

感谢鸟儿，它提醒我爱就意味着宽容，懂得宽容需要极大的力量和勇气，在宽容背后是一颗慈悲之心。宽容意味着克制和忍让，还意味着平静地接受一切苦难和挫折。我告诫自己：用真诚化解敌意，用意志克服困难，用毅力忍受痛苦，用微笑迎接生活。

三、浪漫分享

慈悲是人类精髓的一部分，分享是慈悲的一种表现形式。

语文天生浪漫，浪漫的语文召唤师生浪漫的情怀。教师在语文教学中制造小小的惊喜，让思想在真实与浪漫中穿行，让情感在感性与理性中交融，让智慧在现实与想象间驰骋，不仅可以真正地理解文本，而且会唤起我们内心对语文、对生活真挚热爱的情感，任我们的心牵着我们的手，在云中漫步，在风中舞蹈，从浅表走向深广，从狭隘走向博大。

语文是母语课程，生成性课程资源随手可得。作为语文教师，我非常注重开发语文生活中的生成性课程资源。

2003 年 9 月，我到陕西支教，那时正是收获石榴的时节。陕西临潼的石榴皮薄个大，色泽鲜艳，籽满汁多，味美可口。我兴致勃勃地挑选了一大箱上好的石榴，带着它们乘飞机、坐汽车，辗转回到学校。孩子们眼望石榴，真切地感受了一回郭沫若《石榴》一文中"禁不住唾津潜溢"的滋味。他们有的坐在桌边慢慢地剥皮，一颗颗地把小小的石榴籽丢到嘴里，压榨出甜美的汁水，心满意足地吐籽，慢慢地一粒粒地品味，体味果实中甜而带酸的滋味；有的将丰腴的淡红的石榴籽粒举在眼前"透视"，然后极不忍地放入口中；也有的抠出众多籽粒，一下子捂进嘴里；还有女生悄悄告诉我，她要带石榴回去与家人分享……

在他们津津有味地品尝石榴的时候，我告诉他们："现在生长在我国的石榴，是汉代张骞出使西域时带回的。临潼石榴距今已有 2000 年的历史，产量居全国之首。石榴花火红艳丽，芬芳宜人，被选为西安市花。你们如果想知道更多有关石榴的知识，就各显神通，明天晨会上交流。"

翌日，"石榴晨会"在课代表的主持下拉开帷幕。他们争相展示自己了解到的有关石榴的知识。

中国人视石榴为吉祥物，认为它是多子多福的象征。古人称石榴"千房同膜，千子如一"。民间婚嫁之时，常在新房案头或他处置放切开果皮、露出浆果的石榴。人们借石榴的多籽，来祝愿子孙繁衍，家族兴旺昌盛。

石榴花是西班牙的国花。在西班牙，50 万平方公里的土地上，不论高原山地、市镇乡村、房前屋后，还是滨海公园，到处都可见石榴树。

两位同学背诵了写石榴的诗歌，博得满堂彩。曹欣然同学打印了几篇关于石榴的文章，不少同学找来了石榴的图片，吴仪纬同学还为大家播放了他崇拜的韩国影星李俊基的石榴汁广告歌视频，令大家煞是兴奋。

同学们谈石榴的药用价值，说它的美容功效，侃其栽培要诀……石榴就这样进入了我们共同的记忆。

我的同事张群写过这样一篇博文：

"李老师"是女儿的语文老师，女儿经常跟我谈她的"李老师"！

……

我们从来没有要求她对什么学科感兴趣，也没有觉得她对什么学科感兴趣。

上了初中的女儿不久就对语文感了兴趣，是个奇怪的事情！因为在小学的时候，我还因为学语文的事情跟她的老师沟通过，不让女儿抄那么多的生字和课文，她自己也认为学语文是件“摧残人性”的事。我提倡女儿读书，读好书，也曾经建议她背古诗，但收效甚微！

仔细留意女儿的变化，发现她的言谈中越来越多了关于教语文的李老师的内容了。李老师讲什么古诗了，李老师讲什么作家了，李老师讲什么散文了，李老师讲什么作文了……

再后来，女儿的言谈里多了李老师今天没有来上课，开会去了；李老师下课给我们糖了；李老师带我们包水饺了；李老师今天还问我借《唐宋词注释》了；李老师今天说期终考试语文第一的学生她要带去吃肯德基……

再后来，女儿的话里多了如李老师今天讲了什么，我还觉得怎么样；李老师今天说典故了，我要查什么资料；李老师讲了什么古文，我还觉得怎么理解好；李老师赞同我的什么观点了……

三年初中，女儿的书橱里多了很多古典文学的书籍，她妈妈开玩笑地说：“我们大学毕业都还没有读《诗经》，今天家里出了个读《诗经》的孩子！”这个不假，教她化学的陈老师告诉我，她在上学期化学考试前还在看《诗经注释》，平时在我的办公室里还一个人有腔有调地背唐诗宋词……

这种变化是我们没有预料到的！这种变化是我们不难寻找到根源的。

教师当到像李老师这种程度，对学生而言，是很幸运的！对家长而言，是很幸运的！对学校而言，是很幸运的！对李老师自己而言，应该是很幸福的！

想想当年为女儿分到哪个班而跟学校闹了点不愉快，今天看来是十分值得的！

女儿最终成为跟李老师一起品尝肯德基的学生！那顿肯德基一定是她吃过的最好的肯德基！

我想，不管以后女儿长大后做什么，到哪里，在什么时间……如果她跨进肯德基的大门，她一定会温暖地回忆起曾经跟李老师一起吃肯德基的情景……

今年，张群老师的女儿张凯馨以优异的成绩成为清华大学的学生。在得知高考成绩的第一时间，张老师欣喜地告诉我：语文绝对的优势让孩子梦想成真。一拿到录取通知书，张凯馨就要请我吃肯德基。

生命的动力，来自食物的能量。心有牵挂，外出的时候看到好吃的东西自然会想到家人和班上的孩子们。

只要出差，我总会给孩子们带回当地的土特产，我请他们品尝过北京的糖葫芦，镇江的香醋，咸亨酒店的盐煮笋、茴香豆……与之相关的一些知识，就成了大家品尝美味之外的具有高附加值的储备。

应邀去镇江上课，临行前向孩子们告别。“去几天?”“谁给我们上课?”“一定要早点回来!”……胖胖的脸上开始爆豆的张昊蒙突地站起来，大声叫道：“带醋给我们吃!”全班先是哗然，接着就是一片附和的掌声。

“吃醋？哪些人喜欢?”唰！举手的还真不少。“ok!”我一口答应。

到镇江上好课，采购了足量的当地特产“恒顺香醋”打道回府。

大清早，课代表前来刺探军情：“你真的带醋给我们了吗?”

我认真地回答：“当然！只是那天回来很迟，准备给你们的每人一小瓶醋，其中小部分错送给同事了。”

“狡猾”的课代表眼珠一转，说：“没关系。小瓶的数量不够，把大瓶里的倒在一次性杯子里，每人尝一口也行。”这个建议立马被采纳。

提着瓶子、杯子，夹着书本，我被拥进了沸腾的教室。

“吃醋了！吃醋了!”孩子们高呼。

自告奋勇，拆包装、分瓶子、发杯子、倒醋。不一会儿，位居“五味之首”的“食总管”（酷爱食醋的古人给它起了一个拟人的称号）就各就各位了。

“干杯!”一时间，孩子们端起杯子、举着瓶子热闹开了。

豪放的一饮而尽，直喊“酸”“爽”“痛快”……

儒雅的细细品味：轻轻一抿，咂巴小嘴，或吐舌头，或皱眉头，或翘指头——“酸而不涩，香而微甜，味道好极了!”

看，这一角扎堆的男生咧着沾着一圈儿褐色的嘴巴直乐呵。有人乘一位女生不备，把她的那份给偷喝了。有个“小矮人”悄悄走到我身边：“李老师，我醋量大，您再给加点!”我给他加醋的瞬间，十几个男生女生蹿到讲台前：“我要!”“我也要!”直至我将带去的所有醋倒得一滴不剩，醋瓶子也给瓜分一空方才罢休。

听，那群孩子在互致敬醋辞：祝你喝出健康和美丽！愿你多喝醋少“吃醋”！请你长得比我慢点，考得比我少点！（喝出了醋意）

一位女生模仿宋丹丹的口吻奉劝体态特别健壮的男生：多喝点，减减肥，美美容！似乎受这话启发，一位俏皮的小眼镜男生给我敬醋，嬉皮笑脸地冲我忽悠起来：“谢谢啊！缘分啊！”（十足范伟腔）“小样儿，看我怎样收拾你！”我那句赵本山式的回敬引发大家又一阵哄笑。

教室里，袭人的醋香、浓郁的醋味、快活的醋趣，在宽松和谐的氛围中弥散，在我和孩子们的心海里徜徉。

打扫完战场，我望着煞是满足与幸福的孩子们，提出一个问题：“‘醋’字为什么这样写?”他们大眼瞪小眼，摇开了拨浪鼓。眼见到了“愤”之状，我便将刚从网上淘来的知识“贩”出来：

传说在古代的中兴国，即今天山西省运城县有个叫杜康的人发明了酒。他儿子黑塔也跟杜康学会了酿酒技术。后来，黑塔率族人移居到现在的江苏省镇江。在那里，他们酿酒后觉得酒糟扔掉可惜，就存放起来，在缸里浸泡。到了第二十一日的酉时，一开缸，一股从来没有闻过的香气扑鼻而来。在浓郁的香味诱惑下，黑塔尝了一口，酸甜兼备，味道很美，便将其贮藏作为“调味浆”。这种调味浆叫什么名字呢?黑塔把二十一日加“酉”字来命名这种酸水叫“醋”。据说，直到今天，镇江恒顺酱醋厂酿制一批醋的期限还是21天。

这一课，我们从醋的来历谈到醋的分类，侃到醋的食效、疗效。说者说得头头是道，听者听得津津有味。

尔后，从孩子们的随笔中我读到这样的文字：

那天，李老师说自己要去镇江上课，我们都很舍不得她走。没有她，我们的语文课将会是枯燥地开始、枯燥地结束。我们都舍不得她的声音和笑容随着汽车的飞驰飘到镇江去。

……

李老师笑着答应了，我们心中有了一点点幻想、一点点信任。在随后的几天里，大家盼啊盼，仿佛在等待享受一顿美味大餐。

……

那浓浓的醋味儿化成一个个欢乐的音符，流进我们的心里。

……

我把李老师给我的醋留下一小半带回家，让妈妈、爸爸分享了老师带给我们的爱和承诺。爸爸妈妈看我说到李老师时眉飞色舞的样子，佯装生气道："如此夸赞李老师，不怕我们吃醋吗？"

醋味儿早已散了，那欢乐却不会散去；那浓浓的醋已经喝掉，但那笑声没有消逝；那醋瓶儿，大多已经扔了，但那愉快的场面永远嵌进了我们年少的记忆。

当孩子们思考问题有深度、回答问题有创意或取得优异成绩、集体获得荣誉的时候，我奖励他们巧克力、冰淇淋、肯德基。在孩子们生活有些单调，学习有些疲乏的时候，我和他们一起野炊、一块儿包饺子。野炊时，孩子们做的拼盘创意之新颖、花色之繁多令人咂舌，而他们对自己的作品作解说的文字，无疑是一篇篇绝好的美文——尽管我们每次活动都不要求他们写作文，但这些生活自然成为孩子们鲜活的写作素材，挥之不去。野炊时的黑脸、包饺子时的白脸，都是生活的一张张笑脸，浅笑嫣然，大笑开怀。小小的惊喜减轻了学习生活的压力，密切了师生之间、生生之间的关系，同伴合作交流的愉悦，共同创造分享的快慰，成为他们一生浪漫的回味。

自然风物、节庆游戏、饮食文化与语文因素珠联璧合，给人以诗般感受、家样温馨，生活成为语文学习的源头活水，语文成了孩子们的快乐念想。一次次小小的惊喜，一次次浪漫的体验，给孩子们的生活平添了乐趣，增加了情趣。知情意行的融合，提升了他们生活的幸福指数。爱上语文，水到渠成。

早春，读《世说新语》，请学生说说"撒盐空中差可拟"与"未若柳絮因风起"哪句更能状"白雪纷纷"，有学生误以为柳絮类似于棉絮而闹出笑话。

"带大家会会柳絮去怎么样？"一呼百应。一路雀跃。10分钟后，我们便置身于学校对岸的公园。孩子们移步换景，惊喜过望：紫藤花开，海棠绽放，桃红梨白，杏儿打着骨朵，知名的、不知名的鸟儿时时从身边掠过。那似花非花的柳絮，因风而起，飘忽无垠，漫天舞蹈。课堂中不解的意象就在眼前，有人伸出手遮挽，有人鼓起腮帮吹风，有人追着柳絮奔跑，甚是浪漫。

此后，孩子们告诉我，以盐喻雪固然可以，还是不及"柳絮因风起"奇妙，以柳絮比雪，形似，言雪大，点明"雪骤"之景，还能描摹出雪花六瓣，随风飘舞、纷纷扬扬、无边无际的自然特征。

一位温婉细腻的女生参悟更深，她说："柳絮'无风才到地，有风还满空'，'柳絮因风起'不仅工于譬喻，还透露出女才子谢道韫热爱生活、热爱自然的情怀。她将北风飞雪的严寒冬景，比做东风吹拂的和煦春色，可见其开朗乐观的胸襟以及对美好春光的由衷向往。"

谁说不是呢？佳句之所以千古流芳，最重要的正在于它能通过形象传达出作者内心独特的情感。晏殊有"柳絮池塘淡淡风"，是酒后伤情之言；苏轼有"枝上柳绵吹又少"，是芳草难觅的自我安慰；纳兰容若的"急雪乍翻香阁絮"是雪寒心灰之苦。我的这番延展令孩子们频频颔首。

语文教学连通自然，沟通生活，直通心灵。"浴乎沂，风乎舞雩，咏而归。"自然的熏陶教化，让大家亲近自然，感悟生活，小小的惊喜却是最大的浪漫。

分享，顾名思义就是指和别人分着享受（欢乐、幸福、好处等）。分享，让我们的语文充满着激情的浪漫。我们投入地阅读，较真地争辩，坦诚地交流，率性地写作。歌咏吟唱，手舞足蹈，盛装展演，角色互换，哭哭笑笑，皆成课堂。开怀的笑透着爽朗，会心的笑显着灵犀，解嘲的笑含着幽默，宽容的笑写着善意。因作品里的人物抽泣，为孩子文章里的真情抹泪。为漂亮的诵读、传神的表演鼓掌喝彩，为独到的见解、深刻的观点击节叫好……诗人臧克家说过："一文未成，多次痛哭，要写出感人的文章，自己一定要先感动过。"很多时候，我首先被文本打动，再去拨动孩子们的情弦。更多时候，孩子们不俗的思想震撼着我，让我兴奋不已。就这样，我们彼此分享，互相感动，共同成长。

我们的语文，挥洒着诗情的浪漫。圣诞前夕，我送给孩子们一树浪漫。当圣诞树上的彩灯开始闪烁时，圣诞老人在明净的窗户上笑盈盈地欣赏着这满屋浪漫。孩子们将心语抒写在彩纸上，郑重走上讲台说出来后一一装饰到圣诞树上。一时间，五彩斑斓，满树生辉，纯情在我们之间漫延、上升，浪漫满屋！

我们的语文洋溢着温情的浪漫。学生们看了我的博客，得知我喜欢麦芽糖。2007 年 3 月 23 日晚，荔子给我发邮件，"发现麦芽糖了！发现麦芽糖了！"第二天一早，她递给我一个精巧的绿色礼盒，题名：春来了！打开一看，里面有麦芽糖和两个小青团。盒内还有一张小纸条："李子，我奶奶知道你馋这口，托我带给你。不是巴结，也不算奉承啊！”好温馨的“巴结和奉承”。我请几位同仁共享，仿佛收获了整个春天！

今年，荔子在邮件里遗憾地通知我：今年没有团子给你了。我回复道：今年清明，我请全班同学吃李氏蒿团。

清明回老家扫墓，爸爸妈妈早已做好、晾好我们全班同学的蒿团。把蒿团从老屋带到教室，分给我初三（11）班的孩子们，绝大多数同学生平第一次吃蒿团，倍感新鲜。大家美美地享用黏黏的、爽口的清香甜润的蒿团，很开心。瞧着他们高兴的样子，我自然开心加倍。承诺的幸福，分享的快慰，那是爱的喜悦。

有位男生在我博客后跟帖：“李老师，今天吃了你的蒿团，觉得味道不错。虽然今天清明没放假，我们还是感受到了清明的气息，感受到了您对我们的爱，谢谢您……”

分享是一种博爱的心境，学会分享，就学会了生活。语文即生活，彼此温暖，温馨浪漫。

分享，还意味着痛苦的承担。肩负一份重任，把痛苦赶走，让阳光驻满学生的心房。

小秦同学因学习跟不上屡次想辍学，我给他写下这样的话：

“每天走进教室，我第一眼要看的是你的座位。看到你，我心里踏实；看不见你，我便着急。好在你走出来了，这让我感到踏实安稳。我知道，这一学期，你有多难，有多不易。从部队小学回来的你的每一点进步，要付出比其他同学更大的努力。

你知道吗？那天你和你妈妈走进我的办公室，你妈说你想放弃，但又舍不得离开我，我当时何等感动！我想起以前班上一位因病休学的女生，她抱着我号啕大哭——因为我不再是她的语文老师。作为老师，能得到孩子们纯真的依恋，我很满足、很幸福。谢谢你给我的爱，小胖墩！无论什么时候，不管遇到什么困难，没你强壮的我愿意做你坚强的靠山。”

与孩子们相处，让我明白：分享是一种生活的信念，它是浪漫的亮色，点燃了孩子，照亮了自己。

四、平等尊重

每个人在人格上都是平等的。学会尊重学生，学生自然会尊重你。

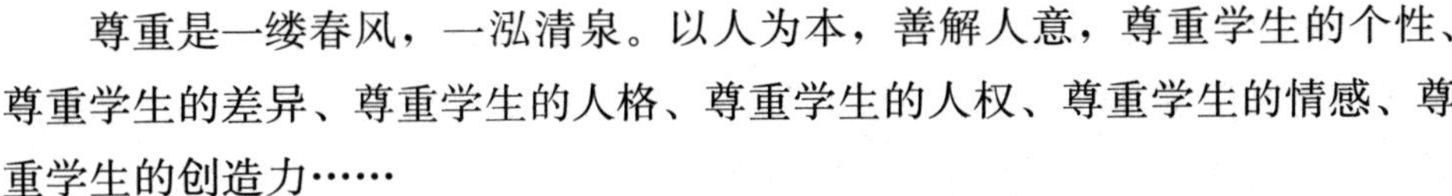

尊重是一缕春风，一泓清泉。以人为本，善解人意，尊重学生的个性、尊重学生的差异、尊重学生的人格、尊重学生的人权、尊重学生的情感、尊重学生的创造力……

愉快的暑假后，新老师生抖擞精神，带着愉快的心情，带着美好的憧憬迎来了新的学年。此时，几乎所有的学校都要举行程序大同小异的开学典礼。

表彰环节，一向是开学典礼的高潮。遗憾的是，近年来，有些学校为了节约典礼时间，往往不诵读受表彰学生的名字，简化为“×××等 50 名同学获得什么称号”“××等 20 名同学获得什么奖励”。

这不由让我想起美国连续举行了四年的“9·11”纪念仪式，想起在令人难忘的连续的纪念仪式中，都少不了这样一个固定仪式——诵读罹难者的名单。

2002 年 9·11 一周年的纪念仪式在 8 点 46 分开始（8 点 46 分为第一架被劫持飞机撞击世贸一号楼的时间），接下来的仪式是这样进行的：1. 举国默哀一分钟；2. 纽约州州长和一位遇难者的女儿简短的发言；3. 大部分时间里，由纽约前市长和美国前第一夫人希拉里等人诵读遇难者的名字。几年来除了因为一些遇难者的身份得到确认以至于遇难人数有变化之外，其他唯一变化的是罹难者名单朗读者。

人的生命安全压倒一切。美国总统布什在第一届纪念仪式前说：虽然他们死于悲剧，但他们不会白白送命。今天整个国家向“9·11”遇难者致敬。我们纪念每一个名字，每一个生命。在一个举世瞩目的纪念仪式上，在多个国家都转播的仪式上，诵读一些在外国人听来都十分陌生的名字，意义正在于此。

是的，一一诵读被表彰学生的名字需要一定的时间，但一个名字代表一个独一无二的生命，诵读每一个名字，是在欣赏每一个生命。对于在场的受表彰者，他们经过一学期，乃至更长时间的奋斗才取得了优异的成绩，获得了这份殊荣，他们有资格、有理由享受这珍贵的几秒钟的公开诵读其名字的时间，这份心跳他们不该错过。这份尊重与关怀可以让他体验心理和精神的舒适、愉悦和满足，体验富氧的精神呼吸，感受成长和发展的快乐，而孩子的心灵是否舒展是教育成败的关键。

苏霍姆林斯基说过：“教育者与教育对象的每一次接触，归根到底是为了激励对方的内心活动。”开学典礼，作为学校与学生在新学期的第一次重要接触，诵读受表彰者的名字，表彰在各方面取得突出成绩的学生，是激励他们内心活动的一项极好举措，教育者应该大张旗鼓而不是省略了事。

学校建设的核心价值观是以学生的发展为本，诵读名字，体现的正是一种人本的、人性的、人文的学校文化。这种郑重仪式上的公开表彰其实是一种“大爱”，它肯定的是学生曾经的努力和进步，他们的特长和优点，他们的成功和价值。把这些名字一一诵读，代表教育者对学生的善意、真诚、褒奖与激励，汇聚起来传达着我们这个学校的良好形象，何乐而不为呢？

看过电影《求求你表扬我》吗？家住农村的打工者，因为父亲当了一辈子劳模，心里特别期待自己能受一次表扬。于是他想来想去到报社讲述自己如何解救一名险些被强奸的女大学生的事迹。于是我们听到了这个农民对大学生卑微的乞求：“求求你，表扬我吧！”

世界在变，可人性从未改变，人类依旧害怕被淹没、忽略，渴望被认可、被爱。多少孩子心中在呢喃、在呼喊：老师，表扬我吧！那些被表彰者的名字被淹没、省略后，他们心中的遗憾可以想象得到。

按照马洛斯的需要层次论，人际交往需要彼此赞许。公开表扬，可以满足学生社交的需要，让学生找到友谊和群体的归属感。满足学生受到别人尊重和自己具有内在自尊心的尊重需要，满足学生通过自己的努力，实现自己对生活的期望，从而对学习对生活感到很有意义的自我实现的需要。表扬还拉近了师生间的距离，“靠近你，温暖我”，这样的表扬真是多多益善！

一个孩子的博文佐证了公开表扬的力量：

从前我对学习、对班级没多少感情。暑假里，我只是做了一件应该做的事——把拾到的钱包归还了失主。没想到，校长竟然在开学典礼上表扬我。校长的赞美让我心情倍爽，心头忑亮。我觉得校长比啥时都亲切，学校比哪里都可爱。同学们把我受表扬的事告诉我爸妈，他们觉得很自豪，很光荣，全家从此更幸福。虽然我现在成绩平平，但校长的赞许，填补了我尊严的空缺；同学们的掌声，重建了我自信的大厦。我会让老师、父母、同学不断因我而骄傲。我行，我能行！

莎士比亚说：“赞美是照在人心灵上的阳光。”表扬对一些学生是锦上添花，对一些学生是雪中送炭。据专家考证：不经过激励的人，其内在潜力只能发挥30%～40%，而经常受到激励的人，其内在潜力可以发挥80%～

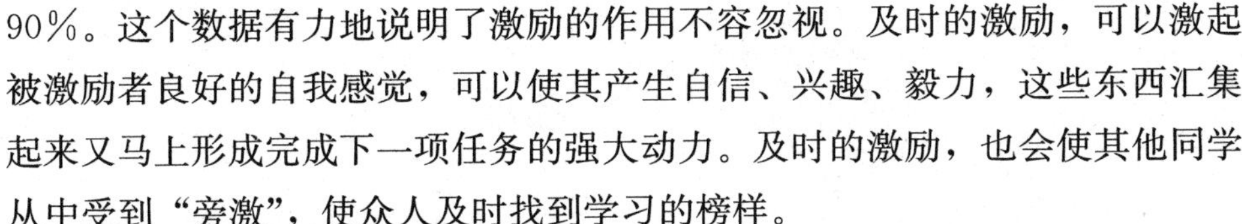

90%。这个数据有力地说明了激励的作用不容忽视。及时的激励，可以激起被激励者良好的自我感觉，可以使其产生自信、兴趣、毅力，这些东西汇集起来又马上形成完成下一项任务的强大动力。及时的激励，也会使其他同学从中受到“旁激”，使众人及时找到学习的榜样。

开学典礼时间的长短校长可以掌控，要表扬的学生也不可能超过两千人次。即使时间较紧，可以适当约束一下领导讲话、师生代表发言。

在学生以崭新的姿态站在一个新起点的神圣时刻——开学典礼上，让我们怀着对生命的敬重，对学生的关爱，请来孩子们尊敬的领导、老师、社会名流、家长代表，请来学校现在的、往届的学生代表，请来学生的邻居、亲友……请他们诵读受表彰的学生名字，有条件的学校可以将这些学生的照片在大屏幕上展示，把开学典礼向社会转播、开放。让学生感受这份器重，享受这份殊荣，将开学典礼办成学生的一次自豪、幸福的大聚会，一个从成功走向新的更大成功的誓师会。让每一个孩子，带着感动开始新的生活；让尽可能多的孩子珍藏这份记忆，温暖他们一生。

“您的遵守诺言，也是其他老师难以做到的。您说请我们吃早饭就真的买了很多肉包、菜包；同学们开玩笑，要您在镇江出差时带几瓶醋回来，您就真的给我们吃那个酸溜溜的玩意儿……您的做法更加让我们相信您，也更加尊敬您了。还有那些糖，虽然有的并不是很好吃，但毕竟是奖励的，吃起来格外不同，所以我们会更努力地争取。你真不愧当了二十几年老师了，我们的心思被您摸得熟透。”（学生沙焕焕）

1997年教师节，我收到一份特殊的礼物：学生王遥遥为我制作的一沓彩印名片。每一张名片上都有一只凤凰。在职务一栏，写的是“学生最喜欢的班主任”。

徐小庆同学在母亲节给我这样一条短信：您给了我们多少尊重，多少庇护，多少温馨，同学们像爱母亲那样爱您。祝您母亲节快乐！

前年情人节，王梅晨同学给我一封“情书”：在过去的半年里，我度过了最快乐的时光，上您的课总是开心的。您身上有着许许多多道不完的故事。您总是能让我们感受到您对我们的爱，每当我们做错事，您用目光告诉我们，而不像其他老师那样责骂，因为您相信孩子的自尊是需要保护的。我不知道您会教我们几年，正因为不知道，现在和您相处的时光变得更宝贵，愿我们都能珍惜这美好的时光，留下美好的记忆。

外出开会的时候，我会不断收到孩子们的短信和邮件，其中一封是这样的：

亲爱的李子：

你好！

回来了没？明天教我们的语文吧？

没有你的语文课，听得是知了也不叫了，蝉也不闹了，花儿都谢了，栗子也睡了。

李子，SOS!!

等啊等，盼啊盼的栗子

……

尊重是浪漫的秀色，尊重与真诚、宽容、赞赏、善良、友爱相得益彰，营造浪漫的心境，赢得诗意的生活。

“遇上你是我的缘，守望你是我的歌!”语文天生浪漫，爱上教育，爱上语文，浪漫满屋。在爱中找到快乐，在快乐中享受被爱的幸福，爱与被爱的过程，就叫做浪漫。“是你陪我成长，让梦想绽放……”

在我因工作变更不得不放弃一个班的语文教学后，我的学生吴琼写给我一封信：

“在生命初度的日子里，在理想起程的日子里，有幸遇到了您，亲爱的李老师！您慷慨地给予了我们平等和尊重。您帮我树立了对生活的热情、对事业的执著以及对理想的甜蜜畅想，您给了我珍贵的关爱，我感谢您，敬仰您，思念您！

李老师，我的迷茫是因为失去您；我的振奋是因为我曾经并将永远是您的学生。对您的思念是我另一份珍贵的感情。父母给我生命，书籍塑造我的灵魂，您给我勇气并指引了前进的方向。

李老师，您的优秀学生数不胜数，而您对于我却是唯一的。您在我心中是一座别人无法企及的高山。您的才华，您的能力，您的可亲可敬可爱都是我所欣赏、所感动、所敬佩的。您给我的影响超过了其他所有老师。短短的两年过去了，您留给了我最真、最美的怀念。我想告诉您：不管时空如何变幻，我对您的爱和景仰都将永不改变，您永远都幸福对我是莫大的安慰。”

周五第一节课是语文，我刚进教室，沈晓雪迎面走来，递给我一根棒棒糖：“李老师，请您吃棒棒糖!”我有些奇怪，晓雪笑着说：“今天是我的生

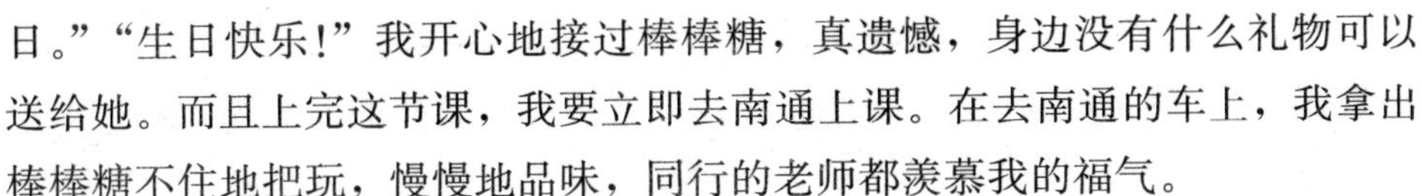

日。”“生日快乐！”我开心地接过棒棒糖，真遗憾，身边没有什么礼物可以送给她。而且上完这节课，我要立即去南通上课。在去南通的车上，我拿出棒棒糖不住地把玩，慢慢地品味，同行的老师都羡慕我的福气。

是的，我是老师，我很幸福。

周三，在食堂就餐，一位女生跑过来问我：“李老师，您还记得我吗？学校招生的时候，我来晚了，是您帮我报上名的。”我想起了这位可爱的、优秀的南通女孩。孩子兴奋地告诉我，她在十六班，挺好的。

周四，我导护。早上六点三十左右到校门口时，其他导护老师都到了。本周礼仪值勤的是我们初一（9）班的孩子。他们看到我之后，用特别热情高亢的声音大喊：“老师早！”摸摸孩子们在西北风中冻红的脸蛋和冰凉的小手，互致问候的时候，感觉很幸福。

宣布解散后，徐萌走到我跟前道：“李老师，您今天来得最晚，我们左等右盼，好不容易才看到您。”我只有道歉。虽然昨晚回家很晚，并且为准备课还熬夜了，但在孩子们纯真热情的期待面前，什么理由都不是理由。

我买来包子和烧卖，请礼仪值勤和班上未吃早饭的孩子吃早点。一时间，欢呼雀跃，香气四溢。还有一个包子无人认领时，我高声叫卖。李远哲拿出一元钱！我戏言：“看在大家都姓李的分上，免费罢！”又是一阵笑声。

五、爱在中考前

初三，我送过好多届了，但每一次，我都把它当做第一次来对待，因为对每个孩子而言，他们是第一次经历这么严峻的考验，此时此刻，他们特别需要老师信任、关爱、鼓励的目光，需要老师的亲情陪伴。中考临近了，我每天都会找几位学生聊聊。除了会诊语文，还给些其他建议，给他们打气鼓劲。通过交流，感觉到孩子们很需要贴心的呵护、友善的提醒与真诚的激励，需要帮他们树立信心，燃起斗志，明确思路，理顺方略，减轻压力。

“李老师，你还没有和我谈呢！”班长唐诗走到讲台前对我说。

“是吗？我怎么把你给忘了？”我心中十分愧疚。

唐诗的泪水在说第一句话的时候就盈满眼眶了，我一说话，她的泪花就开始飞溅。

“对不起，我记得好像和你说过作文了。”我问。

“还没有好好谈过！”孩子哭着说。

“对不起，抱一个。”我把她揽在怀中，“忘了谁，也不会忘了你，我的心肝宝贝！”我边说边轻轻拍着她的后背。“今儿晚自修时间充裕，我们好好谈！”我诚恳地说。

“好的。”唐诗转身回到座位。

1999年，因为我被市教委抽调去参加中考命题，不能陪那班孩子走过最后的初中时光，全班情感决堤，大哭不止。后来因为我是初三任课老师，不可以参加中考命题。当离开他们两天后，我又戏剧性地出现在他们面前时，教室里欢呼声一片，哭喊声一片，孩子们将我围住、摇晃，仿佛失而复得一宝贝似的。

被孩子需要，是我莫大的欣慰！

1999年6月，中考前夕。晚自修后，我从男生宿舍查铺后出来，比平日稍晚了一点来到女生宿舍。

奇怪的是，我班两个宿舍的女生并到一个寝室里了。我一进门，她们就嚷嚷开了：“你们输了，你们输了！”大家一拥而至，把我拉进宿舍。

我一头雾水：“你们打什么赌来着？”

七嘴八舌：“丛莎莎等人说你今天不到女生宿舍来了，还有人说你偏心(在男生宿舍待的时间长了)。我们不信，就扔硬币——字朝上，猜你一定来；字朝下，就猜你不来了。正闹着呢，你来了！”

原来如此。

“为什么这么急等我来呀？”“嘘！”室长朱莉莉说，“我们快毕业了，大家有一个心愿，希望你能满足。”看她们一本正经的样子，我猜想事情可能不太好办。

“说说看，什么心愿，只要是合理的，我力所能及的，就没问题。”

“是你力所能及的，但不知是不是合理？”朱桂银说。

“快说吧，要不然，宿舍的灯熄了，我可就走了。”

“李老师，今天晚上你不走，行吗？”陈莹莹拽着我的衣角问。

“要扣留我啊？”

王德莉开腔了：“初中三年，我们班的寄宿生最幸福。我们像你的孩子，在你家吃过、玩过，可只有生病的几个同学在你家住过。快离开你了，大家都想和你一起睡一个晚上。”

说实话，我压根没想到她们会有这样一个心愿，蓦地，我被她们深深打动了。

“这么多人，怎么睡呢?”我的声音有些异样。

“我们已经算好了，从晚上 9：50 熄灯到早上 5：50 起床，总共 8 个小时，我们班两个宿舍 12 个女生，每人平均 40 分钟，所以我们已经并到一个宿舍里了——这个宿舍多一张铺。”

“我们商量，让你一个人老起身，上铺下铺不方便。你就睡这个下铺，每 40 分钟，我们按照学号顺序换人。怎么样?”副班长拍拍左边中间的一张床诚恳地说。

正说到兴头上，宿舍的灯灭了。

熄灯之后，学校会有值勤的老师来检查，谁说话，要被扣分的。

我正犯难呢，她们又轻轻悄悄地发话了：

“是不是怕刘老师（我爱人）不同意? 你先回家请个假。我们派代表和你一起回去。”（我家就住校内）

“担心刘大同（我儿子）吧。等他睡着了你再来!”

……

“肃静! 等值勤老师走了再说!”室长下达命令。

霎时，宿舍里安静了下来，而我的心中翻江倒海。

许多画面从脑海闪过：刚进校时女生特别想家，两个宿舍就樊宇健一人没哭过，还是硬挺着的（樊宇健自豪的话语）。那时，我天天来宿舍陪她们。有一天，丛莎莎眼睛又红了：“李老师，我又想哭了。”“来吧，宝贝，到我怀里来，使劲哭出来!”这丫头哇的一声扑到我怀里，放声大哭起来。这一来不要紧，几个女生都扑过来，我搂都搂不过来了。

“李老师，我想你!”——暑假中秦蕾从南京亲戚家打来电话。

“我带了几个菠萝，你削给我们吃!”——春游时樊宇健建议。我削的时候，他们一个个像小鸟一样张大嘴巴，还撒娇，要我直接喂到嘴里。我出其不意地给春天出生的同学每人送了一枝鲜花，而一帮小男生更是因地制宜，给了我莫大的惊喜：他们用野花野草编织了一个漂亮的花环，前呼后拥地套在我的脖子上，邀我跳舞。

那时那地，此时此地，我一次次被孩子们的纯情打动，真情感染，真觉得做个老师，被孩子们需要，被孩子们喜欢，是何等的满足，何等的幸福。

不多久，值勤老师走远了。她们蹑手蹑脚地围拢来。

“说心里话，我非常非常愿意留下!”

“李老师万岁!”

“可是，两天后就是中考了，我今天睡在这里，家里没有问题。你们两个人挤一张床，谁也睡不好。再说，男生还给我送了不少‘礼物’(脏衣服、袜子)，我回家后得立即享用。你们的礼物呢?”

“这几天，你帮我们这么多人洗衣服。我们女生不好意思老辛苦你，早洗好了!”

“还是你们勤快，又懂得体贴人。来，每个人给我亲一下，乖乖地回自己床上睡觉。”

女生们一个个凑过来，我在她们额上一一亲吻，道别。

几年过去了，有年寒假聚会，有人还打趣地说我欠她们“一夜情”。不过她们知道，我爱她们，所以当时没有满足她们的心愿，就像她们爱我，每次想起那个夜晚，心头涌起的是甜蜜，是温存。

今年中考前一天早晨，大雨滂沱，路面积水严重。早晨，学生们到校时，雨仍很大，很多家长即使用汽车送孩子，孩子从校门口走到教室，裤腿和鞋还是湿了；坐摩托车或骑自行车的几乎浑身湿透；路途近的，像我，从马路对面的宿舍走到学校，裤子全湿。好在我有经验，赤脚、拖鞋，裤腿卷得高高，趟水过来，另带一套衣服、鞋袜更换。

7 点到教室，逐一检查学生的衣服、鞋子，十几个孩子给家长打电话，家长不一会儿就送来了干净的衣服、鞋袜。我办公室成了女生更衣室。孩子们进进出出，将近 20 人次。

当居蕴竹穿着我的上衣走进教室后，孩子们好奇而友善地看着、笑着，一分钟后趋于平静。

梅子的裤子湿了，她问我借电话打给妈妈。我与她悄悄耳语，一会儿，梅子妈妈送衣服来的时候，也给小禾带了一条裤子，令小禾喜出望外。

站在讲台上，听到栗子轻轻打了个喷嚏，走过去一摸，裤脚有些潮，鞋子更是。明白栗子是不愿麻烦家长，我偷偷打了电话给她妈。事后，我跟栗子打招呼——没有尊重她的意见，但看得出栗子不怪我多事。

我用电吹风吹干管娴玥的上衣，其他几个孩子的鞋袜，给淋雨的孩子递上一杯杯热茶。

……

第二天的中考作文《那一刻，我的世界春暖花开》，很多孩子都从这个大雨的早晨选材，写出了一篇篇佳作。

“真诚的素质教育者理应把学生看作有灵性的活生生的人（李镇西）”。师生关系是教育过程中最基本的、最重要的人与人的关系，良好的师生关系是无痕语文课堂教学的基础。布贝尔曾说过：“具有教育效果的不是教育的意图，而是师生间的相互接触。”美国心理学家罗杰斯也曾说过：“成功的教学依赖于一种真诚的尊重和信任的师生关系，依赖于一种和谐安全的课堂气氛。”我笃信此言。

第二节　民主自由，笑靥如花

作为教学专制的对立面，教学民主则是现代民主意识在教师身上的美丽折射，在课堂教与学的过程中粲然闪耀。它体现为：教师始终以平等亲和的态度去对待正在成长中的年青一代，不但尊重他们的智慧、情感和兴趣，也尊重其各不重复的个性、可爱的单纯和烂漫的天真；不但尊重他们的求同思维，而且也尊重其新锐有余、成熟不定的求异思维。

充满智慧的课堂不只是教师利用教学技巧对学生进行吸引，而还应是学生的高度解放与原始求知欲望的高度激发，学生自由地驰骋于思维的无限世界；充满智慧的课堂不是一座禁锢与控制学生的华丽殿堂，而应是一个没有栅栏的平台，让学生能够放眼于无限的宇宙。

一、本位：教学民主

教学民主，从人格平等的基本观念出发，不是将学生视为容纳知识的器皿或接受启蒙、开凿混沌的教育对象，而是将学生看做人，看做真正意义上的学习主体，看做未来的思想家、科学家、政治家和诗人，看做新生活的开拓者和创造者。这就需要教师将感情的立足点完全转移到学生身上来，与之同呼吸，共悲欢，再度品味求知的艰辛与幸福，这就需要教师不但具备丰富的知识、艺术化的教学能力，而且具有高尚的人格、恢弘的襟怀、开放型的思维模式，从而有足够的心理能力来承受大胆的质疑和批评。

（一）践行教学民主，激活语文课堂

活的语文课堂教学应该是学生积极参与的、能弘扬学生主体精神的活动，而教学民主是使学生的主体性得以发挥的前提。学生置身于民主气氛浓郁的课堂，就如种子得到了适宜的温床，主体的自我意识被催生，这样，学生情绪高涨，“表现欲”强烈，课堂气氛呈现活跃甚至沸腾状。通过讨论与争辩，学生的心理潜能被极大地开发出来，口头表达能力、思维能力均得到实际锻炼，尤其是发散性、创造性和求异思维得到培养。

《幼时记趣》唤醒了学生儿时的记忆，引起了他们强烈的共鸣，他们畅所欲言，讲述自己观察蚂蚁搬家、昆虫交配、乌龟吃食等趣闻，课堂气氛异常活跃。在鲜活的记忆中，学生们找到了感觉，品味着“物外之趣”，教学难点迅速突破。辩论“愚公精神”时，正反两方唇枪舌剑，好不激烈，而“如果你是愚公，你怎样处理两座大山”的答案更是百花齐放。同学们在争鸣中交流了思想，锻炼了胆量，训练了口才，常常是在不知不觉中不情愿地听到下课的钟声。

我以饱含真诚的语言告诉学生：一室之中，在座者均是主人，师生之间，只有年龄差别，没有人格不等。我鼓励持批评意见的“反对派”的出现：从“吾爱吾师，吾更爱真理”的基本准则出发，不断提出独立判断，不断给教师提供完善思想的机遇——而这就是爱师的另一种更高的表现形式。这样做为了达到一个目的：尽快缩小师生之间的心理距离，为教学创设一种无拘束、无畏缩、畅所欲言、敢于争鸣的健康心态和活跃心境。尤其在学习文学作品时，不同的学习者极易见仁见智，所谓“横看成岭侧成峰，远近高低各不同”即是也。基于有缺陷的发言胜于缄默这个基本观点，我常针对课文层层设疑，启发和引导学生展开‘舌战’，使他们在观点的碰撞中闪耀智慧的光芒，让班集体中的每一位成员都切实感到“展览”思想的乐趣。尤其倡导对老师观点的合理“反驳”，引发师生之间的争鸣，使学生意识到：生未必不如师，师未必不可超越。从而消除对教师的盲目崇拜感，激发自尊自信自强，进而建立平等参与教学的新型师生关系。

在阅读《我的叔叔于勒》时，一位学生对若瑟夫身上“寄托着作者的希望和理想”提出怀疑，他认为：若瑟夫虽然给了他叔叔于勒十个铜子的小费，但没有去认他穷困潦倒的“亲叔叔”，这难道就是莫泊桑所“寄托的希望”吗？这位同学的发问触动了许多同学的神经，也引起我的思考。我首先

肯定他独立思考、敢于突破既定之见的胆识，然后谈了自己对“菲利普”家长大的孩子“若瑟夫”和那个时代的莫泊桑的认识，不仅使该生心悦诚服，也赢得了全班同学的掌声。这种情况，在试卷讲评过程中也偶尔遇到，有时是学生钻牛角尖，或考虑角度不对，但也有我考虑不周全的时候。不管什么原因，我首先肯定其思辨的勇气和可取之处，其次以诚挚的态度疏导、辨析，以期达成共识，使学生保持继续主动参与教学过程的信心和热情——这正是实现教学民主的关键点，也正是激活课堂的前提。

作为教学上第二种力量的“反对派”的存在，可以对教师的教学工作保持适度的压力，使其时时谨慎，常常自省，不敢稍有懈怠。实际上，来自学生的智慧构成了对教师的另一种挑战、另一种竞争。敢于迎受，则可使教学长期处于有生命力的活跃状态，否则，教学即趋萎缩，陷入疲软。学生感受到老师平等待人的民主作风，更激发对他的信赖和爱戴之情，这样，师生之间的所谓尊卑之别自然冰消雪融，作为教学之天敌的感情疏离与心理对峙就失去了产生的土壤，整个教学就在其乐融融的氛围中进行——而这种氛围正是一系列智力因素和非智力因素顺利发展的最佳环境。

1. 教学民主有利于培养学生的自学能力

爱因斯坦说：“提出一个问题往往比解决一个问题更重要，因为解决问题也许反应的仅仅是一个教学或实际的技能，而提出问题则需要有创造性的想象力，而且标志着科学的真正进步。”教学民主让学生平等、自主、全员参与学习过程，有利于培养学生发现问题、提出问题、分析问题、解决问题的能力，即生疑、质疑、释疑的能力，这是自学能力中最基本的部分。教学中，教师让学生结合自读引导、注释，查阅有关资料自行阅读，然后质疑，对有见地的问题给予鼓励。学生提出疑问后，通常要求他们自行释疑，一人发问，众人思考，能者为师，相互补充，渐趋完备。在学生确实解决不了时，教师不是直接讲答案，而是帮助学生架起从已知到未知的桥梁。因为“教师的职责是把学生培养成具有独立行为和独立思考能力的人”。教材中大部分文章的信息是学生认识结构和能力结构中已有的，没有的不超过 20%，一般为 10%左右，如此，就应当充分利用学生的旧有信息，设计适量的新颖有趣的问题，让学生操作，在实践中“温故而知新”，实现知识的顺利迁移。稍加点拨和讲解，学生会学得活泼，学得有效。必要时我才帮助做些归纳和总结之类的工作。天长日久，自主的学习过程、授之以渔的教学活动，使学生养成了敢问、好问的习惯，学会了分析问题、解决问题的方法，具备了较强的自学能力。

2. 教学民主有利于培养学生的创造性思维

中学阶段是青少年思维发展的重要时期，在这一时期他们能否具有一定的创造意识和创造性思维，对他们将来能否成为创造型人才至关重要。语文作为一门基础课程，其听说读写的要求，都含有大量的思维能力与创造能力培养的因素，如能积极挖掘、系统训练，不仅能培养学生运用语文知识的能力，也能培养学生不断自我完善的能力和适应社会发展的主观能动性。教学过程中，教师最大限度地发扬课堂民主，先提供足够的时间让学生深钻细研，揣摩品味，然后集体讨论，自由发言，教师相机诱导、点拨，鼓励学生敢于对未知的事物进行探索，最终有所发现，敢于否定既成定论，发现其中的“非”。在这一过程中，学生思维活跃，兴趣盎然，长此以往，知识储备式教育转变为智力开发式教育，被动接受变为积极探究，学生动手动脑的机会多，参与意识逐渐增强，养成不盲从、深入思考、敢于否定和敢于发表见解的良好学习品质。

3. 教学民主有利于造就学生的民主意识和独立人格

教学民主关注学生的情感培养、悟性启迪、人文精神，奉行“一个也不能少”的宗旨，面向全体，承认差异，让每个学生得到尊重，得到发展，在师爱的光辉中成长。在教师春风化雨式的熏陶下，学生的民主意识和独立人格逐渐形成，这样，教师在以言传形式完成知识传授的同时，也以身教的特殊魅力执行着另一项应尽的天职——铸造一代新人健全、完美的灵魂。在此基础上，教师才是完整地履行着自己的使命——传播人类现代文明。

（二）践行教学民主，发挥主导作用

1. 教师必须改变观念

首要的一点是要明确自己不是一个教语文的教师，而是一个教学生学语文的教师。教师要急学生之急，想学生之所求，把自己当成先学一步的“学长”，成为学生学习的帮手、助手、促进者和鼓励者。这样，师生“零距离”，就会有更多的共同语言，就能够愉悦地开展课堂教学。我导你学，你不懂我点拨，我示范你练习，有时师生共同学习、讨论、研究。教师只引导、指导，相机授予，点拨，不包办代替、填鸭式注入。学生可以和教师角色互换，“临时老师”享有教师在课堂上享有的一切权利，可以自主地设计

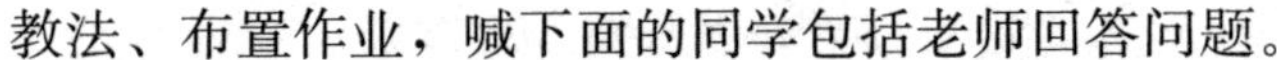

教法、布置作业，喊下面的同学包括老师回答问题。

2. 教师必须钻研教材

洞悉学生的内心世界，精心设计教学流程，灵活驾驭课堂，不断创新求活。教师要在教材的取舍、“文眼”的发掘、“突破口”的选择、新旧知识的关联、书本知识与学生实际的结合、语文知识与其他学科知识的联通、口语与书面语的切换、方言与普通话的“杂糅”、外文与中文的交汇、当前窗口与过去未来的“一线牵”上巧做文章，尽一切可能使教学贴近学生的认知，让学生有眼睛一亮、精神一振、会心一笑的愉悦与默契，而不是只有“苦苦的追求”、没有“甜甜的享受”的难挨与无奈。发挥教师主导作用，实现教学民主，使课堂教学给学生以如浴春风、如饮甘霖的享受。

（三）践行教学民主，打开条条通道

1. 创设平等宽松的民主氛围

教室是展开教学的场所，这里的氛围对置身其中的学生具有潜在的同化作用，而在教学的初始阶段，学生对室内氛围的第一印象尤为鲜明和深刻。鉴于此，接受新班之始，可在教室中张贴一些条幅，诸如“教亦是学，学亦是教”“吾爱吾师，吾更爱真理”等，同时，从微笑着进课堂、在第一节语文课上作明确表态不拖堂等细微处入手，真诚地进行感情投资，给学生以温暖，不搞斥责式、压迫式教学。

2. 引入和谐有趣的竞争机制

抓住初中生的心理特点，开展看谁记得快、懂得多、做得好、描摹得准确生动的竞赛，调动学生参与的积极性，让学生品尝成功的乐趣。教师像魔术师似的拿出的小小奖品，也会产生一种神奇的激励效应。

3. 实施人际交往的合作策略

课堂内外团结合作的人际关系是实现教学民主的必要条件。设计让学生参与的双边活动，师生共同扮演课本中的角色，共同承担上讲台讲课的工作，共同裁定作文得分的多少……既让教师评价学生，也让学生自评、互评、评价教师，这既是对学生的品质的信任和能力的锻炼，又能激发他们活泼的自主意识，使他们感受班集体内平等和谐的自由氛围。

4. 采用因文制宜的辅助手段

（1）采用现代化教学手段。

适时运用多媒体等电教手段创设情境，可以增强语文教学的直观性、形象性、生动性，改变沉闷的课堂氛围，为课堂增添生机与活力。

（2）把音乐引进语文课堂。

《北京的桥》《春》《白毛女》《到五月花烈士公墓去》等不同体裁的文章，几乎都可以和音乐结缘。音乐的合理介入，不仅丰富了教学内容，活跃了课堂气氛，而且能使学生愉悦身心，陶冶性情，在音乐与文学交会的领域领略无限风光。

（3）故事、实验、游戏、绘画登堂入室。

教学民主反对单一的、呆板的说教，不管白猫黑猫，只要能帮助解决教学难点，促进学生的自主参与，调动学生的学习积极性、创造性，培养其听说读写等能力的就是好猫。好军嫂的故事让学生体会到“军功章上有你的一半，也有我的一半”的含义；不断往水中加盐，使鸽子蛋渐渐浮起来的实验使学生体会了死海的本质特征；“雪地捕鸟”的游戏让学生尝到了捕鸟的乐趣，进而能轻松背诵本节；一幅简笔画使“小桥流水人家，断肠人在天涯”栩栩如生。

5. 开展丰富多彩的语文活动

“春之声”朗诵会，“军旅歌曲演唱会”，“我最喜爱的格言”演讲比赛，“打游戏机的利与弊”辩论赛，“还我课间十分钟”恳谈会，科学小品周，鲁迅作品阅读月……这些活动给学生提供了参与的舞台、亮相的机会，使教学民主延伸到课外，其触角所及，不仅丰富了学生的课余生活，而且拓展了学生的思维领域，深化了书本知识，使课本中的形象和知识不断丰满、完善。

在春天的果园里、夏日的大海边、秋令的高山巅、冬季的雪地上，看“桃树、杏树、梨树，你不让我，我不让你，开满了花赶趟儿……”的美景，吟诵“没有风。海自己醒了，喘着气，转侧着，打着呵欠……”的美文，体会“会当凌绝顶，一览众山小”的佳句，找回拍雪人、塑雪罗汉的童真……课文中的一切变成了触手可及的形象，情与景交融，感情与理性会晤，不是一种很好的精神享受吗？祖国语言文字之美，自然风光之美，学生的青春活力之美，师生心灵相通，和谐共振，这种境界赏心、悦目、怡情，不亦乐乎！而这一切正是践行教学民主的无痕语文教学所追求的。

二、有自由才有语文

“无痕”语文教育认为，教育本无痕，生活应本真。语文教学是我和孩子们幸福生活不可分割的一部分。

什么是自由？自由就是人们在法律规定的范围内无约束地获得利益和幸福的权利。

自由意识也就是自由思想，自由行为包括自由言行和自由体行。唯有自由才有语文，唯有尊重才有语文。我们的语文课堂还学生以思想的自由，言行的自由，使师生彼此平等，和谐温馨。生就是师，师也是生，在师生互动、生生互动中，我的教师角色会显得很模糊，自然成为交流与倾诉的参与者，不同的时候，我有儿童的角色、姐姐的角色、学生的角色、伙伴的角色、母亲的角色。我会和孩子们一起吟哦，一起哼唱，一起狂欢，得意于文字，忘情于山水。

康德说："自由是我不要做什么就能够不做什么。"所以，我们的语文生活里，没有剑拔弩张，暴雨狂风，有的是慈善温润，好雨随风；没有师道尊严，一言九鼎，有的是能者为师，教学相长；没有教条刻板，一成不变，有的是活泼灵动，妙趣横生。甚至，发现我的失误，挑战我的"权威"，已成为孩子们幸福生活的一道甜点。"鸣蝉在树叶里长吟"，有孩子将"吟"写作"呤"，我在订正时说"呤"字我还没见过，我的课代表迅即发布："大富豪，低嘌呤，我老爸喝的啤酒的酒瓶上赫然写着这个字。"另一个孩子闻风而动，翻查《现代汉语词典》，高声朗读"嘌呤"的含义。我甘拜下风，向他们致敬，颁发巧克力奖励，还写博文表扬。课代表的爸爸在我微博后留言：看来老子喝酒对儿子学语文还有帮助！

"他创造出来的不是无声的奴隶（如宙斯的创造），而是自由的人；这自由的人能够同自己的创造者并肩而立，能够不同意创造者的意见，甚至能够反抗他的意见"，巴赫金论陀思妥耶夫斯基笔下的主人公时这样说。"无痕"语文旨在成全对方的幸福，而不是让孩子们成为自己的信徒，从而把自己摆在教主的位置之上。幸福着孩子们的幸福，是我莫大的幸福。

第三节　诗意自在，马蹄含香

"踏花归去马蹄香"是禅者神往的境界：悟道后，仿佛皈依灵魂的故乡，心胸如宇宙无极，自然快哉如风，"无痕却含香"。

修禅者如此，语文教学追求的高效境界何尝不是如此呢？教学中“锁定”重点字词，细细咀嚼，咂摸出文化意味、生活趣味、现代风味，让语文味溜进学生的意识，潜入学生的心海，钻进学生的骨髓，快哉，妙哉！

欣赏桂文亚的《你一定会听见的》一文，我引导学生琢磨繁体字“聽”的结构，从中领悟其内涵：“听”，不仅要用耳朵，还要用眼、用心，需十分专注，一心一意；繁体字“聽”的右半部和“品德”的“德”一样，造字者告诉我们，“听”是一种美德，需要且可以养成；“听”的本意是“笑貌”，能听、聆听、倾听是可喜的事……

我引领学生在语文的大观园中含英咀华，动心欣赏，会心感悟，使学生不知不觉间觅得芬芳，恋上语文。貌似雪泥鸿爪，无迹可寻，假以时日，一旦遭遇相似情境，他们便会瞬间觉醒，自觉勾连，浑然天成，终生受益。

一、想象，让阅读如此美妙

想象是人脑对过去形成的表象进行加工改造而产生新形象的心理过程。阅读，是学生开阔视野、储存知识、丰富表象的重要法门。“一系列教学环节无非就是调动学生的想象：开讲语的精心设计，诱发学生想象；指导学生预习课文，引发学生的想象；设疑问难，点拨解惑，激发学生的想象；教师精讲，画龙点睛，启发学生的想象……”（武汉教育学院教授韦志成）在阅读教学中发挥想象的功效，会使学生渐入佳境，“思接千载”“视通万里”，释放激情，展示才情，获得自我意识和自信心的满足，产生美妙的阅读体验。

（一）再造，活现情景

再造想象就是根据语言的描述或图样的示意，在脑中再造出相应新形象的过程。在阅读过程中再造想象占据着突出的地位，读者根据作者所提供的语言信息，唤起头脑中的有关表象，并根据作者的提示进行新的整合，从而再造新的形象。正确进行再造想象的重要条件是：有关的准备知识要充分，语词的表达要准确清楚，对所表述内容的理解要正确细致，直观材料的运用要恰当。

沈从文的《端午日》中有一段抓鸭子比赛的文字。端午日赛龙舟学生见过一些，但抓鸭子比赛从未见过。虽然这段文字很容易理解，但抓鸭子的热闹气氛不太容易感受到。教学时，我展示抓鸭子的几幅图片，让学生将课文内容与图片画面结合起来，用自己的语言描述，用想象丰富画面。

女生演绎着人鸭圆舞曲——水中芭蕾般的浪漫；男生创作茶峒武侠传——凌波微步式的轻巧，有扎猛子单挑的，有兄弟俩联合出击的，还有军民齐心合力上阵的。

学生依据对文章的理解、对图片的解读，唤起有关的经验记忆、情感体验，以头脑中的表象为素材展开再造想象。动态的描述，达到语言内容、语言形象、语言情感的有机融合，将原来简约的内容表述得活灵活现，丰富多彩。

学习《天上的街市》，我请学生将形象生动的诗歌改成故事，培养他们再造想象的能力。学生成功改编牛郎织女的故事，寄托理想与追求，他们放胆想象，心灵自由飞升，上天入地，涉古历今。

他们想象牛郎成了养牛专业户，富甲一方，王母娘娘同意了他们的婚事，想象航天员杨利伟、费俊龙、聂海胜在牛郎织女家做客，带着他们一家在太空翱翔；想象织女的天街丝织品连锁店开到我们纺织之乡南通，著名女主持人杨澜成了织女在人间的CEO……

奇特的想象，富有新意，合乎情理，合乎生活逻辑，传达新的思想，给人以新的教益和启迪。

（二）补白，呈现本真

空白，是文本中作者有意或无意留下的、没有写明的、召唤读者想象的未定性的意蕴空间。文本写出的部分给了我们知识，但没有写出的那部分给我们发挥想象力的机会。没有未定的成分，没有文本的空白，我们就不可能发挥想象。

补白，作为一种阅读教学中的操作技巧，是指在教学实践过程中，对与课文有关但课文没有写或没有直接写的内容进行有针对性的补充、解释和说明，使教学内容更加周密、清楚、完整，从而提高教学效率，达到教学目标。补白，可以是书面文字、师生语言，也可以是图像、网络资料。

课堂上，教师通过对话，引导学生进行巧妙的“补白”，让学生入乎其内，徜徉其中，化简约为具体，化委婉为直白，豁然开朗。充分挖掘教材的空白，进行适时巧妙的补白，还能捕捉到丰富多彩的生成资源，使课堂焕发生机和活力。

阅读《柳叶儿》，学生对故事发生的背景知识不甚了解。教师出示一组三年自然灾害中因饥饿而死的人数，出示瘦骨嶙峋的孩子、皮包骨头的垂死老人的照片，这里的补白为课文的延伸理解提供了认知基础，帮助学生理解了文章主题，突破了学习难点，成为教学亮点。

把与邹韬奋有关的分散的故事片段和人物身世、经历结合起来，交代清楚，使学生有完整的印象，这样的补白，对学生全面了解、准确地读懂课文《我的母亲》并深入理解主题，起到桥梁作用。

学生在阅读课文的时候，往往动用自己的生活体验和知识储备，与作者对话，与作品中的人物对话，并用主动的创造性想象补充言语中的“空白点”。在教学过程中，教师要引导学生去想象去创造，把作者有意无意忽略的部分，通过学生的想象弥补出来，以充实“空白”，连接“空白”，使文章变得充实而又完整，使课程内容更加丰富。这样，可以培养学生的再造想象能力。

《甜甜的泥土》第四小节：“一群唱着歌儿的孩子，跨出了校门，没有她的儿子；又一群说说笑笑的孩子，踏上了马路，也没有她的儿子……人影稀疏了，零落了，没有了。”我启发学生将省略的内容补充起来。学生说：一群蹦蹦跳跳的孩子，飞出了视线，也没有她的儿子；一群虎头虎脑的孩子，簇拥着进了学校对面的饭馆，还是没有她的儿子……

这里的补白，在情节描写的情感点上引发共鸣，激情达义，学生在理解时添加了若干属于自己的东西，以自己的经验和思考加以补充、阐发，延伸文本的不尽之意，在课堂上各抒己见，使得“她”的焦虑，变成了每个人自己的怅惘、失落的情怀，在自己的创造性思维和感情体悟方面烙上了个人的独特印记。

（三）拓展，凸显意蕴

拓展想象是促进互动的有效方法之一。以教材为本，唤起创新意识，能让课堂焕发光彩。对于学生来说，解读文本，首先得钻进去，接受、领悟、吸收，才能获得人类创造的智慧。光钻进去还不行，还得跳出来，运用具有发散性和灵活性的思维，搜寻新的构思，引发新的思想，把固定的文字读活，这需要突破教材、突破一般程序、甚至突破科目设计的局限，以便在解读中领悟，在想象中丰富，在拓展中提升。

教师要积极调动学生的生活体验，使他们成为课程的重要资源之一，变无声教材为有声，变静态为动态，充分发掘学生的想象潜力，提高学生的思维能力，师生互动、生生互动，让平静的课堂变得活跃，让被动的学习变得主动，让知识积累和能力的培养落到实处：拓展想象——让学生的思维活动起来。

余光中的《乡愁》把“乡愁”比喻成“一枚邮票”“一张船票”“一方坟墓”，在这些诗歌意象的启发下，学生积极拓展想象，他们说：“乡愁是一艘蚱蜢舟，载不动，许多愁。”“乡愁是梧桐雨，诉不尽，许多苦。”“乡愁是一江春水，流不尽，相思泪。”“乡愁是一把利刀，砍不断，乡思愁。”“乡愁是千纸鹤，叠不完，飞不走。”“乡愁是床前明月，庭中积水。”“乡愁是一盏孤灯，一蓬衰草。”……他们展开联想与想象的双翼，迸发创新思维的火花，思维达到“杂花生树，群莺乱飞”的境界。

关于“三个太阳”的象征意义，我们的学生给出多种解读：“红太阳象征着热情忘我的人类精神；绿太阳象征着大自然蓬勃的生命；中黄色的太阳象征着在南极工作的中国人踏实稳健的作风。”“图中是上、左、右的顺序，所以我按浅绿、中黄、橘红的顺序说：南极未被探索前的圣洁神秘；队友的南极精神及大家庭的友谊的真挚热烈；离开时心中迸发的热烈美好的情感。”

……

“风弄林叶，态无一同；月当流波，影有万变。”客观事物有如此多的变化，学生的思维有无限的空间。“学校教育的最终目的，不是培养鹦鹉学舌的模仿者，而是培养能够自己独立思考的创新者。”教学过程中，让学生畅谈属于个人的创造性的解读，学生思维流动，语文课堂灵动，这样的体验岂不妙哉！

二、变心变脸——带着好奇学语文

语文教学魅力无穷。语文教师要时时保持对知识的好奇心，对教学的满腔热情，并将它们投入语文教学实践中，通过“变心”“变脸”，激活学生的好奇心，使他们找到语文学习的原动力。用学生喜欢的方式，走进学生的世界，师生的兴趣点不谋而合，彼此的契合不言而喻，活力课堂成为师生共同成长的乐园。

（一）“变心”

陶行知说：“我们必须变成小孩子，才配做小孩子的先生。”教师必须拥有童心、热心，学会动心。

1. 童心会文。教师与学生的对话、交流，是借助教材这一中介去实现的。解读文本时，教师采用感知、想象、体味等方式，对文本进行生命情感和心灵的投注，留心自己心理活动的展开过程，捕捉自己心里产生的些微震动，揣摩学生感知文本的大致路径，据此设计教学，颇有意趣。

学生对广告感兴趣。在准备高尔基的《童年的朋友》时，我设计了这样一个问题：外祖母适合代言哪类产品？学生研读文本，发现“她的头发多得出奇，密密地盖着胸脯、两膝，一直垂到地上，乌黑乌黑的，泛着蓝光”，“在笑容里，快活地露出坚固雪白的牙齿”，大家建议外祖母做洗发水、生发灵和牙膏等产品的代言人。

读《老山界》，看到“瑶民”，我心里一动，想到篮球巨人“姚明”。我们班姚明的粉丝很多。我何不请他们比较“瑶餐厅”与“姚餐厅”？我先请学生找出文中描写“瑶餐厅”的文字，用简笔画“瑶餐厅”——“一间房子，房子和篱笆都是枯竹编成的……”，再用幻灯展示豪华的“姚餐厅”。有趣的比较中，学生理解了瑶民的处境，瑶民与红军的关系，红军翻越老山界的思想基础。

2. 热心会文。语文教师解读文本的根本意义是引领学生走进教材，让学生与教材对话。因而教师要更多地站在学生学习的角度考虑，保证学生习得这些知识技能，又要保证这些知识、技能的习得不是孤立的、割裂的，是和体验或理解教材文本的思想意义休戚相关的。

“公园里鲜花盛开，主要有玫瑰花，但四周还有五彩斑斓、争奇斗艳的牡丹花和金盏草。”（泰格特的《窗》）初读文本，我不知金盏草为何物。未知引发好奇，查阅得知：金盏草是吉普赛人的一个爱情道具。如果你想留住谁，就找到那人完整清晰的脚印，将脚印上的土小心翼翼挖下来，把土放进花盆里，种上一株金盏草。待金盏草长大，开花结果，你和他就会有一个如意结局。金盏草的花语是愉快的回忆，甜蜜的爱情。学生对花语很有兴趣。他们的好奇心被唤醒后，既理会了靠窗的病人描述的三种花儿与文中“一对对年轻的情侣手挽着手在树荫下散步”的甜美情景相吻合，表现了靠窗户的病人内心世界的丰富与美好，又增长了见识，很是满足。

3. 动心会文。研究具体的文本材料的每个有机组成部分采用怎样的方式让学生去解读，以利于学生随着解读的过程逐渐走进教材，研究怎样让学生的情绪、情感活化起来，达到一种与教材积极对话的状态。

学习《听潮》，我抓住“没有风。海自己醒了”发问：黄海边长大的你们是如何理解“没有风”的？学生一下子被问住了。我并没有告诉他们原委，而是请他们自己想办法找答案。生活中的疑点触动了学生的好奇心，他们主动探究的欲望被激活。于是向家长、邻居咨询，在书本、网上查阅，到海边实地观察……解除了疑惑——海潮的涨落与风没有关系，海面无风三尺浪。潮汐是在月球、太阳等天体引力作用下所产生的。实实在在的质疑、观察、访问，使学生的好奇心和求知欲得到培养，课内的知识、疑问在课外广阔的空间得以延伸、解决。

（二）“变脸”

受戏剧表演启发，在阅读教学中，我抓住学生好奇求新的心理需要，采用多变的新奇刺激、多样的角色体验、多彩的呈现方式来唤醒学生的阅读兴趣，刺激其探究欲望，收效甚好。

1. 出奇兵。在西方，崇拜毛泽东的人为数众多，动荡的年代如此，今天，他仍然能唤起人们的万丈雄心。凶猛的泰森不但景仰毛主席，还把其头像牢牢地刻在自己的胳膊上，他相信这将赋予他征服一切的力量——在引导学生阅读毛泽东作品前我如此导入，一下子牢牢抓住了学生兴奋的神经。

玩中学：春日里，领着学生赏花、吹柳絮（有些学生曾误把柳絮当棉絮）；秋季里，陪着学生望星月，看紫藤萝、落叶，带学生登山、看海，逛极地馆，去博物院；冬季，适逢大雪时，领学生在大操场拍雪人、塑雪罗汉、掷雪球，用竹筛、秕谷、短棒、长绳做捕鸟的游戏……生活联通课堂，阅读中每有涉及，学生兴奋异常。

吃中学：吃橘子，做小橘灯，走进小姑娘的内心世界；尝盐煮笋、茴香豆，体会孔乙己的身世遭遇；吃莲子、荷藕，更爱莲有实；裹粽子、做元宵，倍感民族情。这样的语文课，学生终身难忘。

笑佛上了讲台，助学生理解“佛印绝类弥勒，袒胸露乳，矫首昂视”；在教室里钉扣子，帮学生体会“一个女市长的意愿”；教室里多了一盆“枸杞”，学生对《三棵枸杞豆》揭示的生命主题有了更形象的记忆。

大千世界，纷繁复杂，学生未曾见过和听说过的许多新鲜事物，正以其独特的魅力吸引着好奇心很强的他们，引起他们的极大关注。激活好奇心培养注意力，保护好奇心满足求知欲，引导好奇心丰富他们的阅历与精神世界，这对学生大有裨益。

2. 征新兵。杨利伟、费俊龙、聂海胜在“天上的街市”出现了，那是学生的创造性想象；比尔·盖茨借了我班学生十个亿，那是他们在练习写借条时的想当然；谁生病住院，准能看到其他同学各种风格的慰问信。新鲜、即时、随意的发挥，使语文新鲜、亲切、有味。

设计《端午日》教学重点赛龙舟，在充分研读文本后，学生以世界各大媒体记者的身份，远赴边城茶峒（神游），现场报道龙舟赛事。学生将文本内容与课前知识储备融会贯通，用精练、生动的口语，多角度地为大家带来“新视听”。“记者们”有采访龙舟协会会长、龙舟手的，也有访问当地百姓、行政官员、外国观光团旅客的。活动化的现场直播，即兴访谈，充满开放性、灵活性、创造性，令人耳目一新。

师生角色互换，或共同扮演文本中的角色，那是家常便饭；改文本为剧本，由学生做导演，属于拿手好戏；突破时空界限，穿越阴阳两界，自然不足为奇。

3. 用援兵。爱因斯坦说：“用专业知识教育人是不够的，通过专业教育，学生可以成为一种有用的机器，但不能成为一个和谐的人。”新课程理念下的语文教学，当然应该到和它有着“血缘关系”的其他学科家“走亲访友”，邀“亲友团”的援兵加盟语文教学。

揣着好奇心，兴趣盎然地探索，不断地钻研语文学科以及与之相关联的知识，把其他学科的东西变成语文教学的一部分，琴瑟合奏，美丽交响。

为什么莲“出淤泥而不染”，癞蛤蟆“舌一吐而二虫尽为所吞”呢？

原来，荷叶的表面附着着无数个微米级的蜡质乳突结构及许许多多与其结构相似的纳米级颗粒。正是这些微小的双重结构，使荷叶表面与水珠儿或尘埃的接触面积非常有限，因此便产生了水珠在叶面上滚动并能带走灰尘的现象。

癞蛤蟆的舌头固定在下颌前端，捕食时，它会飞快地伸出鲜红的、粘有液体的舌头，昆虫就会在一刹那进入青蛙张大的嘴里，整个过程只有0.15秒。

“探索月球奥秘”，语文与地理、艺术牵手“走上科学辩论台”，语文与克隆结盟；“世界何时铸剑为犁”，语文与历史、军事会晤……教学实践证明，学生对这些很感兴趣。学科融合，开阔了他们的眼界，拓展了语文学习的空间。

教师用自身的好奇心将学生“想知道得更多”的欲望极大地激发后，相长的教学使得师生的创造力、想象力都得以升华，好奇心搭建的舞台无处不在。在这新鲜的舞台上，有着探索的惊喜，发现的乐趣。学生的求知、合作、交往、创造、成功等多种需求得以满足。语文是一部开心辞典，学生们成了“星光大道”的明星，“敢挑战吗”的擂主，“每有会意，便欣然忘食”，语文学习的意蕴和情趣，在生命体中释放、延展，不亦乐乎！

第四节　柔润自主，我型我秀

“新课标”指出：“学生是语文学习的主人。语文教学应激发学生的学习兴趣，注重培养学生自主学习的意识和习惯，为学生创设良好的自主学习环境，尊重学生的个体差异，鼓励选择适合自己的学习方式。”

“无痕”语文不搞填鸭灌输，模式套人，而是诱导点燃，我有我滋味；不是正襟危坐，不苟言笑，而是率性天真，我的地盘我做主；不搞克隆拷贝，随声附和，而是继承创新，我秀我型。

一、我的地盘我做主

刻意感觉的无意化，教师课前的着意刻画、修饰显得了然无痕，表现含蓄自然，看似无意为之，实则匠心独运，并无“书云亦云”的痕迹和嫌疑。这是教师从有意走向无意，从必然王国走向自由王国，这是课上功夫，也是“破茧”的功夫。从这个意义上说，“我的地盘我做主”里的我指语文教师本身。

教师应熟悉暗示心理学要义，把学生看作是一个完整的个体，在学习交流过程中力求把各种无意识组合起来。学生在听课过程中，其身体和心理，大脑两半球，只有和谐共振时，才能达到最佳效果。教师的着装、神情、声色，课堂的布景，音乐的选配，电教手段的穿插等，只有和教学内容相协调，才能达到最好的传授效果。语文教师只有具备了渗透性暗示能力，才能既使暗示显得自然、亲切，又会使学生获得牢固的知识并发挥长期效应，取得“无声胜有声”“润物细无声”的最佳效果。

以充分挖掘学生潜能、让学生主动发展为根本，以师生的相互悦纳为前提，语文教师要通过自己富有创造性的暗示教学引导学生不断主动地发展和自我提高，也使语文教师实现自我价值，使自己精神充盈、品格升华。

美国1988年总统教育奖获得者埃斯卡兰把自己的教育哲学归结为爱的微笑，他认为这是自己多年来征服学生的诀窍。语文教师应学会用不同的微笑去表达不同的心理。用微笑把热情愉快的情绪传递给学生，使学生产生积极的心态和愉快的心情，以利于教学信息的传递、加工和储藏。教师一定要保持协调、自然的姿势，形体上庄重而不故作姿态，神态上自信而不盛气凌人，动作潇洒利索、自然得体。教师的姿势实际上是教师风度的外在形式，它是“文化的表征”(郭沫若语)。在教学中语文教师要会用姿势暗示与学生沟通，传递有效信息，教师的站、坐、起等都要得体。尤其是要用好手势语，因为教师的手势是其教态美在三维空间的延伸。自觉地采用距离暗示，不要总是站在讲台前不动，而应经常走到学生中间，使学生觉得老师亲切，气氛融洽，特别是要有意识地接近学习有困难的学生，使他们感到温暖、体贴，可以更好地改善师生关系。具有威信的语文教师的直接暗示和示范有时能点燃学生的创造性火花，老师的暗示和示范能激发起学生主动探索的精神，起到“无言而教”的效果。

合作：发挥不同个体的智力强项。人的智能是多元的，不同的人有着不同的智力强项。教师必须充分了解学生的兴趣爱好和智力强项，为他们创造机会展示和发展自己的特长，并在群体合作过程中使自己的智力强项发展最大化。有时我将课堂完整地交给学生，让不同的学生选择不同的方式去解读、建构，取得了意想不到的成功。

教学实践中，我多次放手让学生挑选教材中的或其他文章来讲授。他们自由组合，一起策划、研讨，既分工又合作。主备人、主讲人、课件制作人、练习设计评阅人各司其职。这样的合作为每一位学生的特长展示提供了可能，他们不再为自己某方面的不足感到惭愧，而是为自己超越他人的才能并为小组争光感到骄傲。同时个体在感受他人特长的过程中也在不断产生新的自觉的向往和追求，促使他在发展自己智力强项的同时，有意挖掘自己其他类型的智力潜能，有利于学生全面、和谐、主动的发展。

有时，我请学生“同文异构”，学生在备课、上课前后，可以向师长求助，向其他小组的同学学习。这为学生提供了一个更有利于人际沟通的良好空间。小组成员之间分工协作，开展平等的讨论与交流，以合作的方法取得集体的成功，各成员的努力结果相互依存，成为整体的重要部分。此外，小组与小组之间、学生与教师之间、学生与家长或社会人士之间也积极地交往、合作。这无疑对于学生学会交流和分享研究的信息、创意与成果，养成乐于合作的团队精神，增强人际交往能力是十分有利的。

二、我有我滋味

只有充满了知趣、情趣与理趣的文章方是文章中之上品，只有充满了知趣、情趣与理趣的课堂才是理想的课堂。“无痕语文”有滋有味：明之以知、动之以情、晓之以理，有知识与智慧，有激情与动力，有深度与厚重，韵味无穷。

（一）知趣

知趣即获得充盈知识而满足的乐趣。任何艺术门类都有认识价值、教育价值和审美价值，而教学境界艺术化的首要特征是以认知价值为最大追求目标。它要求以最少的时间使学生获得最多的有效知识，这就要求教学境界必须具备知趣的特征。如果一堂欢声笑语的语文课下来，老师和学生所收获的知识却是了了，那么这堂课必是哗众取宠、华而不实。

怎样才能使课堂充满知趣呢？把抽象的知识讲得具体可靠，把枯燥的事说得新鲜灵活，把复杂的事说得简洁明了。初中生思维活动的基本特点是抽象逻辑思维已占主导地位，虽然有时思维中的具体形象成分还起作用。满足知趣不能仅仅停留在浅层面的知识上，那些肤浅的显而易见的东西是不能给学生解渴的。深刻的思辨性和理性往往更能使他们折服。

阅读《白鹭》，在自由朗读，感知大意，体会白鹭的外形美、举止美的基础上，独特感受作品难点：白鹭是一首韵在骨子里的散文诗。我引导学生联系1942年抗日战争极端困难的时代背景，简介郭沫若《丁东》《白鹭》《石榴》三篇托物言志的咏物散文。理解文章颂扬平凡而朴素的美，自然而高洁的美，讴歌我们的民族气节和高尚情操，含蓄地表达了自己的理想和追求的情愫。不仅如此，随后的“意象白鹭”令学生眼界大开，在思想深度与思维广度上做了很好的开掘，学生大呼“过瘾”。

上古时，先民们聚而歌舞，礼拜先祖以大鼓伴奏，在鼓柱上要刻一只飞翔的白鹭，以示吉祥。在韩国东南沿海的古代部族中，白鹭象征美丽，作为图腾。

“振鹭于飞，于彼西雍。”（《诗经·周颂》）白鹭喻在朝的操行纯洁的贤人。“西塞山前白鹭飞，桃花流水鳜鱼肥。”（唐张志和）白鹭，鸟中的隐士，它悠然天外，择林而居，洁身自好，身居喧闹而内心宁静。“两个黄鹂鸣翠柳，一行白鹭上青天。”杜甫的白鹭：志存高远又清高孤傲。“白鹭下秋水，孤飞如坠霜。心闲且未去，独立沙洲傍。”李白笔下的白鹭悠然自得，有如老僧入定，无关天下。“漠漠水田飞白鹭，阴阴夏木啭黄鹂。”（王维）“谁知闲凭阑干处，芳草斜晖，水远烟微，一点沧洲白鹭飞。”（欧阳修）悠闲淡定的白鹭就像敏感的人间精灵，它的出现，表示这方水土尚好。“花开红树乱莺啼，草长平湖白鹭飞。”（徐元杰）白鹭是清纯、春天与希望的象征。

学生通过既形象又理性的解读，感悟到白莲是花里的贞洁女子，白鹭是鸟中的娴静之人。做鸟做成白鹭，是种境界。

培根说过，蚂蚁在于简单的堆积材料，蜘蛛在于毫无创造的构建新体系，而真正的哲学家应该像蜜蜂一样，从花圃和田野里采撷材料，用自己的力量和能力将其改造和变化。获得知趣，不能仅凭全盘授予，要引导学生参与获取知识的过程，在读写听说的实践中“生产”出自己的观点、思想。因为语文知识的获得，智力的发展，思想观念的确立，都不能由别人替代。

（二）理趣

理趣的“理”指事理、常理、哲理，能给人以启发的观点、方法等，用理性而又辩证的眼光来评价欣赏文本及其事物而获得心理满足的乐趣称为理趣。

有位俄国教育家说过：“并不是学习中一切事情都是有趣的，其中一定不免有枯燥的东西，并且必须如此，你要训练学生不但去做感兴趣的事情而且也要去做不感兴趣的事情，以完成自己的任务为快乐而去做。”对语文学习而言，理趣不是人云亦云，不是照本宣科，而是人无我有、人有我新、人新我深的观点，是对文本的别样解读。

例如，解读柳宗元的《小石潭记》中“水至清则无鱼”还是“水至清还有鱼”这个问题：

柳宗元的《江雪》中有“独钓寒江雪”的句子。大雪天，在无鱼可钓的江中钓鱼，不知其钓是否等同姜太公钓鱼。

在《小石潭记》里，他又在“无鱼可看”的“水尤清冽”的潭中看见“可百许头”游鱼，不知他看到的又是什么鱼。除了有可能的“石板鱼”，因为据说石头缝隙里的营养能生长鱼，可小石潭却是“全石以为底”，无缝，看来石板鱼也很虚幻。

柳宗元在江中钓“太公鱼”，在潭中见“石板鱼”?

《武王伐纣平话》下卷：“姜尚因命守时，直钩钓渭水之鱼，不用香饵之食，离水面三尺，尚自言曰：‘负命者上钩来!’”

太公终于为武王所钓，钓者为鱼所钓，渭水之上，谁为钓者谁为鱼?

又《庄子·齐物论》：“昔者庄周梦为胡蝶，栩栩然胡蝶也。自喻适志与！不知周也。俄然觉，则蘧蘧然周也。不知周之梦为胡蝶与？胡蝶之梦为周与？周与胡蝶则必有分矣。此之谓物化。”

庄周梦见自己变成一只蝴蝶，轻舞飞扬，飘然快乐，于是他全然忘记了自己是庄周。醒来之后，庄子对于自己究竟是庄周还是蝴蝶感到了惊奇诧异。仔细想想，不知是庄周做梦变成蝴蝶了呢，还是蝴蝶做梦变成了庄周。

鱼，蝶，同也；公，子，类也。

推理：柳宗元，唐“太公”也。

柳在小石潭与“鱼”相戏，是唐“太公”与自己相处之妙境也哉？“独戏潭中鱼”，似又一幅“独钓寒江雪”之画面。清冽的水，莫不是江雪融之物?!

好一诗人，好一文人，心情未改，心境未平，却又诗又文，给我们画了又一世外仙境。

山外“桃源”，小石潭是也。

理趣可完成知趣和情趣所不能完成的教学任务，把课堂教学、生活实践与人生体验、生命感悟有机地结合，避免了课堂教学的浮浅，使之更有内涵、品位和魅力。教学中启发学生用辩证发展的眼光来看待事物，将课堂教学、生活实践、人生体验、生命感悟有机结合，尝试有高度的概括和总结等将极大地增强理趣。

初中生朝气勃发，求知欲强烈，如果能让学生在“有所得”中获得满足感、成就感，学生就能以苦为乐，化苦为乐，兴趣就激发了。苏霍姆林斯基说过：“兴趣并不等于认识一眼就能看到的东西，而在于认识深藏的奥秘。”爱因斯坦也曾说：“要使学生对价值有所理解并且产生热烈的情感，必须使他获得美和道德上的鲜明辨别力。”“理趣”满足的是学生“认识深藏的奥秘”的乐趣，是学生可贵的求知欲。

（三）情趣

“情”，指情感，包括道德感、理智感与美感。而课堂教学中的情趣，指营造良好的氛围，让学生在其乐融融的气氛中被感染，从而兴趣被激发。

于漪在《思念》一文中说“我努力把课上得情趣横溢，在宽松的气氛中，激发大家旺盛的求知欲，增强融洽的黏合剂”，赛妮娅在《演员与教师》一文中也提到“学生需要立体美的教师，立体美的教师不仅给学生内在的知识美、气质美、性格美，也给学生外在的发型美、服饰美、仪态美，学生从老师那儿得到的不仅是丰富深奥的知识，而且也要从老师那儿得到美的享受和熏陶。”“我们为数不少的教师，喉咙里发出来的声音是沙哑的，土话方言叽里哇啦，谁也听不懂，无激情的讲课必然得到无激情的听课，不动真情的讲课，就无真情的听课，师生无情感的交流”，这样的课还奢谈什么情趣？苏霍姆林斯基说：“只需一句冷酷无情的话，一个漠不关心的眼光，就足以扯断一根纤细的生命之线。”何况是扼杀兴趣呢？

语文课堂便是“情感场”，情像磁石吸针般地吸引学生“忘我地投入”，使其潜能能够得到最大限度的发挥。事实上，语文教材大多情文并茂，如果教师情趣盎然，“未成曲调先有情”，加上学生情绪高昂，思维活跃，轻松愉快，必能产生微妙的情感效应。

文言文教学一般比较枯燥，学生不太喜欢。阅读蒲松龄的《狼》，课前我播放学生酷爱的动画片《喜羊羊与灰太狼》作为引子，再对照以动物世界中狼的图片，一下子让学生来了劲。教授《口技》，我先请大家欣赏《星光大道》中农民歌手刘大成的精彩口技表演，一下子吊起了学生的胃口。通过观看视频，感性认识口技，调动学生学习积极性。从现代用音像记载的口技，自然切入清代林嗣环用文字记载的“绝技”口技，拉近文本与学生的距离。课堂最后环节再看视频，请学生用正面描写与侧面描写相结合的方法写一段话，巩固这堂课的学习重点与难点，将阅读与写作结合，使知识向能力转化。由影像到文字，再由文字回到影像，用本文习得的正面描写与侧面描写相结合的写作手法形象生动地诠释影像，首尾圆合，一气呵成。

努力发掘教材的情趣因素，不能局限于文艺作品的圈子里，还应进一步延伸到实用类的文章。有位教师导读法布尔的文章《蝉》时，让学生阅读了这么一段文字：

“几分钟以后，一个土穴就挖成了。这小生物钻下去，隐藏了自己，此后就不再出现了。未长成的蝉的地下生活，至今还是个秘密。不过它来到地面以前，地下生活所经过的时间我们是知道的，大概是四年。以后在阳光中的歌唱只有五星期。”

教师向学生发问说：“这段话写得平实而简明，不过我有两个问题总是不明白，请大家帮我来解解疑：‘四年’和‘五个星期’这两个数字，作者是怎么得出来的？假定你是生物学教授的研究生，请你们设想一下，发现了几个小虫子钻入地下以后，你有什么办法能知道它要过四年才钻出来？钻出来以后，你又有什么办法来搞清它只能活五个星期呢？”教室里先是鸦雀无声，过一会儿就好像炸开了锅，大家提出了很多种“聪明”的方法，但又被一一否定了……这样的研究性学习，使大家强烈地感受到：科学家要弄清这两个小问题，不知要克服多少困难，要花费多少心血，从而使大家对接下去的研读也更有兴趣了。

总之，语文课堂将灵活性和原则性相结合，多元性思维与逆向性思维相结合，最大的鼓动性、启发性和更多的参与性相结合，课堂教学和生活实践相结合，这样的课堂情趣盎然，更符合学生大脑思维的跳跃性和模糊性规律，既可满足学生的好奇心和情感需要，又使课堂教学多了一层灵动和智慧，因为跳跃而有了灵气，因为课堂变化的不可知而显得神奇，情趣横生，有滋有味。

三、让思维“飞”

学生的学习过程具体地说就是要让学生自己去发现问题、选择问题、提出问题、探究问题、解决问题，并能产生更多的问题。而在生态课堂上，问题是富有挑战性和开放性的，答案是不确定的，过程是现场生成的，结果是不能完全预测的。这样一个不能由教师完全掌控的过程，贯穿其中的就是学生的思维。让思维“飞”起来，才能感受到生态课堂中的创造的快乐！生态课堂通过人与人的互动推进学习过程，要实现课堂上动态的生成，应敏锐地抓住学生思维的兴奋点，或直接点明，或言语暗示，或有意导引，触动学生思维的灵感，就能达到“一石激起千层浪”的效果。

当学生充分享有自主学习的时间、拥有自主研读的空间、占有自主发表的舞台时，当教学设计基于学生的自主发展、走出传统的窠臼、接轨当下生活、接通学生视阈时，“无痕”语文的时空绚烂多彩。

（一）引发学生绚烂的思维火花

学习《天上的街市》，一个孩子抛出问题：“为什么用‘朵’写流星?”

“‘朵’通常用来描写花，流星很美丽，就像花朵一样。”

“牛郎织女提着的灯笼造型优美，像一朵花。”

“牛郎织女生活很幸福，就像孙俪主演的故事片的片名所说的：幸福像花儿一样。”

“‘朵’除了写花还常用来形容‘云’，‘云朵’既轻盈又圣洁美丽；‘提’意味着灯笼很轻盈，仿佛云朵那般。”

“想象中的生活越美好，越能表达郭沫若美好的理想与追求，反衬现实世界的黑暗与丑恶。”

眼看好棋就要收官，又蹦出一个问题：“流星是一闪即逝的，用它来比喻灯笼，我觉得欠妥。”

“我以为很妙，这是作者浪漫的想象，只要有相似点就可以比：流星和灯笼都具有闪亮美丽的特质，不必拘泥于现实。”

“我看过古典小说，天上一日，人间百年，流星即使一闪即逝，我相信他们已经幸福百年了。”

“郭沫若大概想定格这瞬间的美丽，让它成为永恒!”

研读《水城威尼斯》，在体味语言的过程中，有学生说：“‘最窄的地方，两岸的邻居几乎可以在阳台上握手言欢’这一句写得好：它形象而且准确地说明了小水道的狭窄。说它准确，它用‘几乎’，表明两岸的邻居差不多，但不是真的可以在阳台上握手言欢。”

“‘握手言欢’是一个成语，你是如何理解的呢?”我顺水推舟地提问。该同学吞吞吐吐地说：“握着手说……说……”（一时语塞）

这时，我走下讲坛，来到与该生一“水”（过道）之隔的地方，拉住该同学的手说：“你好，你的发言很精彩，李老师很高兴，我欣赏你的胆识和才气。现在我握着你的手说着什么?”该生恍然大悟：“说着开心的、高兴的话。”太棒了！我与他热烈地握手，随后率先为他鼓掌，顿时，全班掌声响起来。该生美美地坐下。

我回到讲坛前再次发问：“有没有同学知道‘握手言欢’本来是用来形

容什么?”前排的一个小男生举手了:“说的是两个人之间有了矛盾后重新言归于好。”

“讲得真好!”我说。接着,我又打了一个比方:“比如,我和你(我摸着刚才发言的小男生的小脑袋)因为某个问题闹了别扭,好几天互不理睬。但今天,我们化解了矛盾,和好如初,这就叫做‘握手言欢’。”我握着这个小男孩的手说。

“‘握手言欢’用在这里合适吗?”我又一次发问。小手如林,跃跃欲试。有说合适的:这个成语简洁形象地表现了水道的狭小,它还表现了两岸邻居的友好关系……有说不合适的:这个成语多指双方有了矛盾后重新言归于好,让我们觉得威尼斯人经常闹矛盾,一个词语有多重意思,用在文章中有歧义……看,多有质量的思考!

前几次教这篇文章,遇到这个词语时,我只是理解了它字面上的含义,从来没有引发如此绚烂的思维火花,产生如此融洽的“握手言欢”的情景——每一次教学都是新感觉,这就是语文教学带给我的幸福与欢快!

(二)咂摸出新滋味

《孔乙己》是鲁迅先生的经典小说,我和学生每次阅读,都会咂摸出新的滋味,尤其是对孔乙己最后一次来咸亨酒店喝酒的一段文字的解读,每次都有令人欣喜的发现。

1. 一席话

生:孔乙己最后一次到酒店时说话一反常态,居然说的全是大白话。

师:我怎么没有在意?

生:也不是我发现的。

师:谁有这样的慧眼?

生:是我们小组的张缪鹏。我只是发言人。

师:请“发言人”说得具体点。

生:“温一碗酒。”“不要取笑。”“跌断,跌,跌……”“这……下回还清罢。这一回是现钱,酒要好。”

师:还真是这么回事。你们比我厉害。(师竖起大拇指)小说第四节写道:“他对人说话,总是满口之乎者也,教人半懂不懂的。”装斯文,好卖弄,是孔乙己的秉性。张缪鹏的发现很有价值。同学们再看看,孔乙己在什么情况下说话“教人半懂不懂的”。

（生看书）

生：一般情况下，孔乙己说的话是易懂的，只是在处境尴尬的时候才说教人半懂不懂的话。比如，别人取笑他偷东西的时候，他说“你怎么这样凭空污人清白……”“窃书不能算偷……窃书……读书人的事，能算偷吗”，接连便是难懂的话，什么“君子固穷”，什么“者乎”之类……

生：在酒客嘲笑他没有捞到半个秀才时，他“嘴里说些话，这回可全是之乎者也之类，一些不懂了”。

师：“一些不懂”和“难懂”怎么理解？

生：“一些不懂”比“难懂”要好懂些。说明孔乙己最忌讳的就是别人嘲笑他没有进学。笑他偷东西时他只是“涨红了脸，额上的青筋条条绽出”，还能强词夺理替自己辩护。可是讥讽他没有进学时，他“立刻显出颓唐不安的模样，脸上笼上了一层灰色”。没有进学是他心中最大的痛，这时的孔乙己只能自说自话，而且“这回可全是之乎者也之类，一些不懂了。”

生：俗话说，打人不打脸，骂人不揭短。孔乙己“脸上时常夹些伤痕”，表明他经常被打脸。他偷东西，不能进学的短处也成了人们谈笑的话题。可见，当时社会人与人之间的关系很冷漠，孔乙己的不幸也就在情理之中了。

生：孔乙己低声说道“跌断，跌，跌……”“这……下回还清罢”，这里的省略号有意思。三个“跌”，声音该是越来越小，最终近乎游丝的。孔乙己死要面子活受罪，心中没有底气，只是本能地自欺欺人罢了。“这”后面的省略号，写活了孔乙己矛盾的内心世界。有没有下回，也许他清楚。

师：品读细致，你试着读读看。

（生有感情地朗读孔乙己和掌柜的对话，其他学生边听边点头）

师：你的朗读给了文本极好的诠释。孔乙己最后一次来咸亨酒店为什么说上大白话了呢？

生：或许是想通了，要做个真实的自己了，所以，此番“辞路”之行，他不再矫情了。

生：走到穷途末路的孔乙己，也许是太累了，再也没有心情装斯文了。当初的那点可怜的、想极力维护的尊严也无力顾及了。

生：我觉得，就像终于脱掉了象征他读书人身份的“又脏又破”的长衫一样，穿着“破夹袄”“已经不成样子”的孔乙己，身体状况一定非常糟糕。读书人孔乙己斯文扫地。在被丁举人暴打之下，他受到致命的摧残——从肉体到灵魂。他自己很清楚，这回“温一碗酒”，是给自己送行，和这个世界道别。

2. 一碗酒

生：孔乙己为什么选择“温一碗酒”和这个世界道别?

生：喝酒是孔乙己的爱好，正因为这一点，“我”这个酒店小伙计才会见到他，并见证他的不幸。

师：酒是麻醉剂，是自我安慰，是人们、也是鲁迅小说中悲剧人物超越痛苦的四种主要方式之一，所以嗜酒成性的孔乙己选择“温一碗酒”谢幕。

生：他自己很清楚，这回“温一碗酒”，是给自己送行，和这个世界道别。

生：孔乙己特地挑选下午没有什么人来的时候到酒店来喝酒，他害怕受到别人的嘲弄。可是，他一出场，酒店很快又“聚集了几个人，便和掌柜都笑了”。孔乙己怎么也逃不出世俗的魔掌，规避不掉被摧残的命运。

生：掌柜仍然同平常一样，笑着对他说：“孔乙己，你又偷了东西了!”但他这回却不十分分辩，单说了一句“不要取笑”，“取笑? 要是不偷，怎么会打断腿?”孔乙己低声说道：“跌断，跌，跌……”他的眼色，很像是恳求掌柜，不要再提。言外之意就是承认自己偷东西了，只期望掌柜不要取笑。可是掌柜当仁不让，冷酷到底，仍旧看着他取笑，可见掌柜的麻木不仁，以向孔乙己伤口上撒盐为乐。可怜的孔乙己斯文扫地，可怜的一点自尊完全被剥夺。掌柜一见孔乙己，就说“孔乙己，你还欠十九个钱呢”，压根没有关心他的伤病及受伤后的生活。可见孔乙己在掌柜眼里还不如十九个钱。

生：孔乙己很颓唐地仰面答道：“这……下回还清罢。这一回是现钱，酒要好。”说明孔乙己赊账的时候时常受到欺侮，酒里面掺了水，他虽知道，但因为囊中羞涩，好面子的他只能忍气吞声，任人宰了。然而，这人生的最后一碗酒，孔乙己必须喝好。

生：“不一会，他喝完酒”，是说孔乙己喝得比较快。没钱点下酒物，又担心别人再来作贱他，所以，孔乙己一碗热酒很快下肚，“便又在旁人的说笑声中，坐着用这手慢慢走去了”。

师：“又在旁人的说笑声中，坐着用这手慢慢走去了”，这句话值得玩味。谁说说?

生：“又”表示重复，告诉我们嘲笑孔乙己是一种常态；“旁人”，含意深刻，说明孔乙己在人们眼中很“另类”，是“怪胎”，是“娱资”。他与其他人、与这个社会格格不入，是个孤独的弃儿。

生：“坐着用这手慢慢走去了”，刚才我查词典，走：“人或鸟兽的脚交互向前移动”。孔乙己被打折了腿，所以“盘着两腿，下面垫一个蒲包，用草绳在肩上挂住”，不可以像常人一般行走，他连“爬”也爬不起来。词典上说“爬”指“人用手和脚一起着地向前移动”。“坐着”的孔乙己压根没法走。他是人而又非人，太不幸了。

师：鲁迅鞭笞了封建科举制度将人变成废人、非人的罪恶，在情感体验和人生体验的层面上又流露出了透入骨髓的阴冷情调：人生是孤独的，命运是残酷的。

生：大家注意到没有？这里又出现了一个“慢慢”。孔乙己因为腿断，行动不便，以手代脚，挪动身子，速度自然很慢。而“去了”，似乎不仅指他淡出了人们的视线，离开了咸亨酒店，还暗示着他不久于人世。

师：挺有思想！你说又出现了一个“慢慢”，是不是你注意到前面的几处“慢慢”啊？

生：是的。第一处，“只有穿长衫的，才踱进店面隔壁的房子里，要酒要菜，慢慢地坐喝”；第二处，“有一天，大约是中秋前的两三天，掌柜正在慢慢地结账，取下粉板，忽然说：‘孔乙己长久没有来了。还欠十九个钱呢！’”；第三处，“掌柜也不再问，仍然慢慢地算他的账”。

师：瞻前顾后，敏锐地发现语言信息，这点很可贵。同学们看看，这三个“慢慢”意味着什么？

（生思考）

生：“慢慢地坐喝”里的“慢慢”和“踱”照应，刻画了有闲阶级养尊处优、悠然自得的生活状态，与孔乙己的“坐着用这手慢慢走去了”产生巨大反差。

生：二、三两处的“慢慢”都是写掌柜的。“慢慢”结账的掌柜，忽然想起孔乙己是因为粉板上记着孔乙己“还欠十九个钱呢”，听完孔乙己的悲惨故事，掌柜“仍然慢慢地算他的账”，表现了掌柜骨子里的冷漠无情，他的心中想的除了钱还是钱。所以孔乙己最后一次来咸亨酒店时，他说的第一句话就是“孔乙己么？你还欠十九个钱呢”。

师：几处“慢慢”前呼后应，一唱三叹，写尽了人情世态，寄托着作者

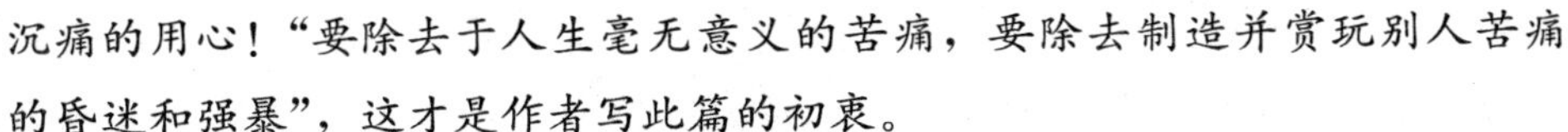

沉痛的用心！“要除去于人生毫无意义的苦痛，要除去制造并赏玩别人苦痛的昏迷和强暴”，这才是作者写此篇的初衷。

3. 一道槛

小说通过小伙计的眼睛两次写到门槛：“站起来向外一望，那孔乙己便在柜台下对了门槛坐着。”“我温了酒，端出去，放在门槛上。”这两处似乎轻描淡写，但却引起了学生的注意。

生：“鲁镇的酒店的格局，是和别处不同的：都是当街一个曲尺型的大柜台”，孔乙己之所以在柜台下对了门槛坐着，是因为这门框下部挨着地面的横木，挡住了断腿后身体残疾的孔乙己，使他无法跨越这道显性的、有形的门槛。这道门槛是个冰冷的分界线，将他与所有的酒客隔开，与这个世道隔开，最终又一次形象地告诉我们他是一个“孤独的多余人”，不属于任何阶层，进不了任何圈子。穷其一生，他也没有迈过这道坎。他已经无法像过去一样“穿着长衫”在店内柜外“站着喝酒”，只能如乞丐般在门槛外“讨”酒喝：真成了“讨饭一样的人”。

师：是谁将“身材很高大”的他弄到连讨饭也困难的地步？

生：是另一道门槛：封建科举制度。

生：门槛的另一个解释是：“窍门，也指找窍门或占便宜的本领。”门槛象征着人生、仕途上的阻力、障碍物，这是不言而喻的。孔乙己没有找到敲开封建科举制度大门的那块砖，“连半个秀才也捞不到”的他，一辈子只有在科举的大门外游荡。

师：在别人眼里一钱不值的“读书人”身份被孔乙己自己过分崇高化，从而导致他蔑视“下品”的工作，“不会营生”，“于是愈过愈穷，弄到将要讨饭了”。

生：鲁迅曲折地批判了封建社会以科举为核心的教育制度的悖论性与悲剧性：教育的结果不仅没能使受教育者的生存能力有所提高，相反，却使他们从正常人变成一个没有任何生存能力的废人。

师：面对一个占压倒性地位并遮蔽一切的时代思潮，像孔乙己这样的弱小的个人是很难超越其局限性与统治性的。孔乙己的个人生存悲剧便成为封建社会中国知识分子共同命运的写照。

师：这里的门槛，还象征着人与人之间的隔膜。正如鲁迅所说：“在我自己，总仿佛觉得我们人人之间各有一道高墙，将各个分离，使大家的心无从相印。”

生：酒店里地位最低下的小伙计，从来没有瞧得起过孔乙己。孔乙己“很恳切”“极热心”地教小伙计识字，在小伙计毫不热心的冷淡厌烦中以“一声叹息”告终。这里，小伙计“温了酒，端出去，放在门槛上”也就合情合理了。如果小伙计对孔乙己心存一丝怜悯，一动恻隐之心，碗就不是放在门槛上，而是递到孔乙己的满是泥的手上了。毕竟，门槛不是柜台，只有招待讨饭的时，才会直接将其讨饭碗放在门槛上。受此“礼遇”，孔乙己仍“将钱放在我手里”。

师：此刻，鲁迅虽没有写，但我们分明又听到孔乙己的一声叹息。“秋风是一天凉比一天”，是景语，更是情语，天凉好个秋！孔乙己虽然直接死于丁举人肉体上的毒打，而实际上，他早已在小伙计“谁要你教”“放在门槛上”的心灵虐杀中孤独地死去了。

鲁迅是深谙19世纪末、20世纪初这个特定的历史时期“门槛经”的世界级文学大师，大到文章的立意、形象的塑造、结构的铺设，小到人物的一个眼神、一句话、一个动作，都别具匠心。一样采用“白描”，无一贬词，而情态毕露。

让思维“飞翔”于文本间，让学生在互动中学习，让课堂教学“活”起来，进而让阅读体验丰富起来，课堂的魅力彰显出来。

第四章

基于情境的设计

第一节 教学意图圆融无痕

教育不是去用模具塑造人，我们的学生都有自己的爱憎和欢乐，我们教育的过程应该是一种春风化雨的过程，毕竟教育不是去折磨人，而是让人获得幸福或者说获得拥有幸福的智慧与道德。这是我们教育的一个基点，自然也是我们备课的一个基点。我们不能试图将备课程式化，但我们不能没有一个基点。备课可以有多种方式，也可以表现出教育者的个性，但我们不能忘记，备课应该是一门艺术，让教育无痕的艺术。

教学是一种知识传承的过程，是为了增进我们对自然和世界的把握能力，而教育在包含教学含义的基础上，还要提高学生心灵，提高学生获得幸福的能力，提高学生对他人、社会、国家的忠诚度和责任感。备课向来被忽视，被视为准备“积木”的过程，但这是教学和教育的起点，在起点中包含教学和教育一切有待成长的因素，影响着教育的品质。

教学设计时既要强调教师的作用，又不忽视学生能力的培养；既强调教学的预设性，也不忽视教学的生成性；既强调知识的传授，还重视激发感情。与文本对话、与学生对话、与自己及社会对话，从三个方面把备课过程中各个要素之间的关系用理论和案例的方式呈现出来。

教学设计要遵循学生的认知和心理发展的规律，又始终不是单向、封闭、静态的授受过程，而是师生多向、开放和动态的对话、交流过程。课堂中始终顺应学生的思维，看似有痕却无痕，不露痕迹却达到了目的。“课伊始，趣已生；课继续，情更浓；课已完，意未尽”，课堂如“行云流水”，每个教学环节都折射出“看似无心，实则有意”的教学功底：踏雪无痕。

一、天光云影共徘徊

民俗文化是斑斓多彩的人类文化的重要组成部分。苏教版七年级上册语文第三单元所选的《社戏》《端午日》等课文，其中描写的民间习俗和传统节日，平常中蕴含着神奇，闪烁着中华传统文化的熠熠光辉。

《端午日》节选自沈从文的小说《边城》。课文以简明古朴的语言，着力描绘了茶峒人端午日赛龙舟、捉鸭子的精彩场面。

在《端午日》备课过程中，我们经历了从“众里寻他千百度”到“天光云影共徘徊”的曼妙体验。师生联手行动“广积粮”：充分开发利用教学资源，不断增加知识储备；师生互动合作“深挖洞”：深入开掘教材、合理整合资源，使有形的书面教案与无形中融入师生心田的情感、态度、价值取向及教学机智和激情水乳交融。

（一）全员备课，构建知识网

真正的教学过程是学生和教师，包括环境交互作用的过程。学生对端午节知之甚少，对湘西和沈从文更是陌生。以教材、课堂教学为核心，师生共同开发资源，向生活的方方面面辐射，学生成为自主知识的习得者，直接面对应答性的学习环境。

1. 乡土访问，走近民俗

学生走进社区，请教亲友，采访民俗专家得知，如东民俗中，过年、端午和中秋，都属大节。现在如东过端午保留有吃粽子，肋鱼，“和菜”，挂菖蒲、艾草等风俗。一些端午习俗现在基本不见了，如划旱龙船，踩高跷，喝雄黄酒，悬钟馗像，小孩穿老虎衣或虎头鞋、挂香袋等。

民俗专家介绍，如东端午节吃“和菜”还有一段典故：明朝嘉靖年间，县城男丁与官兵会合杀灭倭寇。将士吃了民众送的百家菜，士气更旺，杀得倭寇抱头鼠窜。从此，端午吃“和菜”的风俗流传下来，成为与众不同的一种凉拌菜。

乡土访问，教学环境生活化。现实的情景，切身的体验，学生习得的是富于真情实感、能动、有活力的知识。学生在与他人的对话、交流中，增加了直接经验，思想受到触动，人格得到陶冶。

2. 网络海选，感受民俗

网络与图书，把我们带进了信息化的教学环境：浩瀚的“端午世界”，传奇的湘西凤凰。

学生分组协作，获悉关于端午日由来的诸多传说、丰富多彩的文化习俗（诗文、饮食、娱乐、医药、植物）、湘西端午风情等。

我们找到了汨罗龙舟节开幕式、常州龙舟祭、烟雨凤凰等影像资料，众多的龙舟竞渡、湘西风情图片，与龙舟有关的音乐……

网络搜寻，引发学生产生问题：中国的端午节怎样不被端走？促进学生对保护民族传统文化展开思考和探究。从此，保护民族民俗文化的这根弦绷紧了。

师生一道经历了乡土访问、网络海选等环节，作为教材的开发者，获得了比较丰富的知识储备，为教学引入源头活水，建立起一个与教材相关的“知识圈”。

（二）特色备课，创设大舞台

外在资源服务于课堂教学，课外是对课内的补充和延伸。“圈地运动”后，从学的需要出发，我调动经验储备，对教材素材进行了一番认真的梳理、合理的整合、艰苦的再创造。在此基础上，创新求变，整体安排，有序建构，盘活教材，激活课堂，为学生搭建了一个展演的舞台。

1. 锁定目标，删繁就简

在吃透教材、感悟文本的基础上，我将学习目标确立为：了解湘西端午日风俗，感受民俗文化的独特魅力，欣赏精彩的场面描写，感悟合作努力的民族精神，体会古朴雅洁的语言、详略有致的布局。

据此，我对素材忍痛割爱，审慎选择，精益求精，最终保留下最能表现课文情境、有助于达成学习目标的精美图片及最有民俗特色和端午风味的两首乐曲。

《端午日》中的茶峒是以沈从文先生的老家凤凰为背景的。为了让学生形象地感受与理解茶峒的人情物理，我找到 18 分钟的影像资料《烟雨凤凰》。为了确保学生有足够的时间理解文本、超越文本，最终，我只留取了近两分钟的内容。

2. 用活教材，标新立异

用上好的“食材”“烹制”色香味形俱佳的“菜肴”，创造性地理解和使用“食材”是关键。教材内容情境化，静态知识动态化，传统文化时尚化，用活了教材，师生走进了新时空。

（1）教材内容情境化。创设现实、有趣、具有挑战性和感染力的教学情境，激活学生已有的生活经验和知识，使学生在创设的情境中产生联想和情感共鸣，有助于学生更好地领悟学习内容，达到融会贯通的教学效果。

课前，龙舟竞渡的动态画面，伴随着音乐《赛龙舟》喜庆欢快的鼓点创设的情境，点燃了学生的热情。上课伊始，烟雨迷蒙中的古城凤凰走进学生的视野，那山、那水、那舟、那桥、那楼构成了湘西特有的风情画，给人以美的震撼。面对捉鸭子、赛龙舟的画面，学生将课前了解的素材，对文本的体验与自己的生活经验、阅历结合起来，借助想象，对教材进行了更多的延伸、迁移、拓展，其复述严守文本，又超出文本，使课堂教学高潮迭起，精彩纷呈。

(2) 静态知识动态化。教材上的知识是静态的，没有进入教学过程前，它处于知识的储备状态。备课中，笔者使教材中的静态知识可操作化、活动化。

端午日捉鸭子是茶峒的特色活动。课文关于它的描写非常简约。学生用想象丰富画面：女生演绎人鸭圆舞曲，男生创作茶峒武侠传。浪漫的营造“落霞与雄鸭齐飞，夏水共长天一色”的诗情画意，幽默的呢，模拟鸭子的腔调：“那小子一个猛子扎下去，将我逮住。他拍拍我的肥臀，得意洋洋地说：‘今儿你就是俺的下酒菜了！我气得呱呱大叫，乘他招摇之际，扇动翅膀开溜。可惜俺尾部最靓的几根羽毛，生生被他扯断，那个痛啊！啊哟！’”动态描述，活灵活现！

欣赏主打节目赛龙舟的场面为教学重点。在充分研读文本后，学生组成记者团，远赴边城茶峒（神游），为大家现场报道龙舟赛事。全班分四组，分别报道赛前筹备、赛事经过、领奖庆祝、观众反应。学生将文本内容与课前知识储备融会贯通，以不同的角色、身份，用精炼、生动的口语，为大家带来“新视听”。“记者们”有采访龙舟协会会长、龙舟队队长的，也有访问当地百姓、外国观光团旅客的。活动化的现场直播，即兴访谈，充满开放性、灵活性、创造性，令人身临其境。

(3) 传统文化时尚化。传统与时尚是一母同胞。让传统与时尚美丽邂逅，是《端午日》教学设计的一个亮点。

茶峒的端午日，热闹、喜庆，充满东方文明的美好和神奇。传统的赛龙舟、捉鸭子等民俗活动借助时尚的网络、多媒体等载体，以采访、直播的互动方式新鲜出炉，秉承传统，品味时尚，两者融合，相得益彰。

在“请你策划”环节，学生如此创意：

从热播的《大长今》，到江陵端午祭，我们看到韩国人对传统文化的高度重视。保持传统文化底色，发掘它的商业价值，通过科学时尚的策划、包装和推介，使之更具特色、更有韵味，是每位华夏儿女义不容辞的职责。

学包粽子，绣荷包，做香囊，发短信、E-mail，写贺卡，制作端午节网页，时尚与传统兼容。包粽子送长辈、送即将参加高考的哥哥姐姐，祝他们长寿（糯米又名长米）、高中（“粽”谐音）。端午节也是感恩节，中外一体。

利用如东滨江临海的区位优势，将端午节设计成体育节——赛龙舟、放风筝（如东是国家龙舟集训基地、每年举行国际风筝节）；旅游节——吃粽子、和菜，品海鲜，跳海上迪斯科、欣赏风情歌舞；招商节——吸引外商，到如东投资兴业。文体旅游搭桥，拉动经济发展……

以学生为本、立足学生语文素养的全面提高是新课改鲜明的备课主张。全员参与，突显主体；特色运筹，彰显个性。情景交融，动静和谐，古老绵长的传统与清新流动的时尚交织，瞄准和遥望幸福的语文生活，感觉真好。

二、新课改：请关注学生的价值观

“如果你是小姑娘，你会怎样对待小狗呢？”

“我要狠狠地踹它一脚。”

“我会给它一个白眼。”

“我将它痛打一顿。”

……

这是一堂“与新课改一起成长”为主题的初一语文公开课。年轻的女教师正和学生们一起品读列夫·托尔斯泰的著名童话《七颗钻石》。童话写的是干旱之年一个小姑娘为母亲找水，小姑娘和母亲几次让水的故事。

学生发表意见后，老师评价：“不错。”

果真“不错”吗？

只要稍微细心地看一看文章，我们就会发现大错特错：小狗不该被踹、不该遭白眼、不该挨打。

深夜，为生病的母亲找水的小姑娘，在哪儿也找不到水的时候，累得倒在草地上睡着了。“当她醒来的时候，拿起水罐一看，罐子里竟装满了清亮新鲜的水。小姑娘喜出望外，真想喝个够。”但是，为了母亲，她一滴也没舍得喝。

“小姑娘匆匆忙忙，没有注意到脚底下有一条狗，一下子绊倒在它身上，水罐也掉在了地下。小狗哀哀地尖叫起来。”可怜的小狗没有偷喝罐子里的水，小姑娘绊倒在它身上，它一定被弄疼了，以至“哀哀地尖叫起来”，为什么反要受责罚？它何罪之有？

小姑娘“以为，水一定都洒了”，但“罐子端端正正地在地上放着，罐子里的水还满满的。”

小姑娘非但没有怪罪小狗，还“把水倒在手掌里一点”，让“小狗把它舔净了”，使得小狗“变得欢喜起来”。

责任感和怜爱之心创造了奇迹：“当小姑娘再拿水罐时，木头做的水罐竟变成了银的。”

童话中的小姑娘是一位爱的天使，她不但善待母亲，而且善待小狗，善待路人。当“小姑娘再也忍不住，正想凑上水罐去喝水的时候，突然从门外走来一个路人，要讨水喝。小姑娘咽了一口唾沫，把水罐递给了这过路人”。

当老师问：“同学们，在这种情况下，你会让水给路人吗？”

绝大多数学生坦言：不会。

为什么学生对待小狗的态度如此残忍，而老师还评价“不错”；学生坦言“不会”时，老师只说“敢讲真话”便不再有下文了呢？

这里不仅有教师对文本的解读和应变的技巧问题，而且有一个更值得大家关注的价值观问题。

价值观是指一个人对周围的客观事物的意义、重要性的总评价和总看法。它是道德修养和文化素养的合体。一个人的价值观是从出生开始，在家庭和社会的影响下逐步形成的。报刊、电视和广播等宣传的观点以及父母、老师、朋友和公众名人的观点与行为，对一个人的价值观也有不可忽视的影响作用。

中学生的价值观是中学生对价值和价值关系的理解和追求，是影响他们决定行为目标、选择行为方式以及解释行为结果意义的核心因素，是现代学校学生文化建设的根本和突破口。

中学生正处于自我意识迅速发展的时期，市场经济的发展和对外开放传播进来的种种基于个人本位的思想观念，既强化了中学生自我奋斗、自我拼搏的意识，又强化了中学生注重个人利益、满足个人欲望的思想。

由于独生子女增多，家庭教育逐步走向溺爱、娇宠的歧途。学生的道德观念、价值观念也逐渐形成“以我为中心”的局面。

因此，如果“我”是小姑娘，当“我”被绊倒后，“我”自然不管青红皂白，便要对小狗“踹”“打”，至少“给它一个白眼”。他们认为“都是小狗惹的祸”，不怪小狗才怪呢！自己的喉咙都冒烟了，自己的妈妈也没有舍得喝，给“小狗舔”“路人喝”，这不是傻帽吗？

《语文课程标准》明确指出：“应该重视语文的熏陶感染作用，注意教学内容的价值取向，同时也应尊重学生在学习过程中的独特体验。”在推进新课改的今天，老师特别“尊重学生在学习过程中的独特体验”，但往往忽略甚至无视“教学内容的价值取向”，所以就出现前面所说的一些现象。

承担着育人重任的教师，自身师德修养水平及价值取向对于学生的道德素养的培养和价值观的形成，有着十分重大且持久的影响。在提高自身修养、具备科学价值观的前提下，我们千万不能忽视中学生的价值取向问题。如果老师对如此敏感的问题持木然的态度，学生的价值观发生偏离，后果将不堪设想。

我们要以一双慧眼关注学生的价值观。在课堂上出现类似问题时，不能让其从眼皮底下溜走，而应该正视它，并以此为契机，利用教材中美好的形象去感染学生，用正确的舆论去引导学生，进行即时的点拨、矫正，锃亮爱心、责任感等价值观的神灯，使科学的价值观成为指引他们前进的“北斗星”。只有这样，才能达成“在语文学习过程中，培养爱国主义感情、社会主义道德品质，逐步形成积极的人生态度和正确的价值观，提高文化品位和审美情趣”的语文目标。

三、让教学意图隐身

经常看到一些教师对教学意图的处理比较直白，他们在新课伊始直截了当地公布本课教学意图。殊不知，学生对此方式见多了，产生了认知疲劳，不少学生感到索然无味，一下子“蔫”了。

然而，同是执教《国宝大熊猫》，在众多老师选择直接“亮标”的时候，有一位教师这样开始他的新授课：“同学们，最近我的一位老乡找到我，他说眼下遭遇禽流感，养鸡风险太大，我决定养熊猫致富，你帮我参谋参谋。今天，我将和大家一起阅读说明文《国宝大熊猫》，请同学们首先自读课文，给我的老乡拿个主意。”问题一出，孩子们来了劲，一下子进入了文本。一遍读罢，主意有了：“你的老乡不适合养熊猫。”

为什么呢？

第一，大熊猫是国家珍稀动物，“大熊猫如今在我国分布地域十分狭窄，仅见于四川省岷山、邛崃山和大小凉山，甘肃省的南缘和陕西省秦岭南麓等海拔2000～3500米的崇山峻岭。……山坡上覆盖着葱茏茂密的原始森林。山林间云雾缭绕，烟波浩瀚，空气潮湿，泉水丰富，到处生长着苔藓，在繁茂的植物中杂以多种竹类。生活在这里的大熊猫，终年就以嫩竹清泉度日”，“如今我国野生的大熊猫屈指可数，估计只有1000只左右”，他买不起也买不到。

第二，我们江苏不适合养大熊猫。“大熊猫食用的竹类共有17种，其中最爱吃的是冷箭竹和华橘竹。不过，竹子中的营养成分不多，主要是难以消化的纤维素，所以大熊猫食量很大，一头成年的大熊猫每昼夜最少要吃15～20公斤竹子，排出大量消化不了的纤维素。”“大熊猫的活动范围与季节关系很大，冬春季多生活在3000米以下没有积雪或积雪较少的山谷地带。冬天照常活动，没有冬眠的习惯。夏秋两季则多在3000米以上的地带活动。”

第三，“大熊猫性情孤僻，平时独来独往，只有在发情期，雌雄才暂时同居。它们的繁殖力很低，一般每胎产一仔，有时可产两仔。分娩期间多以枯树洞为巢穴。奇怪的是，一只体重100公斤以上的成年大熊猫，刚生下来的仔熊猫却小得出奇，体重只有0.1～0.15公斤，像只小老鼠，仅相当于母体重量的千分之一，因此不易成活。大熊猫从出生到长大为成体约需两年左右时间”，即使到适合它生存的地方去饲养，也不能致富。

……

这是一位高明的教师，他联系生活，通过创设问题，把教学目标隐藏起来了。隐藏教学目标是“暗示”“迂回”的策略，一种意味深长的教学艺术。看似简单随意，但绝非随心所欲；看似信手拈来，又绝非唾手可得。它厚积薄发的结果，是教育思想、教育理念与教学实践的融会贯通。

教师充分利用教材，又跳出教材，找准了教材与生活的契合点，把教学意图在友好的、毫无拘束的教学氛围中隐藏起来，精心设计学习过程，创设问题情境，令学生产生新奇刺激感与求知欲望，进而带着莫大的兴趣积极地投身文本寻找答案，在探究的过程中，在思考的空间里，在回答的机遇上获得了知识，得到多重满足。

把教育意图隐藏起来，是十分重要的教学艺术之一。它顺应孩子的发展规律，巧设情境，寓教育于无形。这种“隐身术”值得学习。

四、《散步》课堂教学实录

2008年5月6日上午8：30—9：15 连云港新海高中阶梯教室

学生进阶梯教室时，大屏幕显示：《散步》　莫怀戚

执教者：南通市如东实验中学　李凤

萨克斯《春风》的旋律在教室轻扬。

(师生问好)

师：刚才，有同学问我，为什么要选择上散文《散步》。现在，我告诉大家。人到中年我对两句古语特别有感慨。(大屏幕出示）树欲静而风不止，子欲养而亲不待。同学们理解这两句话的含义吗？

(学生有人摇头，有说不太懂)

师：不太懂，表示有些懂。懂什么，不妨说说。

一女生举手说：我知道“树欲静而风不止”，说的是树想静下来不动了，可是风儿使劲地吹着，不让树停止摇晃。

师：说得很好！后面一句呢？

生：不敢说。

师：别担心，你怎么想的就怎么说。

生：你想培养但是又不亲自接待。

生（举手)：子，指儿子，孩子。养，应该理解为赡养。(随即坐下)

师：你真棒！现在明白了吗？

生：明白了。后一句是说，子女想要赡养亲人（长辈）的时候，亲人却等不到这一天了。

师：真聪明！

师：节假日回到老家，看到爸爸妈妈一天天老了，又听说邻居大伯大婶忽然间就不在了，心里不由得酸楚，于是我们夫妻俩近年来总是互相提醒：要及时尽孝，尽量多抽时间陪伴父母。

今年“五一”，我爱人策划了“亲情一日游”活动，邀请在南通的兄弟姐妹及他们的子女（一行十六人）陪同双方父母在南通狼山、江滨公园玩了一整天。今年“五一”，同学们怎么过的？

生（举手)：我哪里也没去，在家做作业的。

师：你辛苦了！

生：我和妈妈去姨妈家玩了。

生：今年“五一”是我曾祖母 80 岁生日，我们一大家子给她祝寿了。

师：我想和你握握手！（师生握手）巧的是“五一”这天，是我爸爸 65 岁生日，今年我公公也是 80 岁。

（大屏幕出示全家福）请允许我向大家介绍我们这一家子。海拔最高的是我读人大二年级的儿子，他右边的就是我 80 岁的公公，前面这位是我祖籍四川的婆婆，这位大家一定看出来是谁了吧（生：是你！）。另一位就是我先生了。这张合影是去年“五一”我们在如东海滨散步时留下的。

师：同学们想想，散步时心情如何？

生：轻松，愉快。

师：和家人一起散步呢？

生：更是自由、温馨、幸福……

师：让我们带着幸福上路，阅读《散步》。

（大屏幕出示：第一步：幸福阅读）

师：课前读过文章了吗？

生：读过了。

师：那好，我想请两位同学范读一下课文，向大家展示一下我们新海实验中学初二（19）班同学的朗读风采，谁来？

（同学举手）

师：请这位女生读 1～4 节，男生读 5～8 节。

（学生范读课文）

师：两位同学读的水平都很高，字正腔圆，轻重缓急拿捏得较准，女生很有幸福感，深情，富有感染力；男生含蓄些，但挺有责任感。如果放松些，幸福感就出来了。要不，我试试？

生：好！

（教师范读最后一节。生热烈鼓掌）

师：谢谢同学们的表扬、鼓励，让我感受到更多的幸福。

师：莫怀戚为何要带母亲出来散步？

生：“她老了，身体不好，走远一点就觉得很累。”“我”带母亲散步，想锻炼母亲的身体。

生：“今年的春天来得太迟，太迟了，有一些老人挺不住，在清明将到的时候死去了。但是春天总算来了。我的母亲又熬过了一个酷冬。”“我”希望母亲健康长寿。

师：你们真会读书，找到了课文里相关的句子，并且加上了自己的解读。还有一个背景，同学们或许不知道：文章写于 1985 年。这年清明节前，莫怀戚的父亲刚去世。照料了他多年的母亲似乎一下子给抽掉了生活的目标，身体情况变得很复杂。莫怀戚有个弟弟是医生，私下说，母亲处在丧偶综合征中，这是一个微妙的阶段，必须谨慎度过，最不能缺的就是子女的陪伴。于是就有了初春暖阳下，南方田野上，一家四口、祖孙三代的散步。《散步》，写的是一件寻常事，没有游名胜古迹，没有吃豪华大餐，却能拨动我们的心弦。请同学们自由品读，找出其中的妙词佳句，表达有情趣、有深意的段落，先自己品读，再一起分享。

（生认真投入地品读）

（大屏幕展示：第二步：自由品读妙词、佳句、情趣、意蕴）

（生读，师巡视）

师：可以开始交流了吗？

生：可以。

生：我觉得第三节“今年春天来得太迟，太迟了，有一些老人挺不住，在清明将到的时候死去了。但春天总算来了。我的母亲又熬过了一个酷冬”，这里“太迟，太迟了”用了反复修辞，与“总算”照应，表达了我盼望冬天快点过去、春天早些到来的急切心情，说明我很担心母亲的健康。

生：“挺”“熬”“酷”三个词很有表现力，母亲身体状况的糟糕，冬日的严寒，儿子为母亲担忧的心态跃然纸上。

师：讲得很到位。

生：“小家伙突然叫起来：‘前面也是妈妈和儿子，后面也是妈妈和儿子。’我们都笑了”，很有意思。小家伙瞬间的发现和归纳，表明他的聪明机灵；“我们都笑了”，是对孩子的褒奖，表现出亲情的温馨。

生：文章中像这样对称的句子还有：“有的浓，有的淡。”“我和母亲走在前面，我的妻子和儿子走在后面。”“母亲要走大路，大路平顺；我的儿子要走小路，小路有意思。”“我的母亲虽然高大，然而很瘦，自然不算重；儿子虽然很胖，毕竟幼小，自然也轻。”

师：这样的句式在表达上有什么特点？

生：形式整齐匀称，和谐流畅，强调了表达的内容。

师：对！我们一起读读看，体会句式、韵律的美，加深对内容的理解。我读前一句，你们读后一句。

（师生读）

生：我认为最后一句话含义深刻，写出了中年人的责任感：“我和妻子都是慢慢地，稳稳地，走得很仔细，好像我背上的同她背上的加起来，就是整个世界。”

生：我和他一样欣赏这一句。“慢慢地，稳稳地”“很仔细”，因为我们在散步，而且走的是小路，背上还背着我们最亲爱的人，所以责任重大，每一步都很小心、很稳当，我们都想让他们好好享受初春的美景。

师：真是个细心的孩子。请问你是如何理解“整个世界”的？

生：母亲是老人，是上一代，儿子是下一代，我和妻子是中年人，我们三代人，就是这个家的全部。世界是由一个个家庭组成的，所以家庭就是中年人要顾及的整个世界。

师：是啊，母亲代表老去的生命，孩子代表新生的生命，我们中年人代表成熟的生命。中年人承前启后，背着老人、孩子，既关爱老去的生命，又呵护新生的生命，责任重大。（板书：责任感）

师：当我和妻子背着母亲、儿子的时候，除了责任感，我们一家人还会有什么体验吗？

生：我认为还有幸福感，还有亲情的美好。

师：设想一下，站在不同的人物的角度。比如我们站在母亲的角度想想。

生（思考，举手。模拟老奶奶的口吻）：这孩子，他小的时候我没少背他。现在，我老了，他这么孝顺，我这个儿子没有白养啊！

（众笑）

师：这位老奶奶，母慈儿孝顺，您老有福啊！

（众大笑）

师：谁能用描述性语言来说说感受？

生：贴着儿子厚厚的背，听他一步一步前行时的呼吸，甚至可以感受到儿子有力的心跳，母亲心里热热的，甜甜的。伏在儿子背上，才感觉到自己曾经年轻过的生命仍然在延续，于是生命有了从来没有过的实实在在的踏实的感觉。

师：太棒了！从亲情与生命的角度阐发感悟。（板书：亲情美、生命美）

师：我提议，我们带着责任感，带着对亲情和生命的感悟把这一句朗诵一遍。

（师生齐朗诵）

生："霎时我感到了责任的重大，就像民族领袖在紧急关头时那样。"作者用比喻修辞形象地体现了"我"的责任感。民族领袖在紧急关头的选择决定民族的危亡，我在走大路还是走小路时的选择会影响家人的和睦、亲情的和谐，我孝敬老人，也尊重孩子，所以两难。

师：很有眼力！我最终选择走大路，选择正确吗？

生：正确。"我决定委屈儿子，因为我伴同他的时日还长，我伴同母亲的时日已短。"

生：这次本来就是陪母亲的。

生：儿子没有吵闹，他一定理解父亲。

师：培根说过："哺育子女是动物也有的本能，赡养父母才是人类的文化之举。"只有人类才不但保护幼小的生命，而且善待衰老的生命。用爱心担起生命的重任，是亲情人伦的美好，是温馨和谐的幸福。

（众点头会意）

生：我最喜欢"但是母亲摸摸孙儿的小脑瓜，变了主意：'还是走小路吧！'她的眼随小路望去：那里有金色的菜花，两行整齐的桑树，尽头一口水波粼粼的鱼塘。'我走不过去的地方，你就背着我。'母亲对我说"，一个细节"摸"，写出了奶奶对儿子的体谅、对孙子的爱。在我家里，奶奶也总是依着我的。母亲提出走不过去的地方让"我"背，说明母子关系非常亲善。

生：我注意到，"她的眼随小路望去"，表明，母亲不是一味地迁就孙子，而是发现小路真的很有意思。

师：很有意思的发现哦！愿闻其详。

生：金色的菜花，色彩美；整齐的桑树，行列美；水波粼粼的鱼塘，活力美。

师：的确有意思，三美。厉害，出口成章！这是文章写到的美，同学们可以联系自己的生活经验，发挥想象，南方初春的田野，除了金灿灿的菜花，还有？

生：桃红、梨白、杏粉……

生：还有绿油油的麦苗、小草……

师：野花遍地是……

生：有名字的，没名字的，散在草丛里，像眼睛，像星星，还眨呀眨的。

师：那鱼塘大吗？

生：不大。“一口”就是证明。

师：真机灵！初春时间，池塘……

生（三三两两）：池塘生春草，园柳变鸣禽。

师：是。除了鱼儿，初春的池塘里还可能有？

生：摇着小尾巴的蝌蚪。

师：半亩方塘……

生（齐）：半亩方塘一鉴开，天光云影共徘徊。

师：你们看，小路怎样？

生：有意思——有美景，有生机，有活力。

师：请一位同学朗读这段，其他同学好好享受。

（一女生动情朗读，众鼓掌）

师：有人喜欢这段文字吗？（屏幕显示：这南方初春的田野！大块小块的新绿随意地铺着，有的浓，有的淡；树上的嫩芽也密了；田里的冬水也咕咕地起着水泡。这一切都使人想着一样东西——生命）

生：有。

生：我喜欢。

生：我也喜欢。

师：为何喜欢呢？

生：“新绿”“嫩芽”扣住了“初春”特有的景物特征，暗示熬过了严冬的母亲将会获得新的活力。

生：它有声有色：深深浅浅的绿，“咕咕地起着水泡”的春水，都是生命复苏的象征。

生：它不仅写大自然一年伊始、万象更新的景象，而且写出了我希望母亲像大自然那样重新获得生命活力，能够健康长寿。

生：我希望母亲通过散步舒活舒活筋骨，抖擞抖擞精神。

师：很好！最是一年春好处，春日暖阳朗照，杨柳风轻拂，淡妆浓抹的新绿，质地鲜嫩的芽儿，咕咕起着水泡的春水，这一切都显示出不可遏制的生命活力。这是生命的气息，是我祈望母亲健康长寿的一片爱心。齐读这段文字。

（师生齐读）

师：读《散步》，我们感受到什么？

生：生命、责任。

生：亲情、人性。

师：（屏幕展示）尊老爱幼的亲情美　温暖和谐的人性美
阳光活力的生命美　含蓄深沉的责任感

师：散文《散步》，精致淡雅，意蕴丰厚。漫步其中，亲情的芬芳，生命的葱茏，人性的秀美，责任的韵致，沁人心脾。让我们在《春风》柔美的旋律中再次美读其中最美的片段。一女生读第 3 小节，女生齐读第 4 小节，男生齐读第 6 小节，全班齐读第 7 小节。

（第三步：配乐美读）

（师出示国际家庭日徽号）

师：有谁知道这是什么徽号吗？

（众摇头）

师：这是国际家庭日徽号。请同学们仔细阅读这个徽号，说说它的含义。

生：底色是橄榄绿，那是生命和平的象征。上面的橘黄色图案像是屋顶，代表家。

生：家里有心的图案。

师：几颗心的图案？

生：有两颗相互包容的心的图案，说明一家人互相理解、爱护，彼此温暖，就像《散步》中的一家人那样。

生：还说明心对心的接纳、包容。

生：象征着家庭的和谐、温暖、快乐、幸福。

生：我觉得像嫩芽，表示新生命在这里诞生，并得到呵护。

师：几位同学解读得很有道理。同学们，五月有很多节日，你们知道哪些？

生：五一国际劳动节，五四青年节。

生：5月12日，护士节，我妈妈是护士。

生：5月11日，母亲节。

生：还有父亲节。

师：每年5月的第二个星期日是母亲节，6月的第三个星期日是父亲节。今年的父亲节是6月15日。

师：每年的5月15日是国际家庭日。今年的国际家庭日，你有什么创意？

（第四步：延展阅读）

师：请用简短的语言说出你的策划及这样设计的原因。不一定设计得轰轰烈烈，就像散步那样自然、亲切，可以增加家庭幸福指数的就行。

生：我把家里打扫得干干净净，给爸爸妈妈一个惊喜。

生：我下厨烧菜，请爸爸妈妈品尝我烧的好菜。

师：你的拿手菜是什么？

生：西红柿炒鸡蛋。

师：方便快捷，黄红搭档，配以青葱，色香味俱全，创意不错。

（众笑）

生：我爸爸妈妈最希望我成绩优秀，到时候，我给他们几份高分试卷。

师：这是你能做到的，很好！

生：今年5月23号是我爸爸妈妈结婚二十年纪念日，我想在5月15日国际家庭日这天就送给他们一份礼物，给他们意外的惊喜。

生：我要爸爸妈妈把爷爷奶奶、外公外婆都接到家里来，我要为他们表演节目，感谢他们的养育之恩。

师：多有孝心的孩子！

生：我可能要上学，没有时间去看94岁的太太，但我会给她打电话，祝她长寿。

师：很好！只要我们有爱心，每天都是家庭日。

（教室后方，倒数第二排站起一位大约二十多岁的男青年）

男青年：老师，我也要发言。

师：请问，您是？（我边走边问）

男青年：我是刚参加工作不久的老师。李老师，听了这一课，我太激动了，谢谢你点醒了我。（接过我递上的话筒）妈妈特别喜欢吃元宵，今年家庭日我要为母亲做一顿元宵。

师：你做元宵的技术怎样？

男青年：虽然我技术一般，但这是我第一次给妈妈做她爱吃的食品，我一定尽力做好。

师：不管你做元宵的技术怎样，我相信，孝敬和感恩糅合的元宵，一定是世间最甜美可口的，也是你妈妈此生吃过的幸福含量最高的元宵。我代表妈妈们谢谢你的这份心意！

（全场鼓掌）

（萨克斯《春风》音乐再次响起，随后，大屏幕展示，师陈述）

师：《散步》，一首亲情、人性、责任的生命交响，阅读《散步》，一次心灵漫步！

师：感谢同学们，感谢在座的领导、老师！下课！

五、《散步》教学设计

（一）教学目标

（1）感悟亲情、人性和生命的美好，体会责任感。

（2）品味语言美。

（二）教学重点

（1）揣摩语言。

（2）领略主旨。

（三）教学难点

（1）多角度地解读文章的内涵。

（2）有深度地理解含蓄的句意。

（四）教学方法

阅读感悟法，谈话法。

（五）教学辅助手段

多媒体。

（六）教学思路预设

引导学生通过美读美感、真诚对话走进文本，多角度、有深度地理解句子及主题的丰厚意蕴，品味美的语言，欣赏美的画面，投入地聆听一曲亲情、人性、责任合奏的生命交响。学生在学习过程中延展联想，走出文本，唤醒人性真情，点燃生命激情，强化责任意识，接受一次中华民族优秀传统文化的洗礼。

（七）教学时间

一课时。

（八）教学内容和步骤

1. 导入

交代学习《散步》的原因。

今年“五一”，你们一家人是怎么过的？

想知道我是怎么过“五一”的吗？

出示题目：《散步》　散文　莫怀戚

问：散步指什么？

“散步”，是一种休息方式，指随便走走，散散心，使心情轻松、舒畅。

本文主要内容是什么？

“我”一家四口在初春的田野上散步。

与家人在一起散步，心情如何？

轻松、愉悦、温馨、幸福。

2. 朗读全文

在晨读的基础上，请 8 位同学带着轻松、愉悦、幸福的心情朗读全文，简单评价。

3. 理解性阅读

（1）请同学说说“散步”的缘由。（她老了，身体不好，走远一点就觉得很累）

①教师补充交代散步的背景，明确：散步就是一次陪伴，而与陪伴相伴的，就是对生命的感受与思考。散步可祛病强身、延年益寿，对老年人的身心健康是十分有益的。和自己的家人一起漫步，诉说自己心里的话语，是一件很幸福的事情！

②体会“我的”的表达作用。

（2）请学生挑选自己最欣赏的段落或句子自由朗读，细细品味，谈谈感悟，或提出问题供大家探讨。

①景物描写。

第四节、第七节。

②大致对称的句子。

“有的浓，有的淡。”“我和母亲走在前面，我的妻子和儿子走在后面。”“前面也是妈妈和儿子，后面也是妈妈和儿子。”“母亲要走大路，大路平顺；我的儿子要走小路，小路有意思。”

③含义含蓄深刻的句子。

“霎时我感到了责任的重大，就像民族领袖在严重关头时那样。”

“我和妻子都是慢慢地，稳稳地，走得很仔细，好像我背上的同她背上的加起来，就是整个世界。”

④细节、修辞。

细节描写：一个“摸”字。

修辞手法：比喻、拟人。

(3) 解读作品主题。

尊老爱幼的亲情美　温暖和谐的人性美

阳光活力的生命美　含蓄深沉的责任感

背着亲人、背着生命、背着责任，享受爱和幸福。

4. 配乐美读，体悟主旨

(略)

5. 拓展延伸

(1) 出示国际家庭日徽号，说说含义。

徽号解释：绿色的底纹上画着一个红色的屋顶，屋顶下面有两颗相互包容的心，象征着家庭的和谐、温暖、快乐、幸福和朴素的关爱。

(2) 5月15日是国际家庭日，今年的国际家庭日，你有什么计划？请用简短的语言说出你的计划及这样设计的原因。

(3) 珍惜家人每日的相聚，每日都是家庭日。

曾看到有人对“家”的英文拆解：Family＝Father and mother，I love you. 这种拆字游戏竟能拆解出这样温馨而有意味的解释。

让爱住我家，让爱住你家！

六、幸福与“无痕”

欣赏江苏省南通市如东县实验中学李凤老师执教《散步》的教学实录，心中漾满了幸福感。这样教书，仿佛引领着孩子们到文字深处漫步，并经由作品的桥梁去和作者进行心灵会晤，教师与学生都是“带着幸福上路”，载着幸福归来，乃至于观课的人也受到感染。

冷静下来，不禁掩卷反思：“幸福”的源头在哪里呢？

课文作者莫怀戚先生的父亲在1985年清明节前不幸辞世，这时候，母亲最需要子女陪伴，于是便有了那一次初春田野上一家三代人的“散步”。作家用简洁的文字描述散步的情形，给读者奉献出那种背负起“整个世界”的责任感和幸福感。阅读教学研究课的执教者李凤老师恰好也在五月初，与家中老人一同漫步于故乡的山野江滨，亲历“尽孝”的人生体验。这样，教师与所教课文便具有深层的“对话”。然后，她将这种真实的体验和对话引入阅读教学，辐射出情感的热度，感化了学生的心灵。整堂课，孩子们被教师与课文双重的真挚情怀感染着、激发着，在美好的阅读氛围里幸福地漫步，体验真善美的人生真谛和文学风采。

这个教学案例，还带给我一份惊喜，那便是执教者对“无痕”的教学境界的追求。请看李凤老师的诠释：“‘无痕语文’总是显示出自然流畅、轻松自如、水到渠成、恰到好处的特色，而作为其对立面的‘有痕语文’，总给人以机械叠加、强硬灌输、生硬生涩、被动勉强的缺憾。”我理解，所谓“无痕”与“有痕”，其分野主要在于是不是顺从教学规律。具体讲，涉及教学设计的合理、和谐等特性，概括地说便是追求教学的科学性与艺术性的统一。这堂课仅仅是一个标本，对此李凤老师作出阐释，归纳出宝贵的经验：师生的真情交流至于“无痕”，学生的率真描绘和情感内化至于“无痕”，“预设”与“生成”力求“无痕”。在具体操作层面上，注意把握好几个限度，如有范围但不束缚、有引导但不硬拉、有发挥但不替代。她说：“教师不是把预设的内容生硬地亮出来，作为对话的一员，我较多的时候作为一个倾听者，而学生所言触及预设点时，我会接过话题发表意见。”这些经验溶解在整个教学过程之中，几个教学步骤前后联结从容推进，表现出专业演练与情趣激发的适度结合，为我们提供了新鲜的教学设计思路和操作方式。

这堂课，第二个教学板块（步骤）相当精彩，集中体现了“无痕”的特色。其主题是由学生“自由品读”，提取“妙词佳句”，体会“情趣”和“意蕴”，教师随机点拨、引导，或者组织演练活动，教与学双方配合得自然和谐，洋溢着“无痕语文”的魅力。出于对操作方式的理性辨认，我暂且归纳一下李凤老师的具体操作细节。

1. 教师对学生谈出来的阅读心得加以肯定，用语简练，褒扬鲜明。

比如，学生体会到作者说“太迟，太迟了”，用了反复的修辞方法，与“总算”照应，表达“我”希望春天早些到来的迫切心情，表现出“我”很担心母亲的健康，提取出“挺”“熬”“酷”（酷冬）这三个字眼品味含义。李凤老师称赞他俩“讲得很到位”。这次师生对话发生在“自由品读”之初，李老师有意先不多说什么，只是用简短的评语鼓励大家畅所欲言。类似的短评穿插在师生对话交流过程中，如“厉害，出口成章”，“真是个细心的孩子”。她善于运用鼓励的语言激发学生积极思考，大胆发表见解，让课堂保持住潜心“品读”的教学温度。

2. 教师主动点拨、引领，相机安排美读，让语言品读不断深化、细化，追求体味与积淀的最佳效果。

这一条很突出，也很出色。有个学生注意到前一个同学所举的语句具有对称的特色（“前面也是妈妈和儿子，后面也是妈妈和儿子”），便指出这一点，并接着摘取实例，如“有的浓，有的淡”等。李凤老师随即追问：“这样的句式在表达上有什么特点?”学生回答：“形式整齐匀称，和谐流畅，强调了表达的内容。”李老师紧跟着加以指点，组织美读，让学生们更深更细地含英咀华：“对！我们一起读读看，体会句式、韵律的美，加深对内容的理解。我读前一句，你们读后一句。”

师读上一句：“我和母亲走在前面，……”

生接下一句：“……我的妻子和儿子走在后面。”

师读上一句：“母亲要走大路，大路平顺；……”

生接下一句：“……我的儿子要走小路，小路有意思。”

师读上一句：“我的母亲虽然高大，然而很瘦，自然不算重；……”

生接下一句：“……儿子虽然很胖，毕竟幼小，自然也轻。”

看，这样上课多有意思！学生和教师交替着引领课文局部语句的“品读”，逐渐走向深入，教师参与其中，随机作了示范领读，教与学相随相伴，其乐融融。

3. 在内容理解的关键处，重锤敲击。

做法主要包括：找出凝聚着要义的词语（如“整个世界”）重点探究，提出重要的问题引发思考，安排饶有趣味的演练小项加深体验，借助美读来进一步体会作者抒写的情感。请看这个教学片段（摘录）——

师：设想一下，站在不同人物的角度。比如，我们站在母亲的角度想想。

生（思考，举手模拟老奶奶的口吻）：这孩子，他小的时候我没少背他。现在，我老了，他这么孝顺，我这个儿子没有白养啊！

（众笑）

师：这位老奶奶，母慈儿孝顺，您老有福啊！

（众大笑）

师：谁能用描述性语言来说说感受？

生：贴着儿子厚厚的背，听他一步一步前行时的呼吸，甚至可以感受到儿子有力的心跳，母亲心里热热的，甜甜的。伏在儿子背上，才感觉到自己曾经年轻过的生命仍然在延续，于是生命有了从来没有过的实实在在的踏实的感觉。

师：太棒了！从亲情与生命的角度阐发感悟。（板书：亲情美、生命美）

师：我提议，我们带着责任感，带着对亲情和生命的感悟把这一句朗诵一遍。（师生齐朗诵）

4. 教师主动提出学生尚未关注到的描述细节，与他们已经关注到的相关内容进行对应、勾连，扫除阅读的盲区。

有个学生发现，课文里写的那位老母亲不是一味地迁就孙子，她“眼随小路望去”，可能看出小路真的很有意思。李凤老师赞叹道：“很有意思的发现！”并表示“愿闻其详”。该学生“出口成章”：“金色的菜花，色彩美；整齐的桑树，行列美；水波粼粼的鱼塘，活力美。”李老师启发学生联系自己的生活经验，发挥想象力，想一想南方初春的田野上、水塘里还有什么。孩子们联想到桃红、梨白、杏粉，绿油油的麦苗和小草，草丛中像眼睛眨呀眨的野花，还有“池塘生春草，园柳变鸣禽”，“半亩方塘一鉴开，天光云影共徘徊”……孩子们充分体验着早春的鲜美色彩和蓬勃活力。

李老师顺势一转，把课文里前后两处写景的文字联系起来（前一处被学生忽略了），形成比照，学生由此获得新的感悟：“新绿”“嫩芽”扣住了

"初春"特有的景物特征，暗示熬过了严冬的母亲将会获得新的活力；深深浅浅的绿，"咕咕地起着水泡"的春水，都是生命复苏的象征；借描写万象更新的景物，表达作者希望母亲重新获得生命活力的心愿。此时，教师加以收束便水到渠成了：这一切显示出不可遏制的生命活力。这是生命的气息，包含着作者祈望母亲健康长寿的一片爱心。

以上，归纳出四种方法。凭借这些方法，李凤老师把这个咀嚼语言、涵泳意蕴的教学过程调理得有声有色，点染得妙趣横生。我一边阅读实录，一边想象、还原教学实况，分享着教与学双方沉浸其中的教学情境。那一段氤氲着温暖情怀的幸福的阅读经历，真是令人神往，令人难忘。我想，所谓"无痕"，也就是在仿照"随风潜入夜，润物细无声"的春雨吧，使教与学趋于和谐境界，各项教学演练活动配合衔接得自然紧密，于是学生便产生了"仰沾时雨之化，如坐春风之中"的信任感和幸福感。实质上，这就是在追求教学的科学性与艺术性的完美统一。

由此，我受到两方面的启发。

第一个，需要反思"方法"与"无痕"的关系。基本的教学方法并不那么复杂迷乱，它们是有限的，也是比较容易掌握的。然而将这些方法组合到最佳程度，运用起来能够做到举重若轻、游刃有余、恰到好处，这又是极难的，因为所面对的情况千差万别，变化的灵活度非常大。李凤老师作为语文特级教师，她追求教学"无痕"，乃是给自己提出一种极具挑战性的教学高标，同时，也为语文教学研究提供了新鲜的思路和经验。

我受到的第二个启发，富有一定哲学意味，——教与学双方感到幸福与否，这是衡量教学质量的一把尺子，也是检测教学"生态"状况的一条标准。只有教师率先具有对于教育幸福感的追求，学生才有可能从教学过程中，真切感受到他们自己被尊重、被启发、被引领、被当做学习主人，并能投入有效的实践活动。所谓"无痕"的教学境界，应该也只能诞生在这样的饱含着幸福感的教育境界之中。这与教育的本质有关，也与教师的教育理想有关。追求"诗意地生存"，就不能不深入思考教与学双方幸福与否的问题。

（北京师范大学　刘占泉）

第二节　文本解读通透无痕

曾有人问著名特级教师于永正："您的巧妙的课堂教学设计是怎样想出来的?"于老师说："我是把80%的精力用在钻研教材上的。有时走着坐着都在想教材。凡是课文涉及的知识，我都尽量查清楚，即使上课时不一定用得着。上《圆明园的毁灭》前，我专门把《中国近代史》中关于鸦片战争的章节重温了一遍。有人课文还没读两遍就考虑教学方法，这样浅尝辄止不行。"

归根结底，"文本解读"要求处于"平等中的首席"位置的教师用一种"读者"的身姿去对文本作全方位、多层面、立体式的细究与深读。有了这一前期工作，教师在课堂上也就有了可资依凭的"拐杖"。当然，这种"读"是主动的、探究的、甚至批判的读，而"读者在阅读中带入的东西，往往比他从读物中找出的东西更多更重要"(弗西斯·格瑞莱特《培养阅读技巧》)。

一、巧用心意破疑难

苏教版七年级下册第三单元的主题为"建筑艺术"，其中选取了介绍中国古代建筑典范黄鹤楼和于园的佳作：唐代阎伯理的《黄鹤楼》和明末清初文学家张岱的《于园》，统称《短文两篇》。对其中一些句子，许多学生百思不得其解，教材和一般参考书对此不是避而不谈，就是闪烁其辞。不少老师在讲解时也难以自圆其说。笔者从文本变更、建筑特点、修辞技巧、人物关系等方面巧用心意，破译了这些难题。

(一)留意文本变更

1."亦荆吴形胜之最也"

教材中，该句是全文的结束语。这句话翻译成现代汉语不难，但对"亦"的理解，若不了解原文全貌就易误解。原文在该句后还有"何必濑乡九柱，东阳八咏，乃可赏观时物，会集灵仙者哉"。读过原文，我们知道阎伯理将黄鹤楼与濑乡的老子祠、东阳的八咏楼并举，通过烘托，突出黄鹤楼为楚地吴地山川胜迹中的最美处。

倘不看原文，只看教材注释①，就会产生作者将黄鹤楼与岳阳楼、滕王

阁并举的误会。（注释①：黄鹤楼故址在今湖北武汉市蛇山的黄鹄矶头，与滕王阁、岳阳楼并称江南三大名楼）

2. “至于园可无憾矣”

对这个句子的主语和句读，理解上均存在分歧：主语是人，还是石？句读该这样划：“至/于园/可无憾矣”，抑或应这么分：“至于/园/可无憾矣”。

只要留意一下原文，两个问题都能迎刃而解。教材结尾：“瓜洲诸园亭，俱以假山显，至于园可无憾矣。”原文则是：“瓜洲诸园亭，俱以假山显，胎于石，娠于磊石之手，男女于琢磨搜剔之主人，至于园可无憾矣。”（瓜洲众多的园林亭榭跟于园一样都是凭借假山而有名声的。这些假山在自然山石中怀胎，在堆砌山石的人手中孕育，在主人的精细构思中诞生，这样的假山石安置在园林之中就不会使人不满意了）主语显然是石，句读应该是“至于/园/可无憾矣”。

（二）着意建筑特点

1. “重檐翼馆，四闼霞敞”

该句对黄鹤楼的建筑结构作了具体描写。理解该句，应把握唐代黄鹤楼的建筑特点。“重檐翼馆，四闼霞敞”，其中的“重”指“两层飞檐”（唐代的黄鹤楼高两层，有两层屋檐）；“翼”名词作状语，“像鸟儿张开翅膀一样”；“霞”“云霞”，言门之高；“敞”，“宽广，轩豁”，言门之宽。全句译为“两层屋檐像鸟儿张开翅膀一样翘在房舍之上，四面的大门高大宽敞”比较合适。

黄鹤楼兴废建毁多达20余次。现在我们见到的黄鹤楼，建于1981年7月，1985年6月正式对外开放。它高五层，其建筑特点是各层大小屋顶交错重叠，翘角飞举，仿佛是展翅欲飞的鹤翼。难怪大家看着网上今日黄鹤楼的图片，会把“重”理解为“重重叠叠”。

2. “人走池底，仰观莲花，反在其上”

几乎所有的资料都译为“人们行走在池塘的底部，抬头仰望池塘中的莲花反而好像在天上”。池塘里长着莲花，显然有水，人如何在池塘底部行走？难道穿着潜水衣吗？

如果你着意于园的建筑特点，就恍然大悟了。于园建于明万历年间。该园设计为园中园，入园为一水面，须经湖心岛才能进入内园。湖心岛以湖石堆叠，幽阴深邃，曲折，上岸经回廊，有大厅，过一两依亭，一面为水，一面可入后园，有一四面厅，后为大型墙山，体现“瓜洲诸园亭，俱以假山显”的意境。“人走池底”其实是人行走于“湖心岛”上。

（三）注意修辞技巧

1. “事列《神仙》之传，迹存《述异》之志”

该句运用了互文修辞，直译为“这一事迹在《神仙传》《述异志》都有记载”就行。没有必要译成“有关这件事记载在《神仙传》上，有关事迹还保存在《述异志》上”。

2. “耸构巍峨，高标巃嵸”

本句对仗工整，互文见义。“构”者，“架”也，说黄鹤楼的总体架构；“标”者，“树梢”也，引申为“末端”，指“黄鹤楼楼顶”。“巍峨”“巃嵸”均指建筑物（黄鹤楼）高大、高耸。此句可以这样理解：“这座矗立的楼宇，高高耸立，气势雄伟。”

注意了句子采用的修辞手法，理解起来易如反掌。

（四）在意人物关系

“葆生叔同知瓜洲，携余往，主人处处款之。”

“葆生叔”是“葆生的叔父”，还是“我的葆生叔叔”或者“我的叔叔葆生”？

笔者查阅有关资料，证实“葆生叔”其实不是“葆生（张联芳）的叔父”，而是张岱的叔叔张联芳本人。

1. 张岱《陶庵梦忆、仲叔古董》：“葆生叔少从渭阳游，遂精赏鉴……”表明“仲叔”就是“葆生叔”。

《陶庵梦忆》（卷二）《焦山》：“仲叔守瓜洲，余借住于园，无事辄登金山寺。”这里所叙之事和《于园》背景完全一致，佐证了“仲叔”就是“葆生叔”。

《陶庵梦忆》（卷五）《范长白》也提及“葆生叔”：“步月而出，至玄墓，宿葆生叔书画舫中。”

2. 南开大学出版的《百科全书》：“……清代文学家张岱在《陶庵梦忆》中写道：‘葆生叔同知瓜洲，携余往，主人处处款之……’。其中，葆生叔乃是瓜洲当时的同知，官任扬州司马。原名张联芳，山阴人。学者推测，葆生叔是张岱对张联芳的尊称，张联芳应该就是张岱的同宗父辈之人。”

3. 浙江绍兴文理学院中文系教授佘德余《家庭·社会·个人作为——关于〈张岱家世〉的前言》："祖父和叔父辈都是极风雅人物，布置园林，搜罗珍玩，犬马声色之乐，并不拘束于他，他的仲叔葆生还和他一起斗鸡，赌博……"明确指出"葆生叔"就是张岱的仲叔张联芳。

"学，然后知不足；教，然后知困。"教师在备课过程中，遭遇疑窦是常事。但面对困惑，我们不能不作为，绕道走，混过去。盲目依赖教参，不知"葆生叔"究竟是谁就以讹传讹，势必误人子弟。深入探究，独立思考，仔细甄别，实事求是，是为师者的职责本分。守住自己的本分，你才可以弄清"葆生叔"究竟是谁，而且也不会忘记自己究竟是谁。

精诚所至，金石为开。心意到，难题解。只要我们有心探求，巧用心意，就会抵达"红雨随心翻作浪，青山着意化为桥"的美妙境地。

二、从"手"入手，解读孔乙己

手，是人体中最敏感最丰富的表情器官之一。在具体表现人物的年龄职业、生活境遇、思想性格等方面，手往往比脸色和眼睛更直接更真实更坦白。

孔乙己是鲁迅小说中的悲剧人物。鲁迅是写人的高手，画"手"的圣手。他抓住孔乙己的"手"，以小见大，勾骨画魂，创造了富有个性生命的文学形象。因此，在解读孔乙己时，我引导学生从"手"入手。

学生首先独自细细品读文中描写手的文字，给出简要的评点。在研读、思考的基础上，全班交流分享。

王颖说，从外形上看，长指甲和又脏又破的长衫一样显示着孔乙己读书人的身份，透着四体不勤、好逸恶劳的斯文迂腐气息。

男生王路从动作切入："孔乙己显出极高兴的样子，将两个指头的长指甲敲着柜台，点头说"，"用指甲蘸了酒，想在柜上写字"，"敲""蘸"写出了孔乙己兴奋、热切的心情，折射出他对由读书走上仕途经济的虚幻的理想人生的向往和迷恋，而孔乙己逐渐张狂起来的情绪，终在小伙计"愈不耐烦了，努着嘴走远""毫不热心"的冷淡中跌落。孔乙己不能和大人们谈天，大人们打他的脸，揭他的短；孩子们也不需要他，"讨饭一样的人，也配考我罢"，"伸开五指将碟子罩住"的慌张和迂腐，同样透着这份凄凉。"孩子吃完豆，仍然不散，眼睛都望着碟子"，邻居孩子感兴趣的是孔乙己碟子里的豆，而不是他本身。他在别人心目中丝毫没有地位，是个善良的孤独者。世人对不幸者的凉薄可见一斑。

“鲁迅对孔乙己手的动态描写很深刻。”缪淼道，“鲁迅从孔乙己的行动中，从他和人们的关系中，选择了几个典型的时机，通过特定的场合，凸现了孔乙己手的某些特征，给我很强烈的震撼。孔乙己本有一双巧手，写得一手好字，替人家抄书过活。但不争气的他竟然长出第三只手，偶然做些偷窃的事。难得手头宽裕一点时，‘排出’九文大钱的招式，连同他读书人的优越感一并铺排开来，尽管这套招式难掩其内心空虚，也没有转移得了酒客的注意力，钱未排定，酒未入口，孔乙己担心的事还是发生了。酒客就是要置孔乙己于痛苦和难堪的境地，达到寻欢之目的。在践踏尊严的环境中，孔乙己只有用‘排’来自我炫耀、自我慰藉，借酒来麻醉自己，解脱痛苦，其自欺欺人的性格自然表露。”

“三位的发言很有见地，大家继续。”我鼓励着。

徐晓京提出，从“排”到“摸”，付酒钱时手的动态变化，力透纸背，写尽人生苦况，体现了断腿后的孔乙己的悲惨境遇，记载了他独特的悲剧人生。

“见他满手是泥，原来他便是用这手走来的。不一会，他喝完酒，便又在旁人的说笑声中，坐着用这手慢慢走去了”，写了“伏辩”，还是被打折了腿后的孔乙己，其实已经蜕变成四足爬行的动物，手的功能的异化，表明孔乙己从人到非人的异化，令人瞠目结舌。可孔乙己毕竟是人啊，鲁迅不忍以“爬”代“走”，他心中的忧愤和不平何其深广。可嗜酒成癖、至死不悟的孔乙己，即使到了穷途末路，仍要爬来“摸”钱喝酒，更为撼人心魄，读书人的斯文彻底扫地，封建科举制度殉葬品的形象定格在现代文学的长廊里。周艳泓慷慨陈词。

“孔乙己走了，在颓唐‘摸’出最后四文大钱喝光老酒之后，坐着用这留着长指甲、写得好字、潇洒排’过九文大钱、兴奋‘敲’过柜台、张皇‘罩’过碟子、写过‘伏辩’的手慢慢地走了。”我边说边板书，“但寥寥数笔，人物神情毕肖，本性无遗，孔乙己的精神特质，成为一个时代的典型，但同时又是一定的单个人。鲁迅对人物观察得细微精妙，描摹得精彩传神，值得我们好好学习。”

精准而真实的描写，首先取决于作者对生活、对人物的敏锐的观察。我引领学生回顾曾经读过的鲁迅作品，师生一同回味："将大拇指一翘，得意地说道"，呈现的是六一公公质朴、爽朗的本色。"两手搭在髀间"，是杨二嫂的"圆规"造型。《故乡》中的闰土"手里提着一个纸包和一支长烟管，那手也不是我所记得的红润圆实的手，却又粗又笨而且开裂，像是松树皮了"，手的变化，不仅仅是年龄带来的，这里分明留着生活劳顿、精神摧残的痕迹。

还有《药》"两手按了胸口，不住地咳嗽"，是痨病鬼华小栓特有的病态。对鲁迅小有研究的张凯悦将课堂延展开去。

施悠悠忽有所悟地说，鲁迅在写人时，总是联系其遭遇，把外形的变化和揭示人物精神面貌的变化结合起来。

彭亮一拍脑门："现代作家姜孟之细致描摹林业工人张迎善简直是半截老松木的一双'奇'手，颂扬的是林业工人不畏艰辛、无私奉献的品质。"

酷爱电影的徐可举《黄土地》为例："在翠巧的洞房里，我们没有看到翠巧年长的丈夫的样子，只看到了他的一只手。那是一只黑黑的、布满深纹、粗糙的老人手，它与翠巧年轻的生命产生强烈的落差。陈凯歌似乎在告诉观众，只需要用一只'手'，足以叙说翠巧逃离与反抗的直接理由，不需要面容或者身影。"

……

这节课，学生心中沉睡的体验被激活。他们说，初读作品时感到可笑，但从"手"入手，细细品味，慢慢思索，互动交流，分享思想，大有收益，心中格外沉重。

说不完的鲁迅，道不尽的孔乙己。以"手"为抓手，无疑找到了打开人物内心世界的一把钥匙。学生用这把钥匙去解读孔乙己，进而解读鲁迅作品中的其他人物，解读他人的作品，解读其他艺术形式。举一反三，触类旁通，这不正是有效语文教学所追求的境界吗？

三、暗香浮动月黄昏——初中语文课本中古典诗词黄昏意象简析

朱光潜先生说过："情绪的性质一部分由人的素质决定，另一部分由产生这种情绪的环境决定。"晚霞吻着夕阳的黄昏，光明与黑暗的临界点，白昼与黑夜的交接站。千百年来，人们感念黄昏，描述黄昏，在黄昏时的各种景物上融合了自己对自然、社会、人生的观照和领悟。"暗香浮动月黄昏"，

黄昏在中国古典诗词中频频亮相。黄昏，积淀着中华民族的文化心理，凝聚着万般情感与生命意识的原形意象。初中语文课本中选入了这类古典诗词20多首，展示了中国古典诗歌中黄昏意象特有的审美内涵。

（一）沧桑情感

刘勰的《文心雕龙·明诗》中说："人禀七情，应物斯感。感物吟志，莫非自然。"诗人在景、物、事的触动之下，感情迸发，灵感骤至。最是日暮黄昏，夕阳西下，残阳晚照下的小桥流水、落花衰草、残垣断壁、归雁鸣蝉的凄清孤冷，易使人生发出内心深处的万种情思。诗人或喜或悲的内心情感是由多个黄昏意象组合展现出来的：

"雨昏青草湖边过，花落黄陵庙里啼。"郑谷的《鹧鸪》让人仿佛置身湖边古庙，聆听鹧鸪哀怨凄恻的声声鸣叫，形成凄迷意境，感伤氛围。

"夕阳"作为一种历史见证，并不随时光的流逝、历史的变迁而变更。刘禹锡的《乌衣巷》抒发的正是他对人世沧桑的这种感悟："朱雀桥边野草花，乌衣巷口夕阳斜。旧时王谢堂前燕，飞入寻常百姓家。"

宋代词人辛弃疾在《永遇乐·京口北固亭怀古》一词中，从一抹夕阳的余晖中去感叹历史的流逝、世事的变迁，体悟人世的沧桑："斜阳草树，寻常巷陌，人道寄奴曾住……"

陆游的《咏梅》："驿外断桥边，寂寞开无主。已是黄昏独自愁，更著风和雨。"感叹了在恶劣环境中孤苦无依的痛楚。范仲淹的《渔家傲》中"长烟落日孤城闭"的"落日"表现了深沉的孤独感。李贺《雁门太守行》"角声满天秋色里，塞上胭脂凝夜紫"先以虚写实，再用山间紫气作烘托，燕脂山所生之草在暮云掩映下呈现的色调，给人以庄严、惨烈之感。龚自珍的《己亥杂诗》"浩荡离愁白日斜，吟鞭东指即天涯"。作者离开北京，马鞭向东一挥，感觉就是人在天涯一般。以晚景衬离愁，用夸张手法，写辞官离京时十分郁闷的伤怀之意。

诗人李商隐对无力挽留美好事物发出深长的慨叹"夕阳无限好，只是近黄昏"。这两句近于格言式的慨叹含义深微，它是对夕阳下的自然景象，也是对自己、对时代所发出的感叹。

面对春光的流逝，面对夕阳世界，诗人有感自身怀才不遇、空度光阴的痛苦。"一曲新词酒一杯，……夕阳西下几时回？无可奈何花落去，似曾相识燕归来。小园香径独徘徊。"晏殊的《浣溪沙》充满着对实现人生价值的渴望。在人生的追求历程中，黄昏夕阳代表的时间意识与诗人的生命意识始终交织在一起。夕阳的陨落让多愁善感的诗人联想到个体生命的非永恒。

这种感于黄昏日暮美景不长、人生短暂的忧患意识长久地滞留在诗人的心中，成为中国古代诗人生命悲剧意识的一个重要体现。而这种忧患意识就集中体现为对夕阳这一黄昏意象深沉悲凉的感悟。

（二）乡国情思

薄暮黄昏，情与景交融的千年契机，“处处弥漫着一种忧郁而美丽的黄昏气氛”（余树森的《黄昏里的倾诉》）。黄昏情结中真挚浓厚的人伦意味，从《诗经·王风·君子于役》起源，在中国古典诗歌中反复出现，成为一种普遍的象征，在不同历史时期、不同的人生际遇和诗歌意境的浑成中，激荡出不同的波动。

《诗经·王风·君子于役》是中国诗史上出现得最早的日暮怀人之作：“……曷至哉？鸡栖于埘，日之夕矣，羊牛下来。君子于役，如之何勿思！……”生动地描绘出一幅焦虑的思妇在黄昏时分期盼亲人归家的生活图景。

“日暮乡关何处是？烟波江上使人愁。”崔颢的乡愁之情与“日暮”“烟波”之景相交融，表达了诗人萦回无尽的忧思之情。“浮云游子意，落日故人情。”李白对景怀人，意致缠绵，语近情遥，有弦外之音。

《天净沙·秋思》，马致远的这首小令是黄昏意象堆积的特例，全诗只有28个字，却写出了多种意象：枯藤、老树、昏鸦、小桥、流水、人家、古道、西风、瘦马、夕阳、断肠人、天涯。这一系列带有悲冷色彩的黄昏意象把孤寂凄苦的羁旅愁思渲染得幽眇无边，扣人心弦，引人遐想，具有无尽的感人魅力。

行人忧愁不断，旧愁未去，新愁已生，一丝连绵不绝的乡愁！孟浩然的“移舟泊烟渚，日暮客愁新”，辛弃疾的“江晚正愁余，山深闻鹧鸪”，为词人沉郁苦闷之孤怀写照，暗合上阕开头的郁孤台意象。

最能表达将士思乡情感的黄昏意象就是那些带有荒冷色彩的景物，如秋来、雁去、边声、长烟、落日、孤城……范仲淹的名篇《渔家傲·塞下秋来风景异》形象地描绘了一幅边塞凄凉的秋日黄昏图，表现了边防将士戍守之苦，将思乡、忧国的深情，写得既雄浑又悲壮：“千嶂里，长烟落日孤城闭。”戍守边防的将士终日面对的环境就是茫茫大地，而夕阳的沉没常使大地呈现出一种悲凉凄迷之感，这时候一些鸟鸣声响都很容易引起他们的无限联想，而各种情感的生发终将归结为“思乡”，长叹“日暮乡关何处是”。

“……过尽千帆皆不是，斜晖脉脉水悠悠。肠断白苹洲。”温庭筠的《忆江南》，从清晨写到黄昏，从楼头、千帆，写到斜晖、江水，又写到白苹洲，从希望到失望以至最后的“肠断”，景物层出，情感起伏。白描、直叙的手法，把思君之情表达得含蓄、细腻。

李清照是黄昏情结的代言人：“云中谁寄锦书来？雁字回时，月满西楼”，质朴动人；“东篱把酒黄昏后，有暗香盈袖。莫道不消魂，帘卷西风，人比黄花瘦”，状离愁难出其右；“梧桐更兼细雨，到黄昏，点点滴滴，这次地，怎一个愁字了得”，黄昏听雨堪称一绝。

“寒蝉凄切，对长亭晚，骤雨初歇……念去去千里烟波，暮霭沉沉楚天阔。多情自古伤离别，更那堪冷落清秋节！……”寒蝉凄切，骤雨初歇，烟波千里，暮霭楚天——是诗人别后茫然若失心境的物化再现。主人公暗淡的心情给天空水色染上了灰色，该句写出了自己的真实感情，为离别词的千古绝唱。

（三）隐逸情怀

志在治国、平天下的才子们在政治上失意后，对日暮飞禽走兽的如期归巢产生了一种亲切感，黄昏归鸟契合了他们的心灵。通过描写黄昏时万物归来的景象来书写自己的归隐理想，借助自己钟爱的自然物的自然属性来比喻自身的高尚品格，书写自己的远大志向的诗作诞生了。

晋代大诗人陶渊明正是厌倦了官场的生活，从而归隐山林，寻觅隐逸生活的安适恬静。其《饮酒》其五就深刻地反映了他的这种情怀：“结庐在人境，而无车马喧。问君何能尔，心远地自偏。采菊东篱下，悠然见南山。山气日夕佳，飞鸟相与还。……”诗人在东篱下满手把菊，自得其乐之际，偶一抬头，“山气日夕佳”，把充溢于诗人心中的宁静恬淡推向极致，诗人的主观感受与无意中见到的客观景物和谐地结合起来，自身也成了夕阳中景色的一部分，闲适心境与夕阳中的自然美景融为一体。脱离尘世的芜杂，自得一份超然，冥邈神逸，方外的悠闲生活。这里的夕阳不再是没落的象征，而被作者赋予了新的意蕴，人与自然达到了神形相契、物我两忘的最高境界，言近旨远，潇洒飘逸，“夕阳”就成为作者情感的一种寄托，“夕阳无限好”被深刻、完好地体现。

“斜阳照墟落，穷巷牛羊归。野老念牧童，倚仗候荆扉。雉雊麦苗秀，蚕眠桑叶稀。田夫荷锄归，相见语依依。即此羡闲逸，怅然吟《式微》。”王维眼中的一切事物都适时而归，大自然的一切显得恬然自得，使诗人的羡慕之情油然而生，有感而发地吟咏《诗经》中的《式微》，这正是全诗的灵魂所在。

诗人眼中的山野都充满了“归”意：牧人、小牛、猎马、家禽……所有日暮归返的事物都是为了反衬诗人“相顾无相识，长歌怀采薇”式的归隐情怀。在这一点上，它们就构成了表达诗人归隐情感的黄昏意象群。

（四）愉悦情愫

“一道残阳铺水中，半江瑟瑟半江红。”白居易在《暮江吟》中用拟人手法精心为大自然敷彩着色、描容绘形，令人叹绝。他抓住江面上呈现出的两种颜色，表现出残阳照射下，暮江细波粼粼、光色瞬息变化的景象。诗歌格调清新和谐，从侧面反映出诗人离开朝廷后的轻松愉快的心情。

王维在《使至塞上》用“大漠孤烟直，长河落日圆”巧妙地勾勒出一个开阔鲜明、充满光辉的雄浑美景。诗人只用简简单单的几个字，却着重刻画了黄昏时的夕阳美景，表达出高昂的生活情趣、旺盛的生命力和舒心愉悦的心境。

“落霞与孤鹜齐飞，秋水共长天一色”，出自王勃的《滕王阁序》。诗句对偶工稳贴切，意境开阔高远，情致深婉飘逸，俨然一幅和美的秋暮水墨画。

秋阳晚照，枫叶流丹，层林尽染，灿若朝霞，艳如去锦，岂不比二月春花还要美丽！这就是杜牧的“停车坐爱枫林晚，霜叶红于二月花”给我们描绘的诱人图画。透过这片红色，人们看到了秋天那胜于春光的魅力，能不叫人心旷神怡，流连忘返？

这几位诗人表现落日晚景的侧重点有所不同，但是他们都着重刻画了黄昏时的夕阳美景，表达出欢愉的心境。而他们对黄昏的由衷赞叹又是通过描写各种自然意象表现出来的：江水、云霞、孤烟、落日……这一系列黄昏意象正是诗人表现内心愉悦情感的寄托。

“山下兰芽短浸溪，松间沙路净无泥，萧萧暮雨子规啼。谁道人生无再少？门前流水尚能西，休将白发唱黄鸡。”这是苏轼于1082年4月“游蕲水清泉寺”时的即兴之作，作品语言清新自然，明白如话，由眼前景物，感悟人生的哲理，以小见大，佳意天成，表达了作者旷达乐观、奋发向上的生活态度，成为千古名篇。

从夕阳的轮回中来感悟更深层次的人生意趣，王之涣别开生面。他在《登鹳雀楼》中写道："白日依山尽，黄河入海流。欲穷千里目，更上一层楼。"诗人抓住一个富有特色而又具有深厚美学力量的典型意象"白日依山"，以"白日"为起点来贯穿全诗，把日、海、山、河有机和谐地统一起来，构成一幅并吞万象的宏伟图画。气势非凡，内涵深远，一扫夕阳"黄昏"之笔，而采用"白日"（这里是指夕阳），赋予"夕阳"另一层意蕴：日落就会有日出，日月轮回是大自然的规律。这就使这里的"夕阳"焕发出一种永恒的生命力和巨大的自然力量，蕴涵着丰富的人生哲理，让人从自然的轮回中去探索自然之美，体悟人生的真谛，穷尽宇宙的奥秘。

野草、斜阳、秋风、清水、残宅、霜寒、归鸟、笛声、悲鸣……初中课本中的黄昏意象拥有它与生俱来的独特意象群，它们无一不浸染着诗人的某种特定情感。但是这些意象个体又不是各自孤立地存在的，而是根据诗人传情达意的需要形成的，它们在一定程度上丰富和深化了黄昏原型的审美内涵，显示出中国古典诗歌黄昏意象独特的艺术情趣和无穷魅力。

四、"金指"一点成经典

都德曾自称是一副"感觉的机器"，他具有"点金之术"，极善于用敏锐的感觉处理素材。很普通的、无生命的事物，经他用人物的感觉这个"金指"一点，立马就变成活生生的、吸引人眼球的经典。《最后一课》就是他点石成金的典范。都德从小顽童小弗朗士的视角，用他的内心感受来反映整个民族的沉痛感受，从一所学校的小课堂来瞥见民族的大动静，表现深刻重大的主题。这种写法具有强烈的对比效果，深深地震撼人心。

1. 小视角，大主题。小说的主题十分严肃，对这一主题的表现却选用了一个巧妙的视角。小说原来还有一个副标题："阿尔萨斯省的一个小孩子的自述"。作者选择一个顽皮淘气的男孩作为主人公，通过他带着些无知而稚气的口吻，以他心理的变化，间接地写阿尔萨斯人民由衷的悲痛和对侵略者无声的抗议，表现出他们对祖国的深情。"啊，那些坏家伙，他们贴在镇公所布告牌上的，原来就是这么一回事"，从他用"坏家伙"这个字眼里看得出他已经意识到普鲁士侵略者的侵略行径。"心里万分难过"，有他对敌人的恨，更多的是他对失去学习祖国语言机会的痛苦心情。"我几乎还不会作文

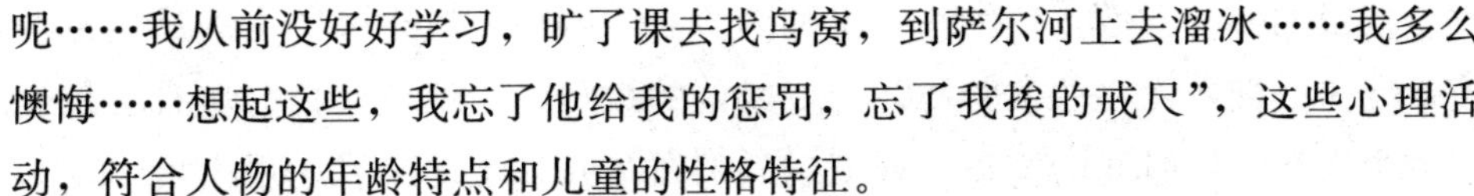

呢……我从前没好好学习，旷了课去找鸟窝，到萨尔河上去溜冰……我多么懊悔……想起这些，我忘了他给我的惩罚，忘了我挨的戒尺”，这些心理活动，符合人物的年龄特点和儿童的性格特征。

2. 小细节，大震撼。“我们的老师今天穿上了他那件挺漂亮的绿色礼服，打着皱边的领结，戴着那顶绣边的小黑丝帽。这套衣帽，他只在督学来视察或者发奖的日子才穿戴。”这一服饰细节，对刻画课堂不平常的、庄严的气氛及韩麦尔的内心活动起了重要的作用。描写屋顶上鸽子咕咕低叫这一细节，“他们该不会强迫这些鸽子也用德国话唱歌吧”，旋即文笔骤收，戛然而止，但小弗朗士童稚的心理细节敏锐而幽默地透出丰富的信息：对普鲁士的仇恨与蔑视，对自由的神往，对祖国语言的热爱。郝叟老头的“初级读本”，那副横放在书上面的大眼镜，“挂在我们课桌的铁杆上，就好像许多面小国旗”的字帖，教室里飞进的几个金龟子，黑板上书写的“法兰西万岁”几个大字，前后两次出现的普鲁士军队的操练和军号声，这些细节看似信手拈来，实则匠心独运，它们起着烘托环境气氛、刻画人物性格和揭示主题思想的作用。每一细节都蕴涵深意与震慑力。

3. 小课堂，大动静。乡村小学校的日常生活，上课，下课，贪玩小学生的逃学，真是司空见惯，然而，小说从平凡生活中所提炼出来的这一堂课，却是极不平凡的题材：此时此刻，大家对“最后一课”的依依不舍，使祖国语言仿佛成了祖国尊严的化身，人们沉痛庄严地向祖国语言告别。窥一斑见全豹，阿尔萨斯人民亡国之恨，被淋漓尽致地描写了出来。这些都是法国战败后的惨状，它仿佛是阿尔萨斯人同祖国分离的缩影、一个侧面。就在这样平凡的题材中，表现出深刻的社会内容，最自然真实地流露出了法国人民深挚的爱国主义感情。作品没有展示波澜壮阔、惊天动地的事件，没有包含气象万千的社会内容和错综复杂的人物关系，只是选择了足以表现社会本质的日常生活场景，尺幅千里，小中见大。

4. 小人物，大蜕变。可怜的老师，淘气的孩子以及其他镇上的人，都是平凡甚至渺小的人物。都德设计了一个超常规的情境，即亡国不能让小弗朗士的心理结构发生变化：看到普鲁士军队在家乡的土地上操练，他没有表现出任何反感，还觉得“比分词的用法有趣多了”。再推进一步，孩子不能说自己的母语了，加上最后一课老师、同学、镇上的人共同营造的一种特殊的氛围，促使小弗朗士的心理发生变化。韩麦尔先生从严厉粗暴变为通情达理，权威的命令式教育变为平等温和的谈心式教育，对小弗朗士的迟到也由指责变为关怀，而且还带着不能再等候他的歉意，让他自己去领悟自己是学习的主人和学习时间的宝贵。韩麦尔先生在小弗朗士的心目中也由可怕变为可敬可爱甚至“可怜”起来……作者把崇高的主题让渺小的人物来表现。连一个爱逃学的顽童都如此地留恋祖国的语言，憎恶普鲁士侵略者，那么，热爱祖国、不愿做奴隶的成年人的感情就不言而喻了。作者采取这样精巧的艺术构思，比直陈对普鲁士侵略者的愤怒和谴责更具感染力。这特殊的一节课，小人物们的情感发生了巨大变化，这个变化过程演绎得相当细致，情感之路来去有源，可信度高。追求情节推进的可信度、氛围的饱和度，这也是《最后一课》能成为短篇经典的一个重要原因。

五、不三不四的癞蛤蟆——《范进中举》之范进形象赏析

俗话说，一个女婿半个儿，知子莫如父，胡屠户对做了他十几年女婿的范进了解甚透，他用“不三不四”“癞蛤蟆想吃天鹅肉”为其“烂忠厚没用的”女婿范进勾骨画魂，可谓刻画精准。

“不三不四”一词起源于中国古代的易经，易经的第三爻与第四爻处在6爻的中间位置，在易经中象征正道和大道。古人认为天为一，地为二，天地相加就成三。“三”不仅作为一个数的概念，还作为事物整体的象征。“四”在古代多含有周全、称心、取事事（四四）如意之意。在我国传统文化中，“三”和“四”寄托了人们对美好事物的追求和礼赞，“不三不四”说明一个人或一件事物不是在正道或大道上，有不务正业之意。那些不像样子，不正派的人和行为便被斥为“不三不四”。

“不三不四，就想天鹅屁吃!”这是作者借胡屠户的口给范进画的像。范进的确是个“不三不四”的角色。他既是个秀才，又不是靠真本事得来的；既是个知书识礼的读书人，却连自己的母亲和老婆都养不起；想当官，考了几十年都考不取，后来考中了，又精神失常，众人高呼“老爷”时，他还在街上抱着一只老母鸡叫卖等。作者通过这些情节，把一个封建知识分子的畸形状态活生生地展现出来了。

癞蛤蟆，学名蟾蜍，又名大疥毒。它容颜丑陋，行动笨拙蹒跚，不时地在田埂道边钻来爬去。由于后肢较短，只能做短距离的跳动。这与“尖嘴猴腮”、年过半百还不能养家糊口的范进何其相似：范进乡试回来“家里已是

饿了两三天”，“抱着鸡，手里插个草标，一步一踱的，东张西望，在那里寻人买”。“老人家每日小菜饭……我女孩儿也吃些。自从进了你家门，这十几年，不知猪油可曾吃过两三回哩！”

癞蛤蟆是被人们看不起的低能儿，如被人们用脚碰一下，它会立即装死躺着一动不动。穷书生范进亦然：他在中秀才后，被胡屠户盛气凌人地骂着“现世宝”“穷鬼”“烂忠厚没用的”，他竟然低三下四“唯唯连声”，说“岳父见教的是”，“被胡屠户一口啐在脸上，骂了一个狗血喷头”，“摸门不着”。范进被胡屠户辱骂那是癞蛤蟆看见妖怪——见怪不怪，其迂腐无能、怯懦麻木可见一斑。

“癞蛤蟆想吃天鹅肉”，这虽然是胡屠户用来骂范进的一句俗话，但确实道出了范进的思想本质。这只卑微自贱的癞蛤蟆没有自知之明，醉心功名利禄，就是要吃科举这块“天鹅肉”，把全部精力放在考科举上，从二十岁到五十四岁，历时三十四年，考了二十多次，可谓癞蛤蟆吃秤砣——铁了心。因为一心考功名，他年届不惑才娶了杀猪的胡屠户“在家里长到三十多岁”的剩女。对于这位胡屠户认为“我自己觉得女儿像有些福气的，毕竟要嫁与个老爷”的范进夫人，小说第四回有段描写：“一双红镶边的眼睛，一窝子黄头发，那时在这里住，鞋也没有一双，夏天靸着个蒲窝子，歪腿烂脚的……”，这又从一个侧面讲述了范进的潦倒不堪。

这位老童生，为了功名，癞蛤蟆吞鱼钩——自作自受，无怨无悔。“不要失了你的时了！你自己只觉得中了一个相公，就‘癞蛤蟆想吃起天鹅肉’来！我听见人说，就是中相公时，也不是你的文章，还是宗师看见你老，不过意，舍与你的。”胡屠户曝光了范进中举的内幕：老态龙钟的范进，一步入考场就引起了经历类似的周进的高度注意。周进反复看范进的答卷，头两遍使他大失所望，看第三遍时，聚精会神，细细品味，一篇狗屁不通的臭八股，居然成了“天地间之至文！真乃一字一珠”！于是“忙取笔细细圈点，卷面上加了三圈，即填了第一名”。所以，胡屠户认为范进“不三不四，就想天鹅屁吃”，所言不虚，劝他“趁早收了这心”情有可原。

痴心难收的范进考中秀才这一年也是乡试年，要考举人，问胡屠户借盘缠。可是不但钱没借到，反倒癞蛤蟆爬香炉——碰一鼻子灰。对于功名的痴狂，使范进忍气吞声，想起宗师的肯定，他瞒着丈人去城里参加考试。

然而这一去癞蛤蟆坐飞机——一步登天。“噫！好了！我中了！”这一发自内心的呼喊，道出了范进一生梦寐以求的全部内容。因为中了举人就意味着爬上去了，随之而来的就是享不尽的荣华富贵。

范进中了秀才后，只有老丈人胡屠户一人“拿着一副大肠和一瓶酒”来贺，贺礼之一的猪大肠（在猪下水系列里忝居末位）是杀猪匠胡屠户的“屠资”，不需花银子，那瓶酒的档次可以想见。“朝为田舍郎，暮登天子堂”。在“百无一用是书生”的时代，中举带来的天壤之别着实令人羡慕和神往。“自那以后，果然有许多人来奉承他：有送田产的；有送店房的；还有那些破落户，两口子来投身为仆，图荫庇的。到两三个月，范进家奴仆、丫环都有了。钱、米是不消说了。张乡绅家又来催着搬家。搬到新房子里，唱戏、摆酒、请客，一连三日。”

但是范进毕竟不是“天鹅”，而仍然是只“癞蛤蟆”。中了举人后，疯癫时丑态百出：披头散发，一身臭水，两手污泥，鞋都跑掉了一只，兀自拍着掌，也像只“癞蛤蟆”。“癞蛤蟆”确实吃到了“天鹅肉”：民脂民膏。这就是为功名利禄而神魂颠倒的、封建科举制度选拔出来的官僚文人的典型形象：不三不四的癞蛤蟆！

六、曲致微妙，心与物化

《小石潭记》是柳宗元《永州八记》中最负盛名的一篇。作品不到200字，作者按游览顺序，移步换景，神与物游，用曲致微妙的手法，对潭水、岩石、藤蔓、竹树、游鱼等进行了生动刻画，将自己抑郁失意的隐痛巧妙地寄寓于悄怆幽邃的自然景物中，使情与景达到高度的和谐统一，集中表现了柳宗元既忘情于山水又抑郁苦闷的矛盾心情。

（一）三层铺垫，强化期待

《小石潭记》的中心是石潭，如果直接就写潭水之美，就太简单，没有心理发现体验的过程了。因而，作者并不从看见潭水之美开始，而是先听到水声之美：“如鸣环佩”。环佩是玉质的，玉环碰击的声音是美好的。环形玉佩是妇女的饰物，环佩之声在古典诗歌和散文之中都和高贵的身份及美好的品格联系在一起。这就不仅是声音的美，而且有品格之美的联想。其次，这样美好的声音，还不是直接听到的，是隔着篁竹（密密的竹林）所闻。篁竹，也是与经典的诗意相联系的，《楚辞·山鬼》：“余处幽篁兮终不见天。”

泉水之声是美的，隔着竹林听这声音，就有一种逐步发现的心理体验的过程，美好的感觉就有了延续性。这两层都是铺垫，还没有见到潭水，就被感染了："心乐之。"很欣赏。但篁竹虽美，却成了欣赏潭水的障碍，没有路。接下来是"伐竹取道"。这说明，听觉之美的程度不同凡响，非看不可。这是第三层铺垫。三层铺垫，把读者的期待强化了，接下去开门见山："下见小潭，水尤清洌。"

（二）空间布景，妙趣横生

"潭中鱼可百许头，皆若空游无所依"，其准确的错觉描写，一直为古今文论家所咏叹。它的高妙所在，即是"以虚代实"。如果实写有所依，欣赏者原有那种美感趣味便马上消解。"以虚代实"是中国绘画、中国戏曲等艺术门类所讲究的一种艺术技巧。它强调一种由形而神的虚实关系，可与老庄哲学中的"有""无"观念相通。所谓"有生于无""有无相生""大音希声，大象无形"。其中"无"，非无有，而是一种"虚"，一种隐匿中的深广境界。"皆若空游无所依"，只写鱼，把水化为虚无，齐白石在《游鱼欢水》中只画鱼不画水与此有异曲同工之妙。这"妙"处就是，作品与欣赏者构成的文艺活动的"整一"过程中，不是呆滞和阻隔的，而能构成应有的张力效应。

"皆若空游无所依"及以下"日光下澈，影布石上，佁然不动；俶尔远逝，往来翕忽，似与游者相乐"等名句从整体上看，又可视之为卓越的电影描绘。"佁然不动"的潭中鱼要靠潭底的衬托，才能感觉出它在空间的"无所依"，这种电影配景的技巧，表明作家对画面十分敏感，因而给予了读者视觉上的空间感、立体感和雕塑感。由"佁然不动"到"俶尔远逝，往来翕忽"的描写，则是由静化动的电影配景。这种景物的流动性和连续性，像电影镜头的连续，创造出精彩美妙的效果。

七、《纪念白求恩》课堂实录

（一）前置性学习要求

1. 通读全文，用不同的符号标注出文本中记叙和议论的文字。
2. 借助工具书和注释，理解字词。
3. 网络阅读，了解白求恩其人其事。

（二）课堂教学内容和步骤

师：同学们，在刚刚结束的2010年温哥华冬奥会上，中国女子冰壶队夺得了一枚宝贵的铜牌。你们知道中国女子冰壶队的教练是谁吗？

生：加拿大人丹尼尔·拉斐尔。

师：对，丹尼尔在冰壶队里有一个外号，听说过吗？

（生摇头）

（师板书：白求恩）

师：和保尔一样，"白求恩"已经成为一种精神，一种象征。1942年，毛泽东主席发表了他为白求恩写作的悼词《纪念白求恩》，今天，我们一起来学习。请同学们在前置性学习的基础上朗读课文。先读第一节，请一位同学读叙述文字，其他同学读议论部分。

师：跳过第二节，读第三节。男生读记叙，女生读议论。

师：我读第四节叙述文字，你们读议论的。

师：大家看看，记叙和议论的关系怎样？

生：记叙是议论的前提、基础，议论是记叙的深化。

生：议论在记叙的基础上阐明精神。

师：本文是一篇议论文，因而在写法上：叙议结合，夹叙夹议（板书）。请同学们再研究一下，议论文中的叙述和记叙文里的叙述比较起来有什么不一样。

生议论，并回答：议论文中叙述是简洁的概述，不像记叙文中那样细致、形象、生动，注重描摹。

师：说得好。接下来请大家再次浏览课文，分别用一句话概括每节的内容。同时注意文章采用的论证方法。首先自己概括，然后小组交流。

（生概括、交流）

生：第一节，概括白求恩来华经历，赞扬白求恩的国际主义精神，共产主义精神。

生：第二节，对比论证，赞扬白求恩毫不利己专门利人的精神。

生：第三节，赞扬白求恩对技术精益求精的精神。

生：第四节，回顾"我"和白求恩的交往，赞扬他毫无自私自利之心的精神。

师板书四种精神，提问：四种精神中有一种精神是白求恩精神的出发点和核心，你们以为是哪种精神呢？

生：共产主义精神。

师：请说说理由。

生：有了共产主义精神，才会有国际主义精神，才会对技术精益求精，才不会自私自利。

生：我觉得应该是毫无自私自利之心的精神。因为一个人只有不自私自利，才会敬业，才能不远万里来到中国，成为一个国际主义战士，具有共产主义精神。

师：说得好，毫无自私自利精神是白求恩精神的精髓，也是文章的中心论点，其他三点则是文章的分论点。

师；毛泽东主席用怎样的方法来论证其观点的呢？

生：正反对比论证。

生：摆事实，讲道理。

师：请大家精读第二小节，结合文章，具体说说这些论证方法的作用。读第二节的时候，请注意遣词造句与叙述角度的变化。先自读，再小组交流。

（板书：论证方法　摆事实、讲道理　对比论证　字词句　角度）

（生阅读圈点，写批注）

师：开始交流。

生：我觉得两个“极端”用得好，表现了毛泽东对白求恩的高度评价，把“毫不利己专门利人”具体化，读的时候要用重音来强调。

师：请你范读一下。

生：白求恩同志毫不利己专门利人的精神，表现在他对工作极端的负责任，对同志对人民极端的热忱……

师：读得真好！

生：还有“一点”“生怕”，突出了这些人自私自利的程度。

生：这里运用了一些成语：拈轻怕重，漠不关心，麻木不仁。这几个成语都带有明显的贬义，凝练而富于表现力。

生：这里的“推”和“挑”很有意思，“挑”既可以理解为挑选也可解释为担承，动作上的对比，将这种人对待工作不负责任的嘴脸活画了出来。

生：我觉得“没有一个不佩服，没有一个不为他的精神所感动”用了双重否定的句式，加强了肯定意味，突出了白求恩精神感人至深。

生：将白求恩对同志、对人民的态度和做法与不少人对比，突出白求恩精神的高尚，不少人的问题很严重，对比鲜明。

师：读一读，比一比。我读白求恩的，你们读不少人的。

师：白求恩同志毫不利己专门利人的精神，表现在他对工作极端的负责任……

生：不少的人对工作不负责任，拈轻怕重，把重担子推给人家，自己挑轻的。一事当前，先替自己打算，然后再替别人打算。出了一点力就觉得了不起，喜欢自吹，生怕人家不知道。

师：白求恩同志毫不利己专门利人的精神，表现在他对同志对人民极端的热忱……

生：对同志对人民不是满腔热忱，而是冷冷清清，漠不关心，麻木不仁。

生：在叙述不少的人的时候，将他们对人对己的态度也作了对比，说明他们不是真正的、“纯粹”的共产党员。

师：叙述的角度呢？

生：第一层是正面叙述，第三层是侧面叙述，两者结合，相得益彰。

师：请看第4小节叙述部分。对于白求恩的逝世，毛泽东除了悲痛还有什么情感？

生：还有遗憾、惋惜、愧疚等情感。

师：你们能通过朗读把这些复杂的情愫表达出来吗？

（生读）

师：情绪把握准确到位。在表达方式上，这儿主要属记叙，所以我们得用叙述的口吻来读，这样效果会更好。

（师范读）

师：请大家一起读一遍。

生齐读。

师：“一个人能力有大小，但只要有这点精神，就是一个高尚的人，一个纯粹的人，一个有道德的人，一个脱离了低级趣味的人，一个有益于人民的人。”这段文字从哪些角度阐明了学习白求恩、具有毫无自私自利之心的意义？

（生说，师板书：人格、品质、修养、志趣、人生意义）

师：大有益于人民是白求恩精神的出发点和归宿，也是每一个中国共产党人向白求恩同志学习，不断努力的方向。

师：请大家熟读背诵这一节。

（生读、背第四节）

师：今天的作业：上网查询中国女子冰壶队教练丹尼尔·拉斐尔来华执教的经历，模仿课文第一小节叙议结合的手法，写一段文字，简介丹尼尔，并对其精神给予简单评价。

八、丹尼尔 vs 白求恩——谈《纪念白求恩》的教学设计

背着"老三篇"（《为人民服务》《愚公移山》《纪念白求恩》）长大的我，对《纪念白求恩》可谓"情有独钟"。不仅全文倒背如流，而且若干轮初中循环教学下来，我阅读的有关白求恩的文字不下十万。年岁逐增，对毛泽东写作本文的背景和动机越发能够理会，对白求恩这位国际主义战士的精神越发敬仰。每每教学本文，总是分外激动。然而，近三十年来，70 后，80 后，90 后的孩子们对这篇文章的情感态度差异较大，怎样将我内心的情愫与孩子们和谐共振，成了我每次备课重点思考的问题。

我喜欢中国女子冰壶队，对她们洋教头的掌故颇为熟悉，在阅读冰壶比赛报道时，我发现了加拿大人丹尼尔·拉斐尔的"外号"：白求恩。对语文资源天生的敏感，使我当即产生一个念头，再教《纪念白求恩》从此切入。

白求恩与丹尼尔虽是不同时代不同职业人士，但两人同为加拿大人，有帮助中国的经历，有相通的精神世界。适值 2010 年温哥华冬奥会刚落幕，孩子们对此记忆犹新，于是我信手点击生活，让时尚体育人物无痕介入语文教学。

课伊始，以此导入，拉近自己、文本与孩子们的距离，且扣住了"白求恩"精神，让孩子们在轻松自然的情境下走进了文本。

结尾处，请大家"上网查询中国女子冰壶队教练丹尼尔·拉斐尔来华执教的经历，模仿课文第一小节叙议结合的手法，写一段文字，简介丹尼尔，并对其精神给予简单评价"。这样安排，体现了读写结合的教学思想，有助于学生巩固本节课的教学重点——议论文中叙议结合的手法，也和前置性学习的要求以及导入环节相呼应，使课堂结构浑然一体，又使学生的学习视野

完成了由课外—课内—课外的旅行。

事实证明，学生的阅读面扩大了，对白求恩精神的感悟深刻了，叙议结合的训练目标也达成了。语文源于生活，为了生活，三维目标的“无痕”融合，使得语文学习斑斓多姿。课前读，课上读，课后读，读文本，读背景，读大量链接，学生的素养在大量阅读中养成。

这是一堂校内协进课堂的公开课，组内同仁感叹：原来议论文也可以上得如此动情、出神、出彩。不是文本不经典，不是学生对这类文章无兴趣，是我们自己要反思。

九、“无痕”教学主张的生动演绎——点评李凤老师执教的《纪念白求恩》

听李凤老师上课，你会有“如坐春风”的感觉，那么自然，那么亲切，课堂氛围如此轻松，而她的学生又是那样的思维活跃、个性张扬，仿佛鸟儿在天空游弋、鱼儿在水中穿梭。《纪念白求恩》是篇议论文，这种文体初中学生接触的不多，也似乎不太喜欢，不像读散文、小说那么来劲。而且在眼下人们的世界观、价值观十分多元的背景下，教这种思想教育色彩很浓的议论文，一般比较难引起学生的情感共鸣。但在李老师的课堂上，学生学得很投入，接受思想教育也非常的自觉，教学效果非常好。

李老师的教学构思非常自然，非常接近生活，也非常贴近学生的实际。她从学生喜爱的球类运动引入，巧妙地找到一个有着“白求恩”外号的冰壶教练丹尼尔，由丹尼尔谈到白求恩精神，进入课文的学习。值得指出的是，课堂教学结束时，李老师又让学生课后查询丹尼尔的事迹，写叙议结合的文章，这呼应了开头，又延伸了课堂，让学生化获得为能力。这种精妙的构思是一般的语文老师难以做到的，这种将语文教学与其他领域联系起来、与现实生活沟通起来的做法，也正是我们语文教学所需要提倡的。

李老师的教学流程非常顺畅，非常讲技巧，非常注意突出教学重点难点。这堂课的教学流程，板块非常明晰。整体理解课文，有两个环节：一是找出课文中记叙和议论的文字，搞清楚记叙文的叙述和议论文的叙述的区别；二是概括各段大意，理出分论点和中心论点。重点精读课文，也有两个环节：一是精读第二小节，分析课文运用的论证方法；二是精读第四小节，把握作者情感，感悟白求恩精神，背诵。这样的流程设计，教者教得有策略，学者学得明白，教学推进一步一个脚印，重点难点都处理得恰到好处。这充分表现出李老师语文教学功底很深，教学技艺精湛，驾轻就熟，游刃有余。

李老师的教学主张非常鲜明，非常注意突出主体性，非常注意让主体去体悟。综观李老师的教学，我们有一个强烈的感觉，就是她的学生学得很主动，很积极，她的课堂是真正的学生课堂、学习课堂。对课文的感知，是学生自己在阅读；对课文的理解，是学生自己在思考；对课文的分析路径，是学生自己在探究；对学习方法的积淀，是学生自己在完成。尤其值得一提的，是她把阅读教学与写作教学真正有机地结合起来，让学生阅读课文时，处处注意同时让学生感悟写作的技艺，最后让学生凭借这种技艺的积淀去写叙议结合的文章。而老师，在整个教学过程中一直是一个引导者、参与者、点拨者、推进者，师生的关系非常融洽，教学的过程成为师生共赏生命美景的历程，而这种历程并不因课堂教学的结束而终止，而是仍然延续。李老师提出“无痕语文”的教学主张，这种“无痕”是多层面、多角度、多通道的，这一堂课正是其教学主张的生动演绎。

（江苏省中学语文特级教师　郭志明）

第三节　拓展延伸

文本解读，是教师带领学生在动态的语言实践过程中，使学生掌握语言运用的规范，感受、体验优秀作品的语言魅力，在潜移默化中提高自己的文学素养。语文课要姓“语”，这已经是不争的事实。文本拓展，作为语文课堂里一个重要的环节，理所当然地，也应该是以这个为基点，也应该姓“语”。游离文本言语的“无效拓展”，忽视文本内涵的“空泛拓展”，超越文本意义的“冗余拓展”，脱离文本要求的“无序拓展”是我们要力戒的。

教材不是孤立的文本，教学需要拓展，但是，拓展一定要立足文本。我们绝不能为了拓展而拓展，不能让拓展成为形式。拓展的时机、拓展的内容、拓展的宽度和深度……都要围绕文本来展开。文本拓展，要超越文本，更要反哺文本，离开文本的拓展是无本之木、无源之水。立足文本的拓展，是文本解读的延伸和补充，甚至可以说，它本身就是文本解读的一种形式。

文本拓展应该融合在课堂教学的每一个环节中，它的出现，是“随机”

的，它的宗旨，是服务于文本解读的，它的方式，也应该是灵活的。有不少老师，把文本拓展片面理解为：在一篇文章学习之后，或就某个话题让学生说话练习，或围绕某个主题进行片段写作，或进行对比阅读训练，甚至有些老师对文本解读浅尝辄止，却又急吼吼地拿出另外一篇类似的文章来，设计若干个题目，让学生来完成。这些文本拓展虽然是从文本衍生出来的，但是，给人的感觉，却又距离文本的内核很远。我通常选择：

一、于起始处拓展

师：在刚刚结束不久的2010年温哥华冬奥会上，中国女子冰壶队夺得了一枚宝贵的铜牌。你们知道，中国女子冰壶队的教练是谁吗？

生：加拿大人丹尼尔·拉斐尔。

师：对，丹尼尔在冰壶队里有一个外号，听说过吗？（生摇头）

（师板书：白求恩）

师：和保尔一样，“白求恩”已经成为一种精神，一种象征。1942年，毛泽东主席发表了他为白求恩写作的悼词《纪念白求恩》，今天，我们一起来学习。

以上是《纪念白求恩》的开场白。

语文教材和学生学习都呈动态发展。同一篇课文涉及的知识、言语及内涵随时代和社会发展，不断丰富、更新、拓宽着，而有着各自经验背景的学生，也会有多元的反应和不同层次的建构需求，确实需要教师的开拓。进入文本的拓展，如果是一种师生、生文之间情感、志趣、智慧上的融通，就会酿造出良好的课堂对话。

二、于有疑处拓展

教学《陋室铭》，课文中有“往来无白丁”这个句子，学生借助课文注解，是能够了解“白丁”的意思的：“平民，这里指没有什么学问的人。”但是，为什么称平民为“白丁”呢？

我在这里进行文本拓展——在等级社会中，服饰是一个人身份地位的外在标志。贾谊《新书·服疑》里说“贵贱有级，服位有等……天下见其服而知贵贱”。唐朝时规定三品以上的官员可以穿紫袍，五品以上的官员可以穿

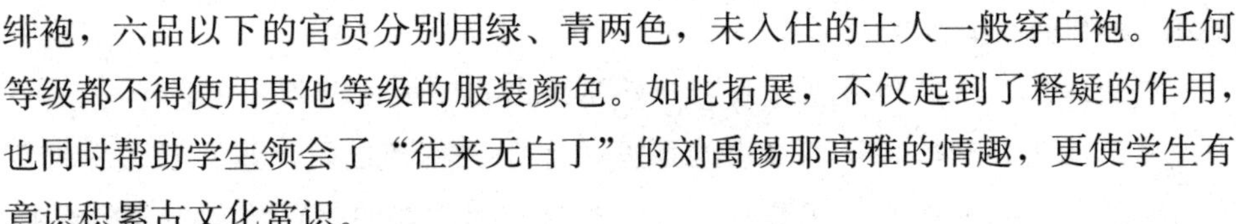

绯袍，六品以下的官员分别用绿、青两色，未入仕的士人一般穿白袍。任何等级都不得使用其他等级的服装颜色。如此拓展，不仅起到了释疑的作用，也同时帮助学生领会了“往来无白丁”的刘禹锡那高雅的情趣，更使学生有意识积累古文化常识。

在对课文字词句章、表现手法、思想感情深入解读后，自然切入：刘禹锡以仙、龙自喻，以诸葛、杨雄两君子自况，以孔子“何陋之有”反问作结，有其特殊的背景，请看大屏幕：

据说当时刘禹锡被贬至安徽和州当刺史。和州知县见他被贬而来，便横加刁难。先是安排他住在城南门，面江而居。刘禹锡不但没有埋怨，反而还撰写了一副对联贴于房门：“面对大江观白帆，身在和州思争辩。”这个举动可气坏了知县，于是他将刘禹锡的住所由城南调到城北，并把房屋从三间缩小到一间半。新宅临河，杨柳依依，刘禹锡触景生情，又写了一副对联：“杨柳青青江水边，人在历阳心在京。”知县见他仍悠然自得，又把他的住房再度调到城中，而且只给他一间仅能容下一床一桌一椅的房子。半年时间，刘禹锡连搬三次家，住房一次比一次小，最后仅是斗室，想想这县官实在是欺人太甚，于是便愤然提笔写下了《陋室铭》。并请当朝著名书法家柳公权将全文刻在碑石上，警戒自己，昭示功德。

大屏幕展示：

师：东边日出西边雨。

生：道是无晴（情）却有晴（情）。

师：只有当你真正走进刘禹锡的精神世界，你才能读出《陋室铭》的韵味来。“苔痕上阶绿，草色入帘青”，浸润着冷落与孤寂，“调素琴，无丝竹之乱耳；阅金经，无案牍之劳形”，满含无奈和挣扎！

师：自古逢秋悲寂寥。

生齐：我言秋日胜春朝，晴空一鹤排云上，便引诗情到碧霄。

师：自然界的秋天在刘禹锡的眼里尚且胜过盎然之春，他又怎么会在人生的秋天消极沉沦呢？一间陋室，一张素琴，满腹经纶，仙风鹤骨的刘禹锡豁达而坚贞，让我们一起“听唱新翻杨柳枝”，和着这位忧国忧民的诗人的心律节拍，悠然自得地吟诵着：（古琴《高山流水》音乐起）“山不在高，有仙则名……”

众在音乐声中动情吟诵：“水不在深，有龙则灵……‘何陋之有？’”

三、于重点处拓展

《记承天寺夜游》中心句“但少闲人如我两人者也”，关键词是“闲”。苏轼、张怀民为何得成“闲人”？学生有所不知。此处拓展：苏轼在黄州的生活究竟怎么样呢？借助他在黄州期间写的一些词句：“惊起却回头，有恨无人省。拣尽寒枝不肯栖，寂寞沙洲冷。”“春色三分：二分尘土，一分流水。细看来，不是扬花，点点是离人泪。”学生读出了苏轼的心情是寂寞的、忧伤的、凄凉的。为何如此心境？再辅以背景介绍，大家大悟。

清代著名词人纳兰性德写的《长相思》，学生对作品中塞外形象和思乡深情不易体会，王崧舟老师就抓住“夜深千帐灯”一句引导学生“造境生情悟意”：先让学生听着苍凉的音乐和教师朗诵，想象看到了怎样的画面；随后，让学生在另一舒缓的音乐背景中，想象在作者的记忆里，在他的家乡故园，又该是怎样的画面。苍凉的塞北原野上，密密层层的营帐；温馨的故乡家园里，安逸美好的生活。两番境地，两番情思，两番神韵，不是简单的复演，而是学生根据自己的思想情趣、知识储存、生活感受创生而出。深厚的感悟就在相互映照的多重情境中交错而生。

四、于深化处拓展

阅读《呼兰河传》（节选），在引导学生充分赏析、悉心领悟了园子的魅力与祖父的形象，享受园子给童年时代的“我”以太多的自由、快乐后，我大量拓展，引用《呼兰河传》及萧红其他文章里的文字，让学生深入了解节选部分在小说中的地位和作用，了解“我”的遭遇与情怀，体会章法之妙。

“等我生来了，第一给了祖父的无限的欢喜，等我长大了，祖父非常地爱我。使我觉得在这世界上，有了祖父就够了，还怕什么呢?”“从祖父那里，知道了人生除掉了冰冷和憎恶外，还有温暖和爱。所以我向这‘温暖’和‘爱’的方面，怀着永久的憧憬和追求。”“我若死掉祖父，就死掉我一生最重要的一个人，好像他死了就把人间一切‘爱’和‘温暖’带得空空虚虚。我的心被丝线扎住或铁丝绞住了。”

“呼兰河这小城里边，以前住着我的祖父，现在埋着我的祖父。我生的时候，祖父已经六十多岁了，我长到四五岁，祖父就快七十了，我还没有长到二十岁，祖父就七八十岁了。祖父一过了八十，祖父就死了。从前那后花园的主人，而今不见了。老主人死了，小主人逃荒去了。那园里的蝴蝶、蚂蚱、蜻蜓，也许还是年年仍旧，也许现在完全荒凉了……”

在南方异乡，遥望北方呼兰河小城，她有太多的眷恋和渴望。她真正眷恋和渴望的是她、祖父及园子构成的那个爱和温暖的世界。

五、《枣核》教学实录

(大屏幕展示北京北海公园图片，课题、作者等。背景音乐：李谷一《前门情思大碗茶》)

师：同学们，有谁知道大屏幕上的图片拍摄的是哪里的风光吗?

生：青岛。

生：不是，是北京的北海公园吧?

师：对，你去过吗?

生：没有，猜的。

师：真聪明！你判断的依据是什么呢？请告诉大家！

生：画面上有湖，有船，有荷花，还有白塔，绿树红墙，我想起了一首歌《让我们荡起双桨》:“海面倒映着美丽的白塔，四周环绕着绿树红墙。”

(师生一起哼唱)

师：大家想想我为什么要用这幅图片吗?

生：因为《枣核》中美籍华人在家里建造了“我们家的北海”。

师：知音啊!

(生笑)

师：让我们一起走进文本，感知课文。

（大屏幕出现图片，背景为荷花，上写：走进文本，感知课文）

师：请同学们自主朗读课文，初步了解内容、线索、结构。

（生读课文，约 4 分钟）

师：请同学们用简洁的语言概括一下课文主要内容。

生：《枣核》写的是我的旧时同窗请我为她带几颗枣核，她想将它们试种在美国的家园，表现了美籍华人对祖国的思念之情。

师：真棒！不但用简洁的语言概括了课文主要内容，而且说出了文章表达的思想感情。

师：同学们发现了没有，文章有它的线索。

生：发现了，就是“枣核”。

生：托“我”带枣核，留下悬念，最后才揭开悬念，“枣核”贯穿全篇。

生：“枣核”虽小，寄托的情意深厚。

师：我们称这种手法叫？

生：以小见大，托物传情。

师：语言是“一切事实和思想的外衣”（高尔基）。任何思想情感只有当它找到合适的“外衣”，用准确、清晰、生动、鲜活的语言表达出来时，才能转变为现实的思想，传达出真切的情感。精彩的细节能够照亮文章。请同学们涵泳语言，研读细节。

（大屏幕出现图片，背景为小桥、流水、荷花、垂柳，上写：涵泳语言，研读细节）

师：请大家自由选读精美的语句或片段，传神的细节，做适当的阅读批注，读出自己的感悟。

（生研读涵泳，约 5 分钟）

师：请将你研读的心得与大家分享。

生：文中有这样一段文字：“拥抱之后，她就殷切地问我：‘带来了吗？’我赶快从提包里掏出那几颗枣核。她托在掌心，像比珍珠玛瑙还贵重。”“托”，手掌向上承受枣核，“托在掌心”，把枣核当成掌中宝，表明她对枣核的珍重。

生：“像比珍珠玛瑙还贵重”，言明枣核在老友心中重千斤，它犹如长江、长城、黄山、黄河一样，在老友心中是祖国的化身。

生：“枣核”在文中不是寻常意义上的枣核，它是一个意象，一种念想。

难怪老友要“寄来封航空信”，而不是平信，而且“再三托付”“在站上等”“殷切（急不可待）地问”。

生：“风烛残年”的“旧时同窗”“年纪越大，思乡越切”，“所以才托你带几颗种子，试种一下”。

生：她又指着花园一角堆起的一座假山石说：“你相信吗？那是我开车到几十里以外，一块块亲手挑选，论公斤买下，然后用汽车拉回来的。那是我们家的‘北海’。”“旧时同窗”想种枣核和他在后花园中栽垂柳、植睡莲、堆“北海”一样，传达的是浓烈深沉的思乡之情。

生：“旧时同窗”的这一系列举动，和许多海外华人教自己的子孙说汉语、穿唐装、过中国节一样，不仅表达了老一代的心声，还有他们对其后代子孙不忘“根”在中国的期望。从这个意义上说本文“以小见大”“以物传情”，表现的是一种典型的、亘古不变的爱国情结。

生：张明敏《我的中国心》，刘德华的《中国人》，费翔的《故乡的云》，传唱的正是这份情愫。

生：《枣核》与余光中的《乡愁》、彭邦桢的《月之故乡》一样，让我们听到的是中华民族的心跳。“改了国籍，不等于就改了民族感情，而且没有一个民族像我们这么依恋故土的。”

生：既然如此思念故土，为何不回国寻根呢？

（众疑惑）

师：中美自 1979 年 1 月 1 日起互相承认并建立外交关系，1979 年 3 月，邓小平访美，改革开放之后，美籍华人陆续可以回国探亲，萧乾“动身访美”的时间 1979 年 8 月。1980 年初，他访美归来后，曾在《人民日报》上发表系列随笔《美国点滴》，共十篇，《枣核》是其中的一篇。

（学生恍然大悟）

师：大家知道“旧时同窗”是谁吗？她为什么偏偏要“东总布胡同的枣核呢？”

（生摇头）

（大屏幕打出东总布胡同、枣树图片及“背景链接”：

高君纯，萧乾 1929 年燕京大学的同学。

1979 年 8 月，萧乾应邀赴美进行访问交流。访美之前，萧乾写信给已在美国定居的高君纯，说要去看望她，问她想要什么。结果她唯一的要求是给她带几颗东总布胡同那棵枣树的枣核。

在北京东总布胡同住着高君纯的老母亲。小小的院落里，栽着一棵枣树）

（生颔首）

师：我国是枣树的故乡，《诗经》：“八月剥枣，十月获稻。”枣，象征活活甜美，“枣”“早”谐音，所以民间喜筵上有红枣莲子汤，有“早生贵子”之说。这里的枣核，已不是枣核，它成了故乡的根；这里的枣树，也不再是枣树，它就是故乡本身。

生：“心上总像缺点什么”，老友的物质条件那么好，我想她依恋故土，却不能亲近故土，这就是她心头的缺憾，身在异乡，心系故土，就是游子的心境了。

师：不错。所以，她“想厂甸，想隆福寺，这里一过圣诞，我就想旧历年”。

（大屏幕出示厂甸、隆福寺图片）

生：“她告诉我，时常在月夜，她同老伴儿并肩坐在这长凳上，追忆起当年在北海泛舟的日子。睡莲的清香迎风扑来，眼前仿佛就闪出一片荷塘佳色。”让我记起“床前明月光，疑是地上霜。举头望明月，低头思故乡。”

生：“露从今夜白，月是故乡明。”

生：“我寄愁心与明月，随风直到夜郎西。”

生：“今夜月明人尽望，不知秋思落谁家。”

生：“海上生明月，天涯共此时。”

生：“但愿人长久，千里共婵娟。”

师：故乡的歌是一支清远的笛，总在有月亮的晚上响起。

生：“我留意到台阶两旁是她手栽的两株垂杨柳，草坪中央有个睡莲池。”“旧时同窗”为何要栽垂柳、搞睡莲池呢？

师：读出问题，很好。

师：“昔我往矣，杨柳依依。”《小雅·采薇》开了杨柳怀人的先河，在后世的诗词之中，青青杨柳枝成为牵绊游子、离愁别绪的象征性植物。大家可有耳闻？

生：“杨柳青青江水平，闻郎江上踏歌声。”

生：“今宵酒醒何处？杨柳岸晓风残月。”

生：“羌笛何须怨杨柳，春风不度玉门关。”

生：古代诗歌中的杨、柳，指的都是垂柳，多生长在河边及园林。每当古人送别离人时，杨柳便出现在渡口、驿站、城外，杨柳多情，似要挽留行人。每当古人怀人思亲时，杨柳出现在亭台楼榭，杨柳依依，似乎善解人意。

师：军旅歌曲《小白杨》中唱道："当初离家乡，告别杨树庄，妈妈送树苗，对我轻轻讲，带着它，亲人嘱托记心上，带着它故乡就在你身旁……"

（师唱）

生：我妈妈是医生，她说，杨柳是妙方良药。杨树皮中含有阿司匹林的成分，所以能够止痛。

师：杨柳不仅赋予诗人许多脍炙人口的诗篇，还解除人们的痛苦，安慰落寞的心灵，从物质到精神，柳树对人益处多多。

师：同学们见过这幅画吗？观音菩萨左手托盛着甘露神水的宝瓶儿（净瓶），右手持杨柳枝，蘸着甘露，向人间挥洒。

生：是的。

师：在佛教艺术中，莲花是能够消除人间疾苦的圣洁之花。

生："睡莲"又名"睡美人"，呈心脏形或椭圆形，象征纯真的情感、纯洁的心。

生：周敦颐的《爱莲说》，杨万里的《晓出净慈寺送林子方》，"旧时同窗"也许读过吧？

师："我"的朋友是当年燕京大学的同学，一定深谙"柳文化""莲文化"。"垂柳""莲花"是朋友的精神寄托和精神境界的写照，大俗大雅之物，载的是乡思情，打的是中国结。

师：今年奥运会闭幕式上同学们注意到张艺谋导演为世界人民带来的景观焰火吗？其中就有一组主题为"杨柳依依"。"鸟巢"上空"杨柳依依"的焰火，为北京奥运会、残奥会画上了一个圆满的句号。它寓意何在？

生："杨柳依依"，与宋祖英和多明戈演唱的《爱的火焰》一样，表达的是全世界人民对奥运、对和平、对友谊的热爱。

生：还有对北京、对奥运的浓情依恋。

师：说得真好。璀璨的焰火映亮了夜空，变幻出垂柳的造型。杨柳依依，情意切切，表达了中国人民对世界各地残疾人运动员和来宾朋友依依不舍的深情和诚挚美好的祝愿。这是中国制造，我们的文化符号。

师："垂柳""枣树""睡莲""月亮"都是散文中的意象，刚才我们一起

体会意象，

（大屏幕出示：体会意象“垂柳”“枣树”“睡莲”“月亮”，载的是乡思情，打的是中国结）

师：让我们一起欣赏配乐散文《枣核》，再度沉浸文本，体会意象，理解情感。

（播送配乐散文《枣核》PPT）

六、《枣核》的教学设计

萧乾的《枣核》是苏教版八年级上册第二单元的一篇散文，表达的是海外华人对故土的依恋之情。

习惯的教学流程是按照文章“托带枣核——得到枣核——谈论枣核——点明中心”的层次进行。但是，在备课过程中，我怎么也不能说服自己第三层次是“谈论枣核”。因为这一层除解释为什么“托带枣核”外，更多的笔墨写的是同窗富裕的物质生活，美满的家庭，重点描述的是充满家乡味道的后花园。

于是，我走出习惯教学的围城，首先带领学生踏访后花园，解开中国结，再细细品味作品的语言，掂量枣核的分量，揣摩中国情，最后探究本文特殊的写作背景，聆听民族心跳，体会颗颗滚烫的中国心。这样的教学设计，具有一定的创造意识，符合学生由浅入深，由感性到理性的认知规律。

（一）品读细节，解游子情结

生活的一切原本都是由细节构成的，把握细节是解读文本的钥匙；文本又是靠细节支撑的，解读教材，其实就是通过对文本诸多细节的解读把握全文。踏访后花园，学生以台阶两旁“她手栽的两株垂杨柳”“草坪中央有个睡莲池”“花园一角”“我们家的‘北海’”三处细节作为突破口，精彩互动，解开中国结。

随后，我给学生展示了北京北海公园、厂甸、隆福寺、总布胡同的一组图片，再回到文本描述“我们家的北海”的文字，故园情怀一目了然。

细节看似平常，但平常中蕴涵着智慧的光芒；它看似简单，但简单中孕育着深厚的底蕴。学生根据自己的思维方法、知识基础和生活感受把握住文本细节的内涵，“聚沙成塔”“汇水为渊”，品读细节，是思想与理念的外显，是智慧与灵感的呈现。关注细节品读，课堂充满生命活力，留住了一份精彩，生成许多的美丽。

（二）品味语言，掂枣核分量

有位语文教育家说过：学习语言、品读文字要穿透文字的皮肤钻入文字的皮下组织中去，要渗透到文字的血肉中去，要徜徉在文字的血脉里，更要潜入文字的骨髓里汲取学习语文、学习做人的养分。

《枣核》中有这样一段文字："拥抱之后，她就殷切地问我：'带来了吗?'我赶快从提包里掏出那几颗枣核。她托在掌心，像比珍珠玛瑙还贵重。"

我引导学生抓住"托"字，细细掂量那几颗普普通通的生枣核的分量，揣摩它们承载着一份什么样的情感。

生：既然如此思念故土，为何不回国寻根呢?（众疑惑）

这时，我给他们简单介绍：中美自 1979 年 1 月 1 日起互相承认并建立外交关系，1979 年 3 月，邓小平访美，改革开放之后，美籍华人陆续可以回国探亲，萧乾"动身访美"的时间 1979 年 8 月。1980 年初，他访美归来后，曾在《人民日报》上发表系列随笔《美国点滴》，共十篇，《枣核》是其中的一篇。（学生恍然大悟）

在特定语境中反复审视、咀嚼、品味语言，浓浓的依恋故土的氛围将他们包裹，探究，拓展，联想，走出文本看文本，思维产生了飞跃。

从一个词到一个动作，再从一个动作到一种情思，又从"旧时同窗"之心到中华民族依恋故土的情怀。语文学习触及心灵！这样的语文课堂能够理性地穿透文本，无限地接近思想内核与文学本真。

七、点评

李凤老师的课如清水出芙蓉般自然美妙，入题简洁，如荷花般不枝枝节节。一出场，惊四座。李老师解读作品细腻，讲得痛快淋漓，学生听得心花怒放。有丰厚的文化底蕴，灵活巧妙的处理方式，睿智的教育智慧，一切似信手拈来，如鱼得水，左右逢源，完全没有课的痕迹。这样的课让学生在享受中提升。

（华罗庚中学副校长、特级教师　张和忠）

第四节　媒介整合浑然无痕

《全日制义务教育语文课程标准》明确提出语文课程要“注重跨学科的学习和现代科技手段的运用，使学生在不同内容和方法的相互交叉、渗透和整合中开阔视野，提高学习效率，初步获得现代社会所需要的语文实践能力”。因此，信息技术与语文课程的整合已经成为现代教育发展的要求和趋势。

教师为学生创设具体的、充满情感和理智的教学情境，是引导学生主动学习、提高教学效率不可或缺的前提条件，而以计算机、多媒体和网络通信为核心的信息技术正是顺应了这一条件，成为深化教学改革的新视点。无怪乎怀特·哈伯德这样断定：“计算机能做的，在传统的教学中则不能做。也许最重要的变化是学生有机会以自己的速度各自解决自己感兴趣的课程。这与一个班的学生在给定的时间内完成同样的一个任务而受到的种种限制形成了鲜明对比。”

一、初中语文教学中适时运用电教手段的认识和方法

整个教学过程，目的都在于调动学生学习的积极性，使其掌握知识、发展智力，培养学生的自学能力和创造才能，教师教学过程设计的优化，直接影响到学生学习过程的优化。课堂教学又是整个教学过程中极其重要的一环，课堂教学方法与手段的优化，又是提高课堂教学质量的重要一环。

如何适时运用电教手段，提高初中语文教学质量，我们做了一些探索与实践，分述如下：

（一）适时运用电教手段，必须有利于激发学生的学习兴趣和求知欲望

兴趣是学生学习动机产生的原因，当学生对某项学习内容和技能产生了积极追求的愿望时，学习积极性就被调动起来了，教学效果就好。初中生较高中生来说，自控能力较差，有意注意的时间又较短，但他们易于被直观、形象的事物吸引。所以，在课堂教学的过程中，适时地运用幻灯的直观形象组织教学，调动学生学习积极性，教学效果就很好。

如茅盾的《第比利斯的地下印刷所》，不仅清晰地说明了第比利斯地下印刷所的建筑结构，而且简要地介绍了它的革命业绩。本文着重说明处所，我们按课文顺序，通过复合幻灯，首先展现这个院子跟附近许多院子没有什么差别，然后依次打出左边一间独立的小屋，屋里的一口井，右边两间大约一丈见方前面有走廊的正屋，接着打出正屋下面的地下室，学生清楚地了解了小院的结构。在此基础上我让学生看课文第二三节对这个院子的介绍，找出文中的方位词，搞清楚说明的顺序，在学生回答的基础上打出文字图片，归纳出下表，然后让学生将复合图像幻灯片和文字幻灯片相结合，一边口述，一边动手画，学生牢牢地把院子的结构印在脑中。地下印刷所的结构是本文的重点，不少学生看了课文第五节对地下印刷所的结构介绍后，较长时间画不出它的剖面图，心里很着急，在学生求知欲很强的当口，老师用复合幻灯片依次画出了印刷所的剖面图（见下图），教师边展示图形边介绍，学生的眼睛随着红箭头移动，地下印刷所结构图跃然屏幕之上。一周后，我们对同轨四班中使用和没有使用电教手段的两班进行了抽样调查，使用电教手段班级的同学的遗忘率比没有使用的班级的遗忘率低40%，真可谓百闻不如一见。

建筑物	木栅栏	小屋	井	正屋	地下室
方位	周围	左边	里面	右屋	下面
顺序	从外到内，从上到下，从左到右。				

至于在课堂教学的哪个环节使用音、形等电教手段，激发学生的学习兴趣，这要与整个课堂教学程序的设计相统一，可在起始，也可在中间或末尾，视具体情况而定。

我们在学习毛泽东的词《沁园春·雪》、白居易的诗《卖炭翁》、高尔基的散文《海燕》及许多古典文学作品时，常常让学生先听课文录音或边听课文录音边欣赏体现课文内容的画面，使学生身临其境，既初步了解了课文，又得到了美的音、像的享受。

在小说教学中，我们常常在一开始就使用自编或现有的与课文图像相配合的解说词，让学生较快地熟悉故事情节，学生边听边看，仿佛来到了鲁迅笔下的百草园和三味书屋，经受了老舍文中的烈日和暴雨，看到了衣服褴褛的年老水手于勒……

有些课文适宜在中途使用电教手段，如学习戏剧《白毛女》时，我们使用了录音带，学生听着喜儿、杨白劳、黄世仁的唱戏，既体会了歌剧的特点，又加深了对这些人物性格命运的了解与关注，产生了较好的共鸣。学习介绍建筑物等的说明文时，我们也常常在中途使用幻灯图像。比如学习《晋祠》《故宫博物院》时，老师让学生看形象的图片并结合课文的介绍，仔细体会事物的特征，感性的主体的画面与理性的文字的介绍相结合，相得益彰。

一课堂，一篇课文临近结束时，我们也常常采用各种电教手段，加深学生对课文的印象。有时我们听一篇课文录音，体会文章主旨、写作技巧，有时边看图像，边复述故事，有时通过文字幻灯总结全文，完成练习，有时还在学完一篇文章后，看一看有关的录像、电影，既巩固了所学知识，又拓宽了学生的知识面，学生兴致勃勃，十分欢迎。

（二）适时运用电教手段，必须关顾学生的年龄、思维特征

学习范仲淹的《岳阳楼记》，学生对文中“予观夫巴陵胜状，在洞庭一湖，衔远山，吞长江，浩浩荡荡，横无际涯”中的“衔远山，吞长江”及第四节中的“浮光跃金”因缺乏感性的认识而难以理解，而一看到与之相应的两幅幻灯图像时，大家茅塞顿开，有的同学还能举出生活中的见闻感受来对此加以生动的阐述。可见，在学生紧张的逻辑思维中若能辅之以视觉形象，能使他们提高学习效率。

使用电教手段，必须注意学生的年龄特征，适时地有选择地使用。

初一课文以叙述为主，根据教学目的，多使用形象性的幻灯，作为启发学生深入理解课文的手段就很有效。陆定一的《老山界》中有一段文字写排成“之”字形的火把连到天上，与星光接起来的奇观，学生们看着图像幻灯，听着教师的指点讲解，较深地领会了山的陡峭、过老山界的艰难及红军战士不畏艰难险阻的革命乐观主义精神。

初三学生的逻辑思维加强了，教学中使用文字幻灯也很受学生欢迎。因此，我们常常将设计的板书制作成文字幻灯，用来正音正形，理清文章脉络，了解作者思路，比较同一单元文章表现手法的异同，古文中的一词多义等，这样不但增加了课堂容量，也培养了学生分析、理解、归纳等方面的力。

（三）适时运用电教手段，必须根据所教课文文体的不同特点相机使用

教学说明文使用有画面的幻灯片配合讲解效果明显。茅以升的《中国石拱桥》，以赵州桥和卢沟桥为例，说明了中国石拱桥历史悠久、大小不一、形式多样、有许多杰作的特点。通过图像幻灯，学生清楚而细致地看到了赵州桥、卢沟桥的雄姿，了解了它们的构造特点，留下了难忘的印象。而抒情散文、诗歌之类的文章，播放配乐朗诵，效果颇佳，如能同时配以图像画面则更好。教学柯岩的诗《周总理，你在哪里》，我们不仅让学生听了配乐朗诵，而且还穿插让学生听这首歌的录音带，在分析每个乐章时还配以形象的画面，学生与诗人同呼吸，共同缅怀总理。教叙议结合的文章，使用文字幻灯片，对帮助学生理解课文的逻辑结构，就很有好处。我们在讲授《友邦惊诧论》等议论文时就常常采用。学习知识短文时，使用文字图片，则大大增加了课堂容量。作文辅导或作文讲评时采用电教手段，如幻灯，既省时又省力。

（四）适时运用电教手段，必须发挥音、像及其组合的优势

在音、像两种电教手段的选择上，可根据课文内容和教学安排，适时选用其中一种，或同时选用。《孔乙己》《范进中举》都是揭露封建科举制度和封建文化对知识分子的毒害的短篇小说，我们采用了单元教学法，首先用两堂课分别使用录音与图像同步的电教手段，让学生了解故事情节，分析人物形象，然后用一堂课采用文字幻灯比较两者刻画人物形象和所采取的手法等方面的异同，并不时打出重要的图像幻灯配以课文解说，学生对孔乙己和范进及他们所处的社会有了较深刻的认识。

在整个教学过程中，有时教师应适时播放录音，有时应适时打出文字幻灯片，有时应适时适量使用有画面的幻灯片，这要根据教学过程的需要设计，统一于教学过程中。

根据阅读课文与讲读课文的不同，适时采用不同的电教手段。一般的阅读课文，可播放录音，令其欣赏，如古典诗词、散文。有的可用幻灯引出自学提纲，启发学生自学。总之，音、像手段的选用或组合运用，一定要从教学效果出发，发挥各自的优势，不能搞表面上的热热闹闹，以致流于形式。

初中语文教学，要善于把握时机，适时选用电教手段，使学生学得积极、主动，而且要适时地运用电教手段，还应注意以下几个问题：

1. 了解学生的阅读水平、兴趣爱好，适时地运用电教手段，是对学生学习心理变化及思维能力的洞察，以预见中捕捉的契机为最佳，只有充分了解自己的教学对象，才能有恰当的电教手段的设计和运用。对学生学习状况和心理了解愈深，电教手段运用的设计就愈恰到好处。

2. 要从具体课文出发，从优化教学过程、实现教学目的出发，设计电教手段，不能脱离课文需要。单纯地为激发学生兴趣而使用电教手段是不恰当的，即使使用幻灯，也不要一味地使用形象幻灯。如不是课文重点的需要，过多滥用形象画面，以吸引学生，满足于表面课堂气氛的活跃，而对学生深入理解课文并无帮助，这样做的教学效果是不好的。我们有些老师为了吸引学生，常常一开始把所有图像幻灯走马观花地放一遍，学生看时兴高采烈，看后遗忘也迅速，有的一味使用图像幻灯而忽视与课文内容有关的文字幻灯的使用，忽视对画面内容的适当讲解，使得学生的双基不扎实，收效甚微。

3. 要根据教学效果，不断修改教案中使用电教手段的时间和方法，创造性地运用电教手段，为增大课堂教学容量服务，为提高教学质量服务。在教学《狼》一文时，我们曾经一下子放完了所有图像幻灯，接下来再也没有使用，这样，学生虽然熟悉了故事情节，但对其中的“缀行”“并驰”“苫蔽成丘”“犬坐于前”“洞其中”等理解不清。第二次上这篇课文时，我就让学生对照画面学习，课文就易于掌握了许多。另外，根据人体生物钟原理，下午上课学生不如上午容易兴奋，如在下午采用形象的电教手段，这堂课的效果无疑会好很多。

二、多姿多彩　活力四射——《水城威尼斯》开放式整合教学ABC

信息技术与语文课程的整合，恰似“金风玉露一相逢”。信息技术具有集信息于图、文、音、视、动、色为一体，综合表现力强的特性。信息多媒化有利于创设教学情境，培养学习兴趣，突破教学重点、难点，扩展学生知识面，优化课堂教学过程，促使学生进行自主、合作、探究性学习，提高教育教学效率，全面提高学生的语文素质。

在《水城威尼斯》教学中，我采用信息技术与语文学科整合的模式，将信息技术作为学生的认知工具、教师的教学工具、环境的构建工具。与之相适应，我选择了阅读、探究、交流、欣赏相结合的教学方法，以学生阅读、揣摩、探究、交流为主，教师适当组织、引导。整个学习过程着眼于培养学生的阅读理解、表达交流、合作探究能力以及搜集处理信息的能力，力求以恰当的整合方式、合理的教学方法，较好地实现学习目标，践行新课程标准。

（一）享受多样而独特的阅读过程

阅读教学是学生、教师、文本之间的对话过程。这里的文本，既指语文读本，也指网络所提供的信息资料。

教学中，我着意培养学生的信息素养，关注学生运用信息技术的能力，如查阅资料、浏览网页、收集处理信息等。备课时我精心设计了“威尼斯网页”，分门别类地介绍威尼斯的风土人情、历史文化。预习时，学生在我的指导下，首先与网页亲密接触：丰富的内容，图文一体的画面，给学生带来新鲜的刺激。他们根据自己的兴趣、需求，自主地选择学习内容，阅读、理解、欣赏、感悟、拓展。“人机”对话，让学生广泛接触语文读本（课本）无法给予的大量的资料，增加了语文积累，培养了信息素养。

文本的意义是学生在阅读过程中自行发现、自行建构起来的，要让学生学会阅读，必须强调学生的自主性和独立性。导入新课后，我设计了“自主阅读，整体感知”这一教学环节，要求学生带着三个问题自主阅读。训练学生在短时间内对课文信息的快速浏览能力，把握说明对象的特征、说明的重点，揣摩文章表达顺序（这些都是“新课程标准”对初中学生的阅读要求）。学生与文本对话后，有了自己独特的感受和思考，在此基础上进行生生对话，交流看法。

根据整体把握、提取信息、品味语言、粗知大意、体会异同等不同的教学需要，我采用了朗读、默读、精读、浏览（网页——朱自清的游记《威尼斯》）、比较阅读——比较同一内容在不同文章，如《水城威尼斯》、马克·吐温的《威尼斯的小艇》、朱自清的《威尼斯》在表达目的、表达手法等方面的差异。

多样、独特的阅读，使阅读过程成为真正的对话过程，学习过程，思索过程，积累过程。

（二）追求多元而美好的阅读体验

伴随着多样而独特的阅读过程，加强了感受性、体验性阅读，学生产生了多元而美好的阅读体验。

不必说，网络浏览提取了游记的信息要点，让学生多角度地认识了威尼斯，为后面的阅读打下伏笔，也不必说第一次整体感知性的阅读获得的提纲挈领式的总观感，单是品读与比较阅读就让学生回味无穷。

课程标准要求学生能够“理解主要内容，体味和推敲重要词语在语言环境中的意义和作用”。在达成“品味语言”这一教学目标时，我要求学生以第四小节为例，读出自己认为精彩的语句。

学生经过精读发现：“60 米宽的大运河便是‘大街’，两旁大部分是古老的建筑，偶尔可见现代化的低层楼房，几米宽的路面上充满熙熙攘攘的人群。”这里的“大街”和后面的“小巷”都加上了引号，用的是打比方的说明方法，突出了水城威尼斯交通上的特征。“大部分”和“偶尔”准确地说明了威尼斯古老的建筑数量之多、现代化的低层楼房少的特点。“充满熙熙攘攘的人群”说明威尼斯的游客多，不仅很形象，而且与第二小节“每年有 500 万游客”相照应，说明威尼斯非常漂亮。有的同学指出，“最窄的地方，两岸的邻居几乎可以在阳台上握手言欢”这一句写得好，它形象地说明了河道的狭窄。“几乎”一词不能少，它表明“差不多”，但不是真的可以握到手。在品读中，学生“搜集自己需要的信息”，有了“自己的心得”，“通过自己的思考”，“说出自己的体验”，提高了“自己的欣赏品位和审美情趣”。

在强化个性体验、感受性阅读的基础上，我设计了多角度、有创意的阅读。同样是第四小节，在请学生说出自己认为精彩的语句的基础上，我请他们说说自己觉得不好理解或表达不够准确的句子。有的学生提出，“几米宽的路面到底指‘河道’还是一般意义上的路面不够清楚”。一石激起千层浪，学生辩得不亦乐乎。“充满熙熙攘攘的人群”搭配不当——一个同学从容地说。我表示同意，而且表扬他敢于指出教材中的瑕疵，很有勇气，也有见地。怎么改呢？我的话音刚落，不少同学纷纷举手。特别细心的一个女生又有话题：“‘握手言欢’这个成语的意思是彼此拉着手谈笑，形容亲热、友好，现多指不和以后重新和好。按照现在一般意义上的理解，这个成语似乎用得不够准确。但是如果按照‘彼此拉着手谈笑’理会，又没有错。老师，你怎么看呢?”课堂又起波澜。此外，我故意设疑：大运河的两岸为什么偶尔可见现代化的低层楼房，而不建造摩天大厦呢？引导学生思考水城威尼斯的地质、地貌特征：它是建筑在“沙滩上的城市”，不宜建高层。

每一次阅读都有新感觉。多角度、有创意的阅读，使得学生在交流和讨论中敢于提出自己的看法，作出自己的判断，有助于培养学生不迷信书本，不迷信教师的求是精神。而教师对学生独特体验、感受、理解的珍视与鼓励，对爱护学生的求知欲、好奇心，激发学生的自主意识、创新精神大有裨益。

（三）营造开放而活跃的语文课堂

网络，为学生构建了一个开放的教学环境，从根本上激发起了学生的学习兴趣和学习积极性，真正燃起了学生的求知之火。

在教授新知识前，让学生利用网络资源适当地、有目标地预习，以建立旧知与新知之间的联系，实现意义构建的知识点的补充与强化。网络为学生提供了开放的阅读时空，资源获取的渠道拓展了。大家了解的不仅仅是书本上的水城威尼斯，而是威尼斯这座城市的方方面面以及与之有关联的其他多方面的知识。这些知识，不但对学生能力的提高迁移会发挥作用，对其人文素养的提高也不可小视。

上课伊始，教师联系学生小学时读过的《威尼斯小艇》导入《水城威尼斯》，比较阅读、拓展延伸时，牵手小学、初中、高中有关威尼斯的课文与知识，使前后关联。体会总分顺序时，引导学生联系所读的《幼时记趣》《人民英雄永垂不朽》《雄伟的人民大会堂》等，温故知新。探究文章顺序的过程中，品味语言的环节里，请学生畅所欲言，各抒己见，开放的思路，多彩的答案，使开放的课堂充满生机。

教学媒体的适时运用，为营造开放而充满活力的课堂提供了有力的支持。课前，精彩的课题画面，优美的具有异国情调的意大利民歌，创设了与课堂教学相适应的美好的情境。“我们一起乘坐小艇贡多拉，去漫游水城威尼斯”的导语和水面上摇曳的小舟、花团锦簇般的小岛的图片一同把学生引入新知识的学习中。阅读思考题以及后面的文字图片，让学生在读有目标、学有所得的同时，获得较好的审美体验。那千呼万唤始出来的“公路铁路桥”的图片，使学生茅塞顿开，“里阿托桥”的灯火阑珊让学生惊呼。

“关于威尼斯、意大利，同学们还知道些什么”的问题一提出，意想不到的答案纷纷呈现，学生说着文学、电影、音乐、足球、工艺品，谈着历史、地理、生物，不一而足。“你们想更多地了解威尼斯吗？你们将通过哪些路径”的问题引发的答案：读书，走访，旅游，上网……

网络知识和课本知识的整合，图片与文字的配合，录像与图片的交替，使课堂教学动静和谐，相得益彰。

三、网络文化背景下开放性语文教学探微

“多媒体”与“网络”的联姻孕育出“多媒体网络教学”。这一教学形式扩展了单机多媒体系统的功能，实现了网上多媒体信息的传递和多媒体信息资源的共享。多媒体网络文化背景下的语文教学走向开放，笔者从教学内容与教学时空两方面做了一些有益的尝试。

（一）教学内容的开放

多媒体网络技术集文、图、声、像为一体，其所包容的信息量，提供的教学资源是任何教材、任何教师甚至任何一座图书馆都无法比拟的，它促使教学内容向课本外延伸。不仅如此，多媒体技术利用文字、声音、图形等多种途径充分刺激学生的各个感觉器官，大大改观了人脑获取信息的感官功能，促进了学生的记忆、思考、探讨等活动的开展，从而使教学内容的呈现与获得从单调的文字形式转变为多种直观生动的形式。教学《中国石拱桥》，你不仅可以从网上看到具有代表性的“赵州桥”“卢沟桥”，而且可以目睹“卢沟桥”上石头狮子“母子相抱”“交头接耳”“倾听水声”等“惟妙惟肖”的姿态；除了可以参考一些网友的教学设计、课件制作，还能欣赏到众多有关中国石拱桥的文献资料；不但能够找到丰富的文字素材，还可以聆听到有关桥的音乐制作……

面对浩如烟海的相关资料，对网络一往情深的语文教师所需的不仅是拥有的满足与欣喜，更需要的是一双善于取舍的慧眼。语文教师作为信息提供者、优化者，在大量浏览信息的基础上要进行认真、精当的筛选。有的放矢地选择一些材料，为课堂教学所用。学习《岳阳楼记》时，我从网上看到的内容甚多，择其精要，只向学生介绍了岳阳楼的几幅图片、范仲淹的生平、名家写岳阳楼的几篇诗文以及江南三大名楼、头发上刻《岳阳楼记》的农民创造世界纪录等信息。这些内容围绕教学目标，使学生对岳阳楼的景象有了直观而鲜活的印象，对“先天下之忧而忧，后天下之乐而乐”的政治抱负和“不以物喜，不以己悲”的情怀的理解不再艰涩。适当的拓展，丰富了学生的认知领域，给学有余力的学生提供了发展的空间。

多媒体的使用也改变了传统书本教材的线形结构，使教学内容的直观展示更为生动逼真，使教学活动摆脱了文字的平面化叙述，扩展了学生的视野，使教学内容打破了书本的文字局限，越过了印刷机时代的天堑。以前，学生要理解“赵州桥”“大拱由28道拱圈拼成，就像这么多同样形状的弓合拢在一起，做成一个弧形的桥洞”非常困难。网络虚拟技术，让学生百思不得其解的问题变成逼真的过程演示，大家亲眼看到“拼”的情境，便豁然开朗。学《活板》时，我们利用多媒体网络技术，让学生足不出户就把活字印刷过程看得清清楚楚，而从前我们要组织学生到印刷厂参观才能看明白。多媒体网络为语文教学提供了源头活水，让语文教师和广大青少年学生如饮甘霖。

(二) 教学时空的开放

网络拓展了传统语文教学的物理时空，突破了课堂的围墙，使学习不仅可以在教室内进行。网络时代，不同的观点、信息不再仅仅属于某一个人或某一个地区，大家都可以以共享资源的身份进入时空无限开放、受众无限开放的公有之地。这样的现实，对语文教学提出的挑战是不言而喻的。在讲授某些知识的时候，教师所言可能不及学生从网络中获取的全面、深入，教师的“权威”受到前所未有的“威胁”。“人—机—人”的交互模式使教师作为知识拥有者、传递者、权威象征者的作用大为减弱，作为学生指导者、课程指导者、社会文化诠释者的作用正逐渐增强。语文教师要转变思想观念，迅速适应这种角色变换。但是，目前电脑的普及率还不高，拥有电脑，能在家中与老师进行知识交流的是一小部分学生，学校的多媒体教室也不能满足所有学生网上学习的愿望。教学中老师要注重调动拥有网络资源的那部分学生的积极性，又要保护好暂时还不能上网学习的学生群体的自尊。

在学习《听潮》一文时，我针对班级的具体情况，给有条件上网学习的学生布置了网上找信息，到校展示、交流的作业；给不具备这类条件的学生布置了朗读、配乐的作业，并请他们对上网找信息的同学提供的信息进行整理、分类、筛选。这样全班同学都参与了《听潮》一文的多媒体课件制作，他们动手、动脑、动心、动情，协作精神、交往能力得到锻炼，创造性思维的火花在实践中迸发，审美意识也得到潜移默化的培养，我们班所上的这节公开课获得了前所未有的成功。在交互作用中，主体不仅获得知识上的互助，而且也获得了情感上的沟通，这就使每个单子式的个体——教师或学生从封闭的学习状态中走出来，在人与世界双向开放中增强了个体的参与合作意识和社会化意识。

网络技术拓展了教学物理时空的同时也拓展了师生的心理时空。传统教学中，师生虽然同室共学，但真正意义上的心理交流并不多，网络社会则给师生提供了超越时空的、开放的心理交往环境和可能性。语文老师利用网络和同学进行沟通：我可以在网上为学生批改作业、解答疑问，也能利用网络做一人一事的思想工作。我打开电子信箱，常常收到学生们的邮件。师生利用网络交流、交往、交心。我们的语言在这里交流，心灵在这里交汇，感情在这里升华。

在网络文化背景下，走开放性语文教学的道路充满希望。

第五章

基于生态的课堂

第一节 预设生成智慧无痕

人本主义心理学家库姆斯认为，好教师的教学绝不是千篇一律地遵循着什么既定规则的，他们都有各自的“个性”，并在教学中体现出来；好教师在教学中会注重“具体的”“特定的”情境，不可能以“既定的方法”行动，教师应当是“艺术家”。

美国教育家希尔指出：“教学是人类行动的这样一种方式，运用这种方式，许多行动成果的取得都是自然而然产生的，也就是说，教学行为的许多成果都是在与学生交互作用的进程中产生的，而不是事先构成的某种东西，更不是高效率所达到的。”

一、爱如潮涌

学习茅盾的《白杨礼赞》：“这时你涌起的感想也许是……”

“涌”字的体会颇有意趣：

生：涌，爱如潮涌，自然产生，如浪潮般澎湃。

生：泪如泉涌，情不自禁，不由自主。

生：泉涌，来得快，流量大。

生：汹涌，来势猛，突然，感想强烈。

生：害臊的时候，血直冲脑门，可谓涌。

生：我爸爸说，酒喝高了的时候，风一吹，酒气一下子涌上来，挡不住。

生：我晕车，胃里翻江倒海，食物要往外涌，无法控制。

生：千言万语涌上心头，说明想说的太多。

生：茅盾第一次踏上黄土高原，汽车在无边无垠、坦荡如砥的高原上奔驰，“雄壮”“伟大”，诸如此类的感觉不由自主地产生，瞬间形成，感慨良多，所以用“涌”了。

师：怎么体会遣词造句的佳妙？

生：联系生活实际。

生：联系和这个词经常搭配的词语。不妨多几个语境，多一些角度。

生：联系上下文。

生：运用老师教给我们的一些老方法。

师：比如？

生："白杨树实在是不平凡的"，这里用了"实在"这个副词。您曾带我们理解：实在，强调不平凡的程度，表明白杨树的不平凡是其固有的、客观存在的。茅盾赞美白杨树是建立在对它的深刻认识的基础上的，真诚而发自内心的。用宋丹丹的话说："白杨树是相当不平凡的。"那么，在预习《石榴》时，我读到"这风度实兼备了梅柳之长，而舍去了梅柳之短"时，自然感到句中的"实"，其作用不正如《白杨礼赞》中的"实在"吗？

师："实在"厉害，你已经学会迁移，具备一定能力了。

生：李老师"实在"棒，那么会启发我们，受表扬的我"实在"高兴。

师：哈哈，"实在"点，用实在说几句话。

生：昨天的那场球实在是精彩。

生：周杰伦的模样实在是酷。

生：刘翔的速度实在是快。

生：昨天的作业实在是多。

生：萨达姆的结局实在是惨。

生：这里的风光实在是好哇！（唱）

（众大笑）

（下课铃声响起）

生：铃声响得实在不是时候。

（众又笑）

师：小子们实在是逗，玩去吧！（下课）

我国叶澜教授也指出："课堂教学具有生成性的特征"，"每一次都是唯一的、不可重复的、丰富而具体的综合"。"'动态生成性'是对教育过程生动可变性的概括。它是对过去强调教育过程的预先设定性、计划性、规定性的一个重要补充。""教学在互动中生成、在沟通中推进。与传统的教学机制相比，最大的差异就是把学生不只是看做知识的传递者，同时还是课堂上不同信息的接受者、倾听者、处理者；不只是把教学看做是预设计划的执行，同时更是师生、生生相互作用的过程。”

教学是基于师生“生活史”的意义创生过程，不完全是现成知识的授受，而是审美与精神的探求。生成性目标是在教学情景之中随着教学过程的展开自然而然生成的课程目标，它是伴随课程的实施而不断达成的。

二、评头论足

课堂总让我兴奋，孩子们总给我惊喜，我们常常与精彩不期而遇。

师：《变色龙》中有环境描写吗？

生：有。第一节。

师：读读，品品。

（生大声朗读，品味，举手）

生：“四下里一片沉静。”是沉静，不是寂静，有种静得让人压抑的感觉。

生：“商店和饭馆的门无精打采地敞着，面对上帝创造的这个世界，就跟许多饥饿的嘴巴一样；”用拟人、比喻手法，写出市场的萧条，经济的凋敝，一点没有繁荣的感觉。“饥饿的嘴巴”说明百姓生活的惨淡，穷困，没有钱进商场和饭馆消费。

生：分号表并列，后面“门口连一个乞丐的影子也没有”，从侧面写出了社会经济的不景气。乞丐在此什么也讨不到啊。

生：这句话我以为除了写出了人们的贫穷外，还写出了当时人与人之间的关系冷漠。

师：这属于什么环境？

生：既是自然环境，也是社会环境。

生：在这样的环境里发生这样的丑剧、闹剧就不奇怪了。

师：赫留金为什么“拿手罩在嘴上，咳嗽一下”？

生：展示他受伤的指头，为了索赔。

生：提醒警官注意，博得同情。

生：赫留金怕警官，指望他给自己主持公道，所以赔着小心。

生：害怕把唾沫溅到警官身上，招来不测。

师：谁读过因为吐沫遭遇不测的故事吗？

（两人举手，分别陈述或补充——《一个小公务员之死》）

师：大家对这一细节有了更深的认知。

（关于服饰）

生：赫留金“浆硬的花布衬衫”，衣服品质差，表明他经济地位低。

生：还是一俗人，大老爷们居然穿着花布衬衫。

生：奥楚蔑洛夫的军大衣的穿与脱，表现的是内心的惊恐、胆怯，掩饰的是尴尬，争取的是时间，体现的是狡猾的性格，走狗的无奈。披着官皮，要着官腔，玩着狗把戏。这一服饰细节，这一道具，是一个很好的窗口。

短短的45分钟，精彩还不止这些。置身这样的课堂，你也会被感染。

教学中的预设和生成是一种辩证关系。小威廉姆·E. 多尔说：“课程不再是跑道，而成为跑的过程本身。而学习则成为意义创造过程中的探险。”教学有着宜人快适、怡情悦性的作用。法国生物学家巴斯德就说：“当你终于确实明白了某种事物时，你所感到的快乐是人类所能感到的一种最大的快乐。”这不仅是一种生理快感，而且是由人的创造才能、智慧、品格、思想、感情等本质力量的肯定所引起的喜爱、愉悦。在课堂里，要更多地让学生做一个发现者，课堂在资源参与情景中、在转换角色体验中、在集体智慧中、在错误解构中生成。教学内容由参与者互动获得，教学过程是丰富的、开放的、建构实践的、生活的创造。学生是教学的宝贵资源，学生的错误、问题、独特体验、理解等，都是促进教学向更深层次发展的重要的突破口和有力的载体……学生是创造者，能成为任何人的老师，是具有无穷潜力的人。

具体到教学美的创生，大致也是一个预设和生成相统一的过程，是教师遵循美的规律，带着高昂的教学热情引导学生主动参加创造性教学活动的结果。教师将教材中美的潜因与一般的知识性内容组合在一起，内化到自己的头脑中，并与自己已有的审美经验、知识相融合，然后将它们和谐地组织并物化在教案之中成为教学内容。在课堂教学中，教师再通过教学手段将教学内容展现在学生的面前，教学内容随着优美、恰当的形式作为一种信息进入学生的感觉通道，传达到大脑，并通过大脑中已有“图式”的同化、顺应和加工形成新的形象、观念，实现教学内容与主体需要之间的统一。于是主客体之间便出现一种和谐状态，美感体验随之产生。在这种活动之中，学生与教学内容达到了和谐，教师本身也和教学内容形成了和谐，教师与学生之间的智力生活、情绪状态更是达到了一种极大的和谐，心灵产生了共鸣，从而，课堂里出现了师生之间的和谐状态。

三、小牛真牛

我们班的孩子，胆子大的似乎太少。于是，在第一次自我介绍时，我就请他们到讲台前来锻炼。一来二去，他们渐渐适应了。那天我们正热烈地辩论“哈尔威”是不是真的英雄，正反方处于胶着状态，难分伯仲。

“李老师，”小不点顾鸣洲（小名牛牛）举手了，“我想到前面来一下。”我正迟疑，还没来得及“恩准”呢，这家伙居然出发了，一跃站到我身旁。

“认为哈尔威是英雄的同学请举手！”

一下子，大部分同学举起手来。

“认为哈尔威不是英雄的同学请举手！”

几个同学环顾四周，零零落落地举起几只手。

“这不就完了吗，还有辩论的必要吗？”小家伙朝我两手一摊，老练的架子俨然一个德高望重的仲裁。

他老人家撂下这句话就回归座位去。我一时有点懵了，陡然被将了一军，但我知道他是很认真的。做了二十多年老师，这场面还是第一次遇到。这个六年级没有念的跳级的小家伙，给我们的课堂吹进一股新鲜的风。我们那班很有主见的姑娘、小伙子居然还挺配合，我不得不佩服这小不点。

我首先为小顾的举动喝彩，“我们的辩论真的没有必要吗？”我抛出一个问题。

“爱说一族”（我们班的快嘴）从哈尔威的形象，雨果创作小说的背景，生命的意义等角度替我回答了小顾最后的提问。大家在不断的争鸣中加深了对文本的理解，对人物形象的认识，对生命价值的思考。小顾推波助澜的民意调查，给课堂注入了活力，起到了意想不到的效果。

“何似在人间”，这是顾鸣洲对活跃的语文课堂的评价。

《幼时记趣》教学正在进行。谈及“明察秋毫”的本意、比喻义，我延展到问学生哪些人可谓“明察秋毫”，学生们给出了丰富的答案：包青天、狄仁杰、神探柯南、007等，桑嘉伟转述：“王天逸说，还有黑猫警长！”全班笑翻天。顾鸣洲摇头晃脑：“何似在人间！”

这就是我们的语文课堂。这样的场景是时寻常而又寻常的。

就说《幼时记趣》吧。

“徐喷以烟”，解释为“慢慢用烟喷蚊子”，我提出：用的是什么烟？怎样喷呢？

“用的是火把”，不假思索的男生的话没落地，遭到一致攻击，“火把进蚊帐，可能吗？”

“用蚊香，蚊香冒的烟。”

“用的是吸管，古人用水烟台吸烟，用一根管子吸了水烟台里的烟，用嘴吹，慢慢喷，像不像？”

“有可能。”

“《红楼梦》里有香炉，同为清朝人，沈复可能用的就是这种类似手炉的熏蚊的器皿，让烟从小孔里慢慢向外喷。”

“还有可能用的是菖蒲，燃烧后再熄灭，就会冒烟，我曾祖母说她小时候就用艾草、菖蒲熏蚊子。”

“我同意这个说法，很符合时代特点，也写出了沈复的童心和创造力、想象力。”

初三第一学期上午，第三节语文课后是眼保健操时间，我刚出教室门，课代表小牛尾随而至。“不可以随便就不做眼保健操的。”我说。小牛煞有介事地说：“我要和你谈心。我说的问题很重要，比眼保健操重要！”我一头雾水，不知他葫芦里卖的什么药。听随堂课的老师很好奇，想打听，小牛摇头。我说“不足为外人道也”，他颔首。八班陈老师打趣说，他要悄悄地告诉你今年南通市中考作文题。一路闲聊，到我办公室。关上门，小牛正色道：“虽然是悄悄告诉你，但问题很严肃。”学会给我留面子，没有当众揭发。

带着语文书的小牛在我办公室的椅子上落座，郑重地说：“你今天犯了一个大错。你讲《与朱元思书》是四六文，骈文，押韵。我认真研究了，并不押韵。”

是吗？我和他逐句细读《与朱元思书》，研究韵律。小牛认识到骈文的用韵不同于诗歌和铭文（《陋室铭》读过），它不是一韵到底或一二四押韵、一三押韵、二四换韵，而是以几个韵律为主，参差变化的。

我们开心地交流着，小牛说他不迷信权威，只要认为有道理的，他就要提出来，不管结果怎样。如果他是对的，对别人有帮助；他错了，也能欣然接受，还把问题搞明白了，这才是他以为最重要的。我告诉他，他这样的做法正是我希望的，我特别喜欢他的原因之一就在于他这种“吾爱吾师，吾尤爱真理”的精神。

第四节仍是语文课，我们并肩而行，到得教室。我将课间我们俩讨论的话题向全班发布，在全班同学面前再次表达对小牛的敬意，同学们不由得为他响起热烈的掌声。

某日，我打印了班上孩子的一组优秀作文供大家评点。每人任选自己欣赏的三篇写眉批、总评。第二天，大家交流展评。风平浪静，一片颂歌。不知何时，小牛开枪：我点评周冯的。他一口气提出班长的作文的四个问题。事后，我读到班长和小牛的文字：

老班：

李老师捧着作文纸走进教室，不错，今天评讲作文！一张张作文纸从前飘到后，从左飘到右，我从漫天飞舞的雪花中抽出自己点评的那一张。

“我们有许多同学点评得十分精彩，特别是打钩儿的或是打五角星的。”我低头一看，雪白的纸上的确有一道凹下去的红色勾勾，不禁沾沾自喜。

“下面，就让这些同学说一说他们点评的地方。”我的心里有一处阴暗的地方咯噔一下，我知道这些作文里有一篇是我写的，因为偷了会儿小懒，后半部分写得极其无聊。我眯起眼睛，左瞄一下，右一瞄，嘻嘻，没有人点评我的，真是太棒了！瞧我现在的神情，快要乐到天上去。

谁在说我的名字？我的金色天堂中闪过一片令人厌恶的阴影。教室北部前排位置举起一只手，“老师，我点评周冯的文章！”我的脸涨得通红，眼睛瞪得大大的，捏紧拳头，两个鼻孔不停地喷气，有点儿混世魔王的样子。

“这篇文章有好几处错字，比如说‘混’，我就搞不明白……”一个个地雷从他嘴里蹦出，全都轰炸在我的心上，形成一个个黑乎乎的洞。别说了，我尽力把眼睛睁大，不让那几粒豆豆掉下。教室里似乎传来一阵刺耳的笑声，那尖锐的声音一直在耳边回响……

冷静下来，冷静下来，我不断抚平自己的心。老师复杂的目光投向我，我只得深呼吸一下，挤出一丝尴尬的笑，一直撑到那束目光消失。

我哆哆嗦嗦地拿起纸片，翻到有自己名字的那一面，心上的伤痛渐渐平复。确实，我写的文章确实有错误。发胀的脸慢慢恢复正常，紧咬的嘴唇慢慢放松，我将自己的作文看了一遍又一遍。

下课了，同学们同情地看着我，我挥了挥手，没事，这种小事都经受不住吗？况且，本来就是我的错，这种低级错误本不该出现在我的作文里。他的话虽不中听，却是善意、公正的。在赞扬声中长大的我，猛地有些受不住，但冷静下来，真挺感激他的。这是一级新的台阶，我终于迈上去了。

与此同时，小牛写了下面一段话：

她，成绩优异，是我追赶的目标，也是我所钦佩的对象。从前，我们几乎没有瓜葛，各人在各人的人际圈子里，对她只是莫名的敬畏罢了，似乎是“井水不犯河水”。而最让我感激的事情，就发生在刚进入初三的一个月里：这是一堂作文讲评课，她的作文又成了一篇范文。我把早已准备好的四个“刁钻的”问题提出来。没想到，没有怀有任何“不高尚”念头的我笑了一声，引起了她的反感。我的本意是表示歉意的“希望不要介意”，在她看来，似乎是无情的嘲笑！那时，我清楚地看到她红红的脸和尴尬的表情。课后，有人告诉我，她很伤心。我愕然于她竟感性到如此叫人匪夷所思的地步！但退一步想想：我做得也不太对，为什么我要笑一下？为什么我不能当面对她说，让她别介意？为什么当时我不能换位思考，推己及人？为什么……她用她特有的感性告诉我理性的道理，我已明悟，并抱以深深的感激和油然而生的敬意。

……

两篇文章，一片掌声。

四、《你一定会听见的》课堂实录

授课时间：2010 年 5 月 24 日

授课班级：如东实验中学初二（9）班

（一）导入新课

师：同学们，今天我们一起阅读一篇文章，大家一起读课题——《你一定会听见的》。

（二）整体感知

师：课前大家作了预习，说说看：这篇文章主要写了什么？

生：用心感受的各种声音。

师：文章向我们展示了众多的奇妙的声音，这些声音大致可以分为两大类：第一类声音是自然的，第二类声音是什么？

生：人们生活中的。

师：从时间的先后来看，先写的声音是？

生：我们难以察觉的声音。

师：那后面呢？

生：是我们经常听到，习以为常的声音。

（师板书：声音难以察觉　习以为常）

（三）品读精妙

师：在同学们整体感知的基础上，我们来做一件有趣的事情——品读精妙，请把你认为写得精彩的地方标注出来，再用朗读把它的精妙之处表达出来。

（学生自读，标注，约 8 分钟）

师：请大家交流。

生：第 5 节“当微风吹过树梢，当清风拂过明月，当狂风扫过巨浪，当台风横越山岭”，其中“吹”“拂”“扫”“横越”四个动词具有不同的特征和强弱程度，它们是渐强的。第 6 节“当小狗忙着啃骨头，小金鱼用尾巴拨水，金丝雀在窗沿唱歌，当两只老猫在墙头吵架，三只芦花鸡在啄米吃”，其中的“啃”“拨”“啄”三个动词也写出了不同动物的特征。

生：第 5、6、7 节，开头用反问的修辞手法提问读者，列举出我们习以为常的声音。第 6 节中“金丝雀在窗沿唱歌，当两只老猫在墙头吵架”，用拟人的修辞手法，形象生动地写出了金丝雀歌声的美妙和老猫争吵时可爱的景象。

师：你能把这种可爱的景象用朗读表现出来吗？试试看。

（生朗读）

师：是“墙头”而不是“床头”。

师：第 5 节中运用的是什么句式？

生：排比。

师：朗读时我们要把声音强弱的变化表达出来，把气势读出来，把不同声音的特质表达出来。谁试试看？

（指名读，齐读）

生：第 1 节中的“蒲公英有一蓬金黄色的头发，当起风的时候，头发互相轻触着，像磨砂纸那样沙沙地一阵细响，转眼间，她的头发，全被风儿梳掉了”运用了比喻的修辞手法，把这种不易感受的声音比喻为我们生活中很熟悉的声音，这样生动形象地让我们能够感受到蒲公英梳头的声音。

生：“金黄色”写出了蒲公英的颜色，把蒲公英的外形比做人的头发，很形象生动，让我们更加了解蒲公英。

师：这里面还有什么手法?

生：拟人。

师：这一节我也很喜欢，当我第一次读时，就被第一节深深地打动了。

(教师范读)

师：多有情趣，多有味道！我们一起轻轻地来读。

(生齐读)

生：第 2 节中蚂蚁“小跑步”“做体操”运用了拟人的修辞手法，非常地生动形象，写出了蚂蚁的情态。另外，“一粒小酸果从头顶落下，‘不好，炸弹来啦’”很诙谐幽默，活灵活现地写出了蚂蚁的张皇。

师：你能用朗读把它诠释出来吗?

(生朗读)

师：你把这种情境准确地表达出来了。

生：第 8 节整体的语言是生动形象的，通俗易懂，充满童趣。

师：这些声音都是发生在我们身边的，所以读起来特别亲切。

生：我觉得第 3 节写得非常好。雪花飘落的声音非常细微而难以察觉，很多人都没有听到过，作者展开联想，把它描摹得栩栩如生，让这种声音在我们耳边萦绕。“一朵小小的雪花，从天上轻轻地、轻轻地飘下，飘呀飘，飘落在路边一盏孤灯的面颊上”是诗意化的描写，意境很美。“微微地一阵暖意，小雪花满足而温柔地融合了”使人感到特别温馨。

师：你能读出这种温馨吗?

(生朗读)

师：你读得很努力。谁能读得更温柔些?

(生朗读)

师：她对这一节把握得很好，我们为她鼓掌。

生：第 10 节，听和看相互依存，缺一不可，写出了它们的关系。

师：你读读看。

(生朗读)

师：这一段特别有味道，对上文有什么作用？

生：是一个过渡段。

（生齐读）

生：第 11 节，首先举了生活中的一些例子，如“马路上疾驰而过的汽车声，隔壁工厂轰隆隆的马达声，老奶奶唠唠叨叨的抱怨声”，让读者更加形象地理解了作者所说的“长期习惯了一种声音或潜意识里抗拒某种声音”。“过滤”一词形象生动地写出了我们对声音应有选择性，人应该接受有益的声音，要学会听，有选择地听。

师：你觉得这一节最关键的是哪一句话？这句话是对这一节的总结。

生：聪明的人，知道什么时候该听，什么时候不该听，这是因为他在“听”的成长过程里学会了思考。他听进心里的声音，不仅“好听”，也是“有益的”，这些声音，充实了他的生活，使他得到很多乐趣。

师：真聪明。你带着同学们读一读这一节。

（生领读）

师：还有喜欢别的吗？

生：第 7 节，列举的声音都是和水有关的，表现了声音的奇妙。

生读第 7 节。

师：纠正“盛”的读音。请你的同桌读这一节。

（生朗读第 7 节）

师（面向另一名学生）：你刚才想说什么？

生：第 14 节的语气十分轻松，显得十分亲切，拉近了读者与作者的距离。

师：你发现读这一节没有一种强迫的感觉，你把这一节读一读。

（一生朗读，全班齐读）

师：我们读一篇文章，不仅要读出它的精妙之处，更可贵的是上一个层次，要读出问题，思考问题。请大家自主阅读，发现问题，有了心得，一起分享。自己不能独立解决的，大伙集思广益。

（生阅读，思考，提问。约 5 分钟）

师：我们现在来交流分享大家的问题。

（四）提问解疑

生：第 9 节中“而每一种声响，每一种声音，都代表了不同的意思”中

"声音"与"声响"是否重复?

师：哪个同学对这个问题有思考?

生：在看这一句话之前，我们先读一下前一句"声音就是物体震动时，与空气相激荡所发出的声响发出的声音"，这句已经解释了声音是一种较为特殊的声响。

师：也就是说声音不等同于声响。

生：是的。

生：文章前三节写的是不易察觉的声音，文章为什么要从近乎无声的声音写起?

师：这个问题提得很有价值。

生：因为这些声音很容易被人忽略，而它又能使读者耳目一新，而且产生继续往下读的兴趣。

生：说明了作者细心地聆听与观察，说明了聆听的重要性，也就是用心地去聆听。

师：可以看出作者是一个细心的人，一个善于用心观察和体味的人。

生：第 5 节和第 7 节中"你总能听见些什么吧"，为什么第 5 节后面是感叹号，而其他的是问号?

师：有没有人注意到这个细节?

生：因为第 5 节的结尾是一个反诘句，语气比较强烈，所以用感叹号来加强语气。

师：后面的问号是不是也是表示反诘?感叹号比问号表达的情感更怎么样?

生：第 5 节运用了一组排比句，气势一拨比一拨强烈，我认为用感叹号更能加强语气。

师：还有问题吗?

生：作者一开始所写的声音是我们不易察觉的，是不是太武断了?

生：我觉得不是。因为作者在文中说了：其实只要你用心去听，用心去感悟，你就一定会听见。

师："一定"表示什么?

生：作者对读者的一种希望，一种期待，一种鼓励。

师：我们带着希望、期待、鼓励读一读这个题目。

（生齐读课题）

师：昨天有同学问我：聋子会听见吗？你们怎么想？

生：这里的“听”是指用心去感受生活，不是一般意义上的用耳朵去聆听。

师：“听”字在繁体字中是怎么写的呢？（出示幻灯片：聽）从字面上来看，你能解读出点什么？

生：如果你要听，一定要用耳朵去听，你也要用心去听，要用耳朵和心一起去听，才能听到更多的东西。

师：还有其他发现吗？除了耳朵和心之外，还有一样东西。你发现了没有？右边的十字下面竖起来看是什么？

生：目。

师：这就告诉我们：要把耳朵唤醒，还要把什么唤醒？

生：眼睛、心灵。

（师板书：聽）

生：从这个繁体字来看，造字的人是希望人们用眼睛观察一些微不足道的事情，要悉心、细心。

生：要十分专注，要一心一意。这可见中国的汉字博大精深。

生：它的右半部分和“德”的右半部分是一样的。所以我觉得造字的人可能认为用心聆听就是一种美德。

（听课者与其他学生一起鼓掌）

师：桑嘉伟的这个解读太精彩了！有新意，有深度！

师；还有问题吗？如果没有了，我来请教一个问题：你怎么理解文章的最后一节？作者为什么这样结尾呢？大家一起读一读结尾部分。

（生齐读）

生：如果以一颗快乐的心去聆听世界的话，你一定会听到这个世界的美妙；如果以一颗悲伤的心去聆听的话，你听不到这个世界的奇妙之处。

师：也就是说要以一颗怎样的心去听？

生：以快乐、达观的心去聆听世界，世界就会更加美妙。

师：还有补充吗？

生：结尾很新颖，跟一般的文章不同。

师：你觉得新颖在哪儿？

生："你开始微笑，轻轻地笑，大声地笑"，笑的程度越来越大。

师：应该是越来越……？

生：程度越来越深。

师：对。为什么"这个世界，也跟你欢笑"呢？

生：我们以一颗乐观的心去看待这个世界，你就会发现这个世界其实是很美妙的，这时候你就会为这个美妙的世界而欢笑。

师：当我们不这样做的时候，反过来会怎么样呢？文章中有没有提及？

生：提到了，第12节。

师："如果一个'充耳不闻'的人，对外界的一切已经无动于衷，必然也是一个'视而不见'的人了。当一个人丧失了接受'世界声音'的能力，他不就成了一个不折不扣的木头人吗？"作者写这一节其实跟上一节是对比着写的。也就是说你对生活的态度不同，那么你在这个世界上得到的快乐、发现的趣味就完全不一样。通过正反对比，就是要告诉我们应该怎么做呢？

生：应该用心去聆听，用心去感受世界的美妙。

师：如果你微笑着看待世界，世界就会对你微笑。因为生活就是一面镜子，你对它笑，它也会对你笑。你轻轻地笑，大声地笑，这个世界，也跟你欢笑。

师：同学们，让我们把耳朵叫醒，把眼睛叫醒，把心灵叫醒，让我们一起来聆听一首美妙的音乐！

（五）聆听音乐

（播放《森林狂想曲》）

师：你可以跟着节拍，可以闭上眼睛听，你听到了什么？感受怎样？

（生入神地聆听）

师：同学们，你刚才听到了什么声音？

生：我听到了各种动物的叫声，比如鸟、青蛙等。

生：各种昆虫的声音。

生：开门的声音。

生：溪水的声音。

生：我还听到鸟儿的鸣叫声。

生：各种动物的叫声，如猴子。

师：这首乐曲中总共有几十种声音，它是台湾的作曲家用五年的时间采集自然界的总共 100 种真实的声音编辑而成的。听着这段音乐，你感觉怎样？

生：我感觉这首曲子很欢快。

生：这种声音很自然。

生：各种声音交织在一起非常和谐，能让人感受到大自然很祥和，充满着生机和欢乐。

生：一开始是清晨，各种昆虫开始鸣叫；慢慢地接近高潮，到了正午，声音越来越响，我听到了蝉鸣；然后声音又渐渐地弱了，这时各种声音交织在一起，非常和谐。听起来非常自然，让人身临其境，心旷神怡。

生：用现代音乐来表达田园、乡村生活，很自然。这就是现在提倡的所谓低碳生活，我们所有人都能在这样一个环境里生活的话，我想二氧化碳会少很多。

师：你是一个环保主义者，很精彩！

生：我们可以感受到大自然的声音无处不在。

师：很美妙。

生：这些声音紧密联系生活，清新自然活泼，展示了生活的丰富多彩、奇妙无穷的声音，只要认真聆听，就能给我们带来很多乐趣。

师：用文章开头的话来说，是什么？

（生齐读）

师：这就是大自然的奇妙交响，神秘诉说。

生：我觉得这些声音是原生态的，感觉非常纯净，没有经过一点人工雕饰，让人感觉到了本真的世界。

（六）说出感悟

师：读到这里，我们便知道了“你一定会听见的”其实是有条件的，那么你结合对这篇文章的解读来说说看，你一定会听到的，从课文当中，其实我们明白了这些条件是什么？你把它加上去。

从课文________处我明白：只要____________，这时候，你一定会听见的！

生：只要用心去聆听，抱着积极乐观向上的态度，这时候，你一定会听见的！

生：从第 10 节我明白，只要用心听，这时候，你一定会听见的！

师：说不一样的。

生：从听中学会成长。

（师板书：成长）

师：你有这样的例子吗？

生：没想到。

师：有想到的同学吗？曾经有什么声音让你成长？

生：听到厨房里做饭的声音，我体会到父母对我的爱。

师：你真不简单！

生：我们听到老师的鼓励，更加努力地学习，我们成长起来！

生：当我听到国歌的时候，油然而生爱国之情。

师：是的，顾鸣洲同学观看奥运会电视节目，每当升国旗奏国歌的时候，他很庄重、严肃、高亢地唱国歌，是真实的故事。

生：只要认真地把父母的唠叨记在心里，你就会成长。因为唠叨里面有许多的爱。

师：同学们，其实我们还要有审美的心，你发现了没有？作者之所以把自然界的这些声响描述得如此的美妙、神奇，就是因为他有一颗感受美的心，有一个会创造的灵魂。你们发现了吗？如果没有这样一颗心，我们就不可能听到蒲公英梳头的声音，小蚂蚁跑步的声音，也不可能听到清风拂过明月的声音。同学们，只要我们把自己的感官唤醒，一定能聆听到、感受到世界上众多曼妙的声音，与此同时，我们就一定会不断地在声音中成长、成熟起来。

（七）布置作业

今天这堂课就上到这里，课后请同学们从作者介绍的几个游戏当中挑一个你感兴趣的做一做，把感想记下来，这就是今天课后的作业。下课！

五、互动生成——《你一定会听见的》的教学随感

“无痕”语文营造开放的课堂、生成的课堂、互动的课堂、创造的课堂。灵动和谐的课堂教学是鲜活的生命个体对话与交流的过程，生成性是课堂教学的重要特点。教学活动是预设与生成、封闭与开放的统一体。“互动生成”是一种富有灵性的召唤，更是一种价值引导下的自主构建。“课堂互动生成”

是师生互动建构、共同成长的过程。关注教学互动生成的细微之处，引导学生读书、思考、提问、讨论、让学生在学语文过程中提高语文素养，是语文课堂的灵魂所在。

（一）以生为本的设计

学生的自主学习是课堂互动的动力源泉。学生要成为互动主体，必须以自主探索和独立思考为前提。基于此，我科学准确地确定教学目标及教学思路，教学过程的组织科学有序，符合学生学习语文的规律。在学生认真预习的基础上，我从整体感知文本内容入手，进而品读精妙，提问释疑，保证学生有充足的时间阅读、思考、质疑、讨论，允许和激发学生思考，允许和激发学生思考自己的问题，允许和激发学生以自己的方式思考问题，允许和激励学生表达自己的观点。立足于促进学生的发展，充分体现以生为本，以本为本的设计理念。课堂提问精、巧，在设计上源于文本又跳出文本，既有宽度，又有弹性。学生读得投入，赏得精彩，问得独特，议得深刻。

特级教师王学东："无痕"语文的提出基于三个尊重，一是对学生认知规律的尊重，这堂课由浅入深、由表及里，慢慢地引导学生去理解文本。第二，源于对学生主体的尊重。一切从学生出发，根据学生的特点，在整个课堂教学当中充分体现了对学生的尊重、肯定。第三，还有源于对学生独立人格的尊重。今天有许多学生通过自身的生活经历谈感受，特别是最后一个阶段谈得非常出彩，教师也给予了充分的肯定。

（二）角色互换的关系

"自在、自由、自主"是我们"无痕"语文课堂的显著特质。师生关系是课堂的核心关系。民主和谐的课堂里，师生关系不断转换，"师"即"生"，"生"亦"师"，我们是师生，也是伙伴，是学习共同体，投身课堂，置身文本情景，忘了自己。当师生达到"忘我"的境界时，他们的兴趣、关注度往往达到了极致，一切教育因素都是自由、开放、和谐与共振的，他们的心理机能得到全面和谐的发展，各美其美，美美与共。"民主性，非常平等，鱼水关系。谁是鱼，谁是水，说不清，你不是讲授者，只是主持人，不是权威，而是学习者、伙伴。"（特级教师朱嘉耀）"融于大和，催动师生的发展，教师和学生达到一种完全交融的境界。""对语文教学是完完全全的投入，确实达到了这样一种能够带她的学生完成诗意之旅的大气境界"。（特级

教师郭志明）

（三）关注倾听的姿态

倾听是师生的生存姿态，也是基本的个人素养。课堂互动需要了解他人的观点，为此首先必须要关心和注重他人的观点。教师不仅要自己关注学生，还要培养学生学会关注。如果学生不能很好地关注教师和其他同学，课堂上就不可能呈现有效的互动。倾听是主动了解他人观点的行为。通过倾听了解他人观点的过程，就是努力理解对方意图、思考、恰当回应的过程。教师不仅自己要学会倾听，还要培养学生学会倾听。师生倾听的质量是有效互动的重要保证。

这堂课，我和学生们一起倾听文本，倾听彼此，倾听音乐：从“难以察觉的”到“习以为常的”，从有形的到无形的，从自然的到社会的。可以说，这是一堂“听”觉的盛宴，从窗内到窗外，从耳朵到心灵，斯役之旅，快哉美哉！

（四）教学资源的捕捉

丰富的教学资源是课堂互动的信息基础。要在课堂中进行有效、活跃的互动，必须要激起学生的兴趣，启发学生的思维，提供丰富的思维加工的材料，而这一切有赖于多样、合适的教学资源。除了传统的教学资源外，学生原有的知识经验，生活体验和课堂互动中提出的问题、见解，学生的学习状态等都是教学资源。教学资源具价值潜在性，需要教师在教学中去寻找、发现和积累。

教学中，我适时引领学生解读“听”的繁体字，诉说聆听《森林交响曲》的感悟，学生的评说闪烁着智慧的灵光，生成出诸多精彩。

“基于大智。听李老师的课，感觉她对课文烂熟于心，就在评价每一个学生的发言的时候，她的评价、引导总是恰如其分，这一点是语文最重要的品质。文本要研究透，这仅仅是智慧的一个方面，更重要的她对语文学科的把握，她对语文和生活外延的一种到位的把握。”（特级教师郭志明）

精彩源自互动生成，互动生成的课堂是真实的、有生命活力的所在，是“无痕”语文的精髓所在，是我孜孜以求的理想课堂。

六、用“倾听”来实现课堂的“无痕”——评李凤老师的《你一定会听见的》

在不少教师参与“语文树旗”“运动”中去的背景下，李凤老师也未能

"免俗"，树起了"无痕语文"的旗帜。先前，尽管我知道，她的这一行为一定是多种因素共同作用的结果，尽管我对她从一开始认识就怀有一份真诚的敬意，但不必讳言，对她的"树旗"之举（包括"无痕"这一面独特的旗帜），我是有点"腹诽"的。但当我多次听她的课，特别是当我听她上面的这一堂课之后，我的想法有了改变：对于李凤老师来说，不着斧痕、自然清新、随物赋形或"行于当行，止于当止"的境界是一种执著的追求，而且，这种追求已然在她的课堂里，特别是在她与学生的对话中，逐渐成为一种现实。可以说，现在，"无痕语文"不是李凤老师刻意为自己加的一个符号，而成了她的教育生命的一个鲜亮写照，成了她不断的教育行走过程中的一道深刻的"屐痕"。

在这里，关于"无痕"，我不想说得太多。我想就这一篇阅读文本的主题——"倾听"，结合自己近年来所研究的一个课题——《"倾听教育"研究》，来谈一点个人的"观感"。

这个课题是我与一所小学合作开展的。起初，我们就拟定了"行动纲领"："倾听窗外，声声入耳；倾听师长，天天向上；倾听同伴，走向共生；倾听儿童，享受教育；倾听自我，反思成长。"《你一定会听见的》自然是实施"倾听教育"的一个很好的文本，同样，李凤老师的这一堂课也从一个角度诠释了"倾听教育"的"真意"。

这篇文本非苏教版教材，选自沪教版。这种越过"责任田"而向着外界的教学"瞭望"，我以为不仅表明了教者对文本作为一篇散文或者说作为一篇语文教材"语用"价值的重视与眷顾，也表明她对"倾听"问题是有所关注、有所倾情的，亦可以讲，这篇散文所表现的主题、所蕴涵的意义对于教者而言是"于我心有戚戚焉"。事实上，看李凤老师上课，一个最为鲜明的印象是，她对学生的倾听，她对学生学习状态深深而又灵动的关注，所以，她与全体，与每一个个体都保持着真诚、亲和而又密切的精神对流。从这种对流中，你看不出有任何一点矫情、夸饰，甚至看不出有较多的努力、技艺，一切都是言出肺腑，都是风行水上。来看一个细节，她先与一位学生对话，然后，转向另一位学生："刚才，你想说什么？"在这个看似波澜不惊的细节里面，我却读到她"一个都不能少"的教育情怀，看到她"一枝一叶总关情"的教育细心，也察知了一位成熟、优秀并且正在走向卓越的教师，她的宏大开放而又明敏善感的"倾听情结"。毫不夸张地说，没有这一点，就没有李凤老师作为优秀教师群体中的“这一个”（黑格尔语）的独特精神、别致风格，没有在一届届学生那里“亲其师，信其道”而介乎大姐与长辈之间的“李老师”的可敬形象、迷人风采。我甚至想说，李凤老师之所以选择了这篇文本来开一节大型而重要的公开课，其中必定有着一些“宿命”的因素：“倾听”着的老师必然会选择关于“倾听”并且倡导“倾听”的文本——“倾听”是她的教育精神的一个“原点”。

李凤老师倾听着学生，她也款款地带领着学生倾听“窗外”大自然的声音。这是非常宝贵的，因为我们的学生很多生活在水泥丛林之中，我们的教育也不允许他们经常去读一读“大自然三百页的书”（苏霍姆林斯基语），在很多时候，在很长时间里，师生几乎不接“地气”。在《“倾听教育”研究》开题论证会上，作为专家组组长的李吉林老师，最后特别关照我，不要把“倾听窗外”片面地理解为倾听社会，参与社会，而首先要让孩子们倾听天籁之音，倾听鸟啾虫叫，雷鸣风啸……李凤老师正是这样的，她总是争取或创造机会把学生带到乡村田野，带到林中海边。今天的这堂课，她无法带着大家投入自然怀抱，幕天席地，边读书，边赏景，边悟理，但你看，她在许多环节的处理方面，让我们感到“绿色课堂，绿色生活”的清新之风扑面而来。《森林交响曲》旋律之中的闭目冥想是如此，课后布置的一道关于“声音游戏”的作业也是这样，一个是对学生在自然中习得、收获的体悟、经验的即时激活，一个是有意识地把这种体悟、经验更好地延伸、放大。真的，“语文的外延等于生活的外延”，在此，我们感到它不是一句虚言或者空话。

当然，如果仅有对儿童或自然的倾听，那么，它未必就能成为一堂好的语文课。李凤老师在这一课中特别注意引领学生倾听文本，倾听文本的心跳。“品读精妙”环节，让学生静静地品味语言及其表达的思想之美，学生发表了许多真知灼见。海德格尔说：“讲本身就是听，讲是对我们所讲的语言的听。”学生的“讲”既是对文本、对作者心声的谛听，也是对其自身“内语言”的听，而这种“内语言”又是他个人与作者、与文字、与形象、与自然等多种元素碰撞和交融的结果。很显然，李凤老师的学生是善于讲的，也毋宁说，他们是善于“听”的。而“提问解疑”环节，学生们向思维更深处漫溯，他们提出许多很有质量的问题，也发表了不少颇具见地的意见，这些建立在他们对文本较为深入、深刻和深情的阅读与揣摩之上，而这些又自然是他们“倾听”文本的一种最佳姿势。著名学者高文教授说，提问

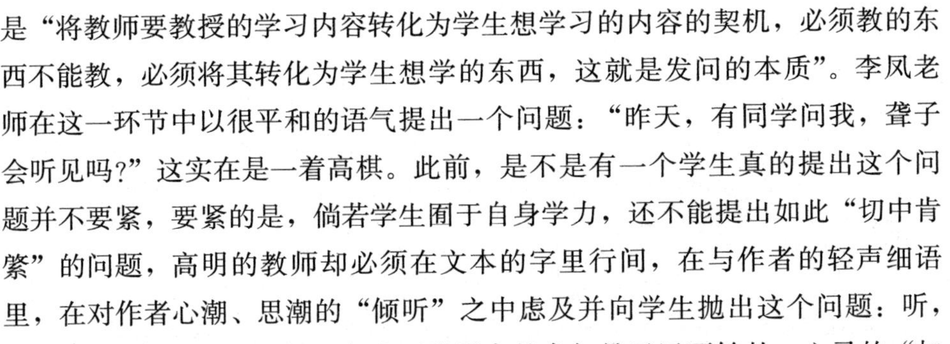

是“将教师要教授的学习内容转化为学生想学习的内容的契机，必须教的东西不能教，必须将其转化为学生想学的东西，这就是发问的本质”。李凤老师在这一环节中以很平和的语气提出一个问题：“昨天，有同学问我，聋子会听见吗?”这实在是一着高棋。此前，是不是有一个学生真的提出这个问题并不要紧，要紧的是，倘若学生囿于自身学力，还不能提出如此“切中肯綮”的问题，高明的教师却必须在文本的字里行间，在与作者的轻声细语里，在对作者心潮、思潮的“倾听”之中虑及并向学生抛出这个问题：听，是最关乎心灵的一种行为；仅有听觉器官的参与是远远不够的，心灵的“加盟”才是最重要的……

我并不十分着意于把李凤老师的这一课与我们的“倾听教育”，与它的“行动纲领”对照，当然如果一一对照的话，我们可以发现彼此之间有着或隐或显的内在关联。而提起“关联”，我忽然想到，“倾听”与“无痕”不也有着一种内在而深刻的关联吗？不错，如果在我们的课堂里形成了四通八达的“倾听”关系，如果“倾听”成为师生、生生、人（与）文之间的一种相处方式乃至一种生活状态，那么，我们的语文、我们的课堂、我们的教育都有可能是“无痕”的——当然，“无痕”绝不仅仅意味着（甚至就不是指）外在表现形式的丝丝入扣、水乳交融，更意味着彼此的“视界融合”，意味着师生走进了对方的心灵，进而使自我的心灵变得更为敞亮。

——李凤老师和她的课应该就是这样的。

（南通市教育科学研究中心副主任，特级教师　冯卫东）

第二节　师生协进灵动无痕

虽然师生间由于社会角色的不同存在着一定的心理位差，其心灵互动在某种程度上也不可避免地具有规定性和“控制——服从”的特征，但就其本质而言，师生间的心灵互动是师生双方发生的一切相互作用和影响。课堂教学中开展师生互动，都应出自双方心灵之间真诚的动机和愿望，应该以交流对话为载体，在相互沟通中实现的。无痕语文教学中，师者的人文情怀、精神世界如容纳百川之江海，和着孩子们潺潺而来的鲜活的涓涓细流，一起涌动，奔腾！

一、打开心门

心灵自由指的是学习前积极的心理准备状态，是师生双方最大限度的彼此开放。也只有当师生双方心理实现最大限度的开放程度，才能达到最佳的教学效果。

在开放的心理状态下，师生双方对对方提出的要求能积极接纳、主动反应。师生围绕教学目标全身心地投入，教师鼓励学生表达自己的想法，学生在认同接纳的同时，也能自由质疑。师生的心灵越是相互开放，彼此之间的接纳程度越高，学生学习的主动性越强。在这种情况下，教师感觉课堂就像顺水驾舟，只需轻轻点拨，就能顺利达到预定的目的地，有时可能还会产生意想不到的“惊喜”。“自由心灵”状态下的学生，暂时摒弃了求知以外的“私心杂念”，带着愉悦的心情、强烈的求知欲、积极的思维、灵敏的反应、友好的合作态度进入学习当中，学习过程将不断出现思维的火花：认同、疑问、异议、讨论、争辩、升华等。这种心灵状态使得学生的思维如草原上脱缰的野马，或顺势而下的滔滔江河，只需适时点拨，便能驾轻就熟、百川入海。

“认知教育总得要传授知识。但有一样东西比知识模糊，不过它比知识更伟大，在教育过程中居于主导地位，人们把它叫做智慧。也许你可以轻而易举地获取知识，但未必能轻而易举地获取智慧。”（英国哲学家怀特海）知识可以传授，智慧是靠内心生成的。要让学生有智慧，就要打开心灵之门，让他敞开，让他快乐，让他自由。

课堂上，孩子们享有充分的自由。有时，我把讲台让给他们，有时他们主动请缨“借讲台一用”。孩子们质疑的人物“妹仔”，关注的细节“金盏草”，留意的“没有风。”后面的句号等成为课堂中不曾预约的精彩。我用铅字记录它们，感谢他们。

二、协进创新

在真实的问题情境中创新。阅读托尔斯泰的《七颗钻石》，一学生提出“小姑娘为什么夜里去给妈妈找水”的疑问，其他学生到现实世界的真实环境中去感受和体验文本，我们的课堂便成了心灵的对话：白天小姑娘要照顾病重的妈妈，晚上可能妈妈睡着了，她才悄悄跑出去找水；文章一开始就说了，河流和水井都干涸了，哪儿都找不到水，可小姑娘不抛弃不放弃，仍出来给妈妈找水，可见她的爱心之可贵；一般说来，我们小姑娘都是怕黑的，走夜路很恐怖，一个女孩子晚上出来需要很大的勇气，要是我，真的不敢，难怪小姑娘的行为感动了上帝；小姑娘人小，白天即使找到水，也有可能被别人抢去，晚上出来有道理；白天找水有阳光晒，身体吃不消，晚上因为有露水，挥发量也小；因为是晚上出来找水，几次让水，感天动地，才有后文的七颗钻石升到夜空天上变成七颗行星——大熊星座，如果是白天就看不到它们……

我在阅读教学的设计上创新，在教材的深度开掘与重组编排上翻新，在课堂的结构上求新，倾听不同的声音，奖励挑战教师与文本权威之举，因此，绚丽的创新火花时时迸发。

初三开学第一课，阅读《陈涉世家》。孩子们很投入，有激情，效率高，听课的老师好生羡慕。

第一课时，我们给陈胜建档案。陈胜：性别：男。籍贯：阳城（河南登封）。出身：贫雇农（尝与人佣耕）。职务：屯长（管理50人，相当于班长。于是同学们亲切地称呼我们的班长为周屯长）。名言：苟富贵，勿相忘。燕雀安知鸿鹄之志哉！且壮士不死即已，死即举大名耳。王侯将相宁有种乎！壮举：二世元年七月，于大泽乡发动中国历史上第一次农民起义，自立为王，国号“张楚”。

为了给起义做舆论准备，陈胜、吴广在卜者的启发下做了两件事：置书鱼腹，篝火狐鸣。小缪同学对于“乃丹书帛曰‘陈胜王’，置人所罾鱼腹中”理解得准确，翻译得顺溜，但对于帛书如何进得鱼腹一头雾水。我的本家李远哲同学觉得这根本不是个问题：从鱼嘴巴里塞进去就齐活了。我笑言：不用剖腹，然后缝合啊！全班笑倒。

“旦日，卒中往往语，皆指目陈胜”。巧的是，我们班有一孩子叫陈晟，只是姓同名异，谐音而已。开讲的时候，我就向陈晟同学提问：“课题为什么为‘陈涉世家’而不是‘陈胜世家’？”学生说古人有姓、名、字，今天我们询问一人，还说，你叫什么名字，或说，你姓名是什么。读到“皆指目陈胜”，我请大家“指目陈胜”，并用方言和普通话分别说：“大家快看，这就是陈胜，他要做大王！”全班再笑！

教师与学生都是独立自主、自由发展的行为主体，他们作为具有平等而完整的人格的个体——“我”与“你”而相遇、交谈，自由地展现各自的情感与理智、经验与知识，由此获得沟通和交流，师生之间真正实现了教学相长。

三、“妹仔”带来的精彩——《我的母亲》教学反思

“母亲喜欢看小说，她常常把所看的内容讲给妹仔听。她讲得娓娓动听，妹仔听着忽而笑容满面，忽而愁眉紧锁……”

邹韬奋的《我的母亲》，我教过好几回了，对于“妹仔”是谁，我一直没怀疑过，也从未有哪一届学生提出过疑问。

但今天晨读时，吴桐同学忽然发问：“‘妹仔’是谁？是男是女？和邹韬奋什么关系？”

我说：“当然是邹韬奋的妹妹了。”

吴桐反问：“课文中没有明确的交代，您怎么知道‘妹仔’是邹韬奋的妹妹呢？刘德华人称华仔，不就是一大男人吗？”

“文下注释说‘仔’（方言）是小孩子，后面用的代词是‘她’，当然是女孩了。”唐诗同学给我找理由。

“这只能证明‘妹仔’是女孩，但和邹韬奋的关系我还是不明白。”吴桐直言不讳。

在肯定吴桐提出的问题有价值后，我坦言这个问题我的确没有思考过，只知道，“仔”方言指小孩，如男仔，女仔，也指有某些特征或从事某种职业的年轻人，如肥仔，单车仔。

“还有古惑仔，在广东和香港那边比较流行，就是指那些混混，干黑社会的，出自香港漫画《古惑仔》，后来有系列电影。”男生邵凯补充道。

“丁零，丁零……”

晨读结束的铃声给我解了围。我向学生保证一定在下午语文课前查清楚“妹仔”究竟是谁。

一回办公室，我立马上网搜索。查到邹韬奋的原文《我的母亲》。

原文赫然写着：“我当时大概有了五六岁，比我小两岁的二弟已生了。家里除父亲母亲和这个小弟弟外，只有母亲由娘家带来的一个青年女仆，名叫妹仔……”

原来，“妹仔”不是邹韬奋的妹妹，而是母亲由娘家带来的一个青年女仆。本文在入选教材时经过编者删节，节选的是最能表现母亲精神品质的四个片段。无论是教材还是教参，都未对此加以说明。在阅读理解上我想当然，的确是产生了误解。

关于“妹仔”，原文还有这样的描述：

“……妹仔替我们到附近施米给穷人的一个大庙里去领‘仓米’，要先在庙前人山人海里面拥挤着领到竹签，然后拿着竹签再从挤得水泄不通的人群中，带着粗布袋挤到里面去领米；母亲在家里横抱着哭涕着的二弟踱来踱去，我在旁坐在一只小椅上呆呆地望着母亲，当时不知道这就是穷的景象，只诧异着母亲的脸何以那样苍白，她那样静寂无语地好像有着满腔无处诉的心事。妹仔和母亲非常亲热，她们竟好像母女，共患难，直到母亲病得将死的时候，她还是不肯离开她，把孝女自居，寝食俱废地照顾着母亲。”

看完原文，我对课文中原来不解的几个问题都有了明晰的答案。我决定将原文交给学生，让大家比较阅读。

读罢原文，学生茅塞顿开。大家对母亲的形象、作品的结构和主题等发表了令人耳目一新的见解：

课代表率先发言：“妹仔”和母亲的亲热关系，让我更多地体会到母亲可爱的性格。“妹仔”虽然是母亲的仆人，但一直与母亲情同母女，患难与共。直到母亲病得将死的时候，妹仔还是不肯离开母亲，从一个侧面表现了母亲善良仁爱的美丽人格。

小崔发话了：我觉得，元宵夜的巡阅体现的是母亲可爱的“容态”——“活泼的欢悦的柔和的青春的美”，给“妹仔”读小说则显现出她慈祥的天性、丰富的情感、不俗的才情。主仆两人朝夕相处，惺惺相惜，性格相映生辉，是贤良隐忍、可敬可爱的旧中国女性的典型。

在家道中落，一贫如洗，有时甚至无米下锅的情况下，深明大义的母亲情愿节衣缩食，“很费筹措”地花钱请先生教“我”念书，可见母亲对“我”寄予了多殷切的期望。读了原文，得知邹韬奋先生的家庭背景，我更能理解在“我”因背不出书被父亲重打时，母亲何以“时时从呜咽着的断断续续的声音里勉强说着‘打得好’”了。母亲矛盾的拳拳之心、慈爱之意我心领神会了。黄家铭同学侃侃而谈。

李媛同学另辟蹊径：今天看来，邹韬奋的父亲违反了《中华人民共和国未成年人保护法》，但古人信奉棒打出孝子，母亲在父亲责打“我”时，与父亲保持一致的态度，既是万般无奈，也是明智之举。如果此时母亲护着“我”，对“我”的成长不利。同学们纷纷点头。

母亲的饮泣吞声，让我想起妈妈的那声叹息。快一年没有见到爸爸妈妈了。我家在农村，条件较差。父母为了让我也能接受好的教育，背井离乡，打工挣钱，每天工作时间超过十一个小时。妈妈在得知我学习不上进时，从电话那头传来的一声叹息，像鞭子一样抽打着我，使我再不敢懈怠。可怜天下父母心啊！朱莉开始掉眼泪了。

母亲的形象深入人心，引起学生深深的情感共鸣。

将课文与原文比较后，学生对文章的结构把握更清楚了。

余小禾同学起初认为四个片段除第三个外都是按时间安排的，看到原文第三个片段前一部分内容是从“我”六岁“发蒙”开始写的，这部分内容被删掉了。因而知道全文就是按照时间顺序行文的。

善于思考的俞荔子问我：“老师，我觉得文章除了一条明晰的时间线索外，还有一条隐藏着的情感线索，即‘我’对母爱及母亲的认识的不断深化。元宵夜背‘我’看花灯是‘我’对母爱最原始的记忆，第二个片段写的是‘我’五六岁时的事，对母亲给妹仔读旧小说时‘她两人都热泪盈眶，泪珠尽往颊上涌流着’，‘那时的我立在旁边瞧着，莫名其妙’。在‘我’被打时，‘我’已经能够理解母亲的一番苦心。到第四个片段，‘陪母亲坐坐’‘似乎可以减轻些心里的不安成分’，这可不可以理解成邹韬奋是在用孩子的方式‘反哺母爱’呢？”

“你太有才了！”我由衷地夸奖。

“与一般的写母爱的文章相比，《我的母亲》有什么特别之处吗？”我问。

“我们在感受母爱这一人世间最可贵的亲情的同时不由得替母亲惋惜，为她生不逢时而遗憾。”吴桐感慨良深。“母亲可爱的性格，努力的精神，能干的才具，埋没在封建社会的一个家族里，都葬送在没有什么意义的事务上，邹韬奋对此感触颇深，《我的母亲》超出一般写母爱文章的高度。”

陈杰又为课堂添彩，他说，叶圣陶的小说《多收了三五斗》的结束语想必大家记忆犹新，“这种故事也正在各处市镇上表演着，真是平常而又平常的”。《我的母亲》原文的结尾也有一句类似的话：“像我的母亲这样被埋没葬送掉的女子不知有多少。”这句话力透纸背，深化了作品的主题，揭示了旧社会妇女的共同遭遇，表现了作者对旧社会被压抑和埋没的妇女共同命运的深刻思考。

火候已到，我深情作结：母亲去世时，邹韬奋才 13 岁。母子相守的时间实际上不足 12 年。但这短短的岁月，令邹韬奋铭记于心、终生难忘。他想到自己的一切最初都是由母亲赋予的，母亲是自己生命中最尊敬最怀念的人，可是，母亲早逝，他竟无以为报。“推母爱以爱我民族与人群”，这是邹韬奋写在他的自传《经历》扉页上文字，也是他对母亲在天之灵的告慰与报答，更是邹韬奋作为共产主义战士的侠骨柔肠与人生追求。学生听了感佩不已。

学生看似不经意的发问，促使我们读原文，顺文理，动真情，悟真意，受益匪浅。从此，我养成了追根溯源的阅读习惯，在反复领会作者原意的基础上研读教材，真正走进文本，再走出文本，对作品的把握和理解更准确、到位、深刻。教学相长，真是金玉良言啊。

四、《囚绿记》课堂实录

师：同学们，今天一起学习一篇散文，它的名字叫？

生：《囚绿记》

师：作者？

生：陆蠡。

师：请同学们先看一个字，（板书：口）这个字念什么？

生：口。

师：（板书：囚）这个字念什么？

生：囚。

师：从造字的方法来看，这是一个什么字？是什么意思？我们如果把这个“人”去掉，读什么呢？（板书：口 wéi）是“围”的古体字，所以“囚”字就是把一个人怎么样？

生：围起来。

师：“囚”拘禁，人在口（wéi）中。口，古同“围”，圈起来作拦阻，使他失去自由。这个字会让你联想起什么？

生：囚车。

生；监狱．

师：拘禁起来。本文是不是把一个人囚禁起来？

生：不是，是把绿囚禁起来。

师：这个“绿”在文章当中具体指什么？

生：常春藤。

师：是整株常春藤吗？

生：不是。

师：具体地说是什么？到文本中去找。

生：指（常春藤）“两枝浆液丰富的柔条”。

师：大家见过常春藤吗？

生：没有。

师：我给大家带来了一株，请看，这就是常春藤。我带给大家的是绿友。它像什么？

生：像吊兰。

生：这有点像爬山虎。

师：有一点点像。如果它长在野外，一定会繁茂，因为是盆栽的，所以比较苗条，比较瘦弱。这窈窕的常春藤是我送给大家的礼物。

师：文章中（常春藤）“两枝浆液丰富的柔条”，作者称它们为“绿囚”（板书：绿囚）。请问这囚室的环境怎么样？

生：小，简陋。

师：何以见得？

生：第二小节写道：“高广不过一丈的小房间”，“砖铺的潮湿的地面，纸糊的墙壁和天花板，两扇木格子嵌玻璃的窗，窗上有很灵巧的纸卷帘……”

师：很好。这个房间朝哪儿的？

生：朝东。

师：朝东的房子在夏天比较炎热。这间房子有几扇窗户？

生：一扇。

师：有不同意见的吗？

生：应该是两扇。因为一个是朝东的，一个是朝南的。

师：朝东的有几扇？

生：两扇。

师（打趣地）：二加一什么情况下等于二？在答错的情况下等于二。这里应该等于几？

生：三。

师：这位同学很细心，发现南边还有窗户。窗户是什么形状的？

生：圆形的。

师：是什么样的玻璃？

生：六角形的。

师：同学们注意到没有，文章还特别交代了这个窗户的左下角有一个什么？

生：“打碎了留下一个大孔隙，手可以随意伸进伸出。”

师：这个交代有必要吗？

生：有，为下文囚绿埋下伏笔。

师：这篇文章是一篇散文，文体的标志在一个字上。

生：“记。”

师（板书：记）：文章除了记囚绿以外，还写了什么？它一开始不是写囚绿的，文章当中从哪儿到哪儿写的是“囚绿”？

生：8～13 小节。

师：第 8 小节之前写的是什么？

生：赏绿。

师：“赏绿”之前还写了什么？

生：见绿。

师：有没有不同意见？

生：喜绿，爱绿。

师：爱绿是一个整个的情感，说具体些。

生：见绿。

师：“见绿”好像有约定似的，我们之间有没有约定呢？

生：没有。

师：那换一个字。

生：遇绿。

师：是不期而遇。这是一次美丽的？

生：邂逅。

师：太妙了！无意间碰到的，文章中有文字为证，是什么？

生："瞥见"。

师："我""瞥见"的是什么？

生：绿影。

师：我赏的是什么？

生：绿色。

师：囚禁的是什么？

生："绿友"。

师：同学们再往后看，囚绿之后写了什么？

生：放绿。

师：有文采些，怎样表达？

生：释绿。

师：释绿之后，作者还记了什么？

生：念绿。

师：我释放了这永不屈服于黑暗的"绿囚"，我思念的是我的"绿友"。作者为什么要"囚绿"呢？

生：因为喜爱绿。

师：有文字为证。哪里直接说他喜爱绿的？谁发现了告诉我们？

生：第5节，直接抒发了对绿色的喜爱。

师：你说得很好，请你用直接抒情的语气读读看。

（生阅读第五节相关内容）

（师纠正"啊"的读音）

师："生命是多么宝贵啊"是什么句式？

生：感叹句。

师：为什么绿色这么宝贵，下面又说了什么？

生："它是生命，它是希望，它是慰安，它是快乐。"

师：不错，但是读得太快了。

（生再次读）

师：速度是慢了，再注入点情感就好了。大家都试试看，放开声读。

（生放声自由朗读）

师：这一组句子采用什么修辞手法？

生：比喻加排比。

师：要把这气势读出来，要把文字的内涵表达出来。谁给大家试试看。

（一生读）

师：他很有感情，但我建议你把“它”和“是”连得紧一点，不要停顿得这么明显，试试看。

（生继续读）

师：这里的情感是循序渐进的。

（师范读）

师：不一定特别强调才能表达情感，要有舒有缓。一起试试看。

（生齐读）

师：这里的“慰安”你们能理解吗？

生：“慰安”就是我们今天常说的“安慰”。

师：不错。“我”将期盼绿的心情打了一个比方，这个比方我觉得特别精彩，哪一句？有没有发现？

生：下一句。

师：我们来体会一下涸辙的鱼盼望雨水的心情：涸，干涸；辙，车辙。在一个干涸的车辙里面有鱼儿，这鱼儿因为车辙干涸了，它行将死亡，失去生命，失去希望，当然无从得到快乐，这个时候它最盼望的是什么？

生：雨水。

师：涸辙的鱼盼着雨水的心情就如同“我”盼绿的心情。所以文章这么写道：“我怀念着绿色，把我的心等焦了。”

生：“焦”这个字我觉得很有味道。我们经常说：心情非常焦急，十分焦虑、焦躁。形象地写出了作者对绿色急切的思念、渴求。

师：作者为什么当时这么焦急地盼望着绿色呢？他有一个交代，他说：“我疲累于都市的天空和荒漠的平原”，他怀念着绿色，思念着绿色，希望看到生的希望。下面还说，他在这个城市当中是“孤独而陌生的”。我们知道：陆蠡是哪里人？

生：浙江。

师：为了生计，他来到北平谋职，在这样一个城市里边，他是一个孤独的人。同学们也许不知道，当时陆蠡刚刚失去了心爱的妻子。陆蠡的妻子是他的表姐，是父母给他们定下的这门亲事，刚开始的时候，他跟妻子没有什么感情，但是十年的相处，他们的感情日渐深厚。就在他们感情日笃的时候，妻子因病永远地离开了他，抛下了他和幼小的女儿，此时，陆蠡处于感情低谷，事业没有起步，爱人又离去了，他是十分孤独的，这个时候他急需要得到什么？

生：安慰。

师：急需要看到什么？

生：希望。

师：绿色是生命的颜色，希望的象征，所以作者特别地盼望绿，他特别爱绿的心情，我们就不难理解了。同学们，本文当中有很多的文字，或者托物抒情，或者直接抒情，就像这第 5 小节一样，下面请同学们自己寻找文章当中直接抒情或者托物抒情的文字，圈点批注，写下自己的阅读体悟和感受。

（生阅读、圈点、批注，师行间巡回辅导）

师：请大家开始交流。

生：第 7 节托物抒情，借动作描写，体现了作者对植物非常地关注和喜爱。

生：第 8 节心理描写，直接抒情，表达作者对绿的喜爱，交代“囚绿”的原因。

师：“囚绿”的原因除了这一节，还有别的吗？

生：第 7 节。生读。

师：他刚才读的时候，特别注意了哪个词？

生：“天天”。

师：“天天”是说每一天，从不间断。还有其他的地方吗？

生：第 11 节，“它渐渐失去了青苍的颜色……好像病了的孩子”运用比喻的修辞手法，写出绿色对我的反抗。

师：被我囚禁以后的绿色变得？

生：虚弱。

师：它和哪个小节是一个明显的比照？

生：第 8 节。

师：还有？

生：第 7 节。

师：第 7 节，它在自然当中长得如此繁茂，而在被我幽囚之后，变成了嫩黄，变成了细瘦，变得焦老，好像病了的孩子。同学们，这株常春藤是一下子变成这样的吗？

生：不是。

师：文本当中有没有交代不是？

生：第 9 节。

师：我来读，你们画出敏感的词。

生：我对三个“依旧”有感觉。绿的枝条进了囚室之后，它生长依旧吗？它舒放依旧吗？其实在植物本身而言，肯定是不一样了，但是我固执地以为它依旧这样，所以我发现了一种“生的欢喜”，“生的欢喜”加上了一个引号。

师：好像就告诉我们？

生：这里的植物已经很不自在了，这个“生的欢喜”是我自以为是的，而不是植物本身感受到的。

师：我对这个植物的幽囚，从心理的角度来看，我是出于什么样的心理？

生：喜爱。

师：我如此爱绿，遇到了它，便很欣赏它，以至于我要囚禁它，在这个过程中，有一个字大家注意到了没有，我不是把它拉进来的，而是？

生：“牵进”来的。

师：牵，说明我是爱它的，有感情的。“相约星期六，有情就牵手”对不对？

（生点头）

师：但是，我幽囚它的过程当中有没有不合理的东西、不健康的心理？

生：有。

师：哪个词？

生：自私。

师：后来这自私的念头发展成为什么？

生：魔念。

师：什么叫魔？魔就是鬼，是鬼里面的恶人，是恶鬼。同学们读过泰格特的《窗》吗？

生：读过。那里的病友一开始心情蛮好，后来他心中产生了私念，慢慢地，私念膨胀为魔念，以至于见死不救。

师：你们能不能理解，一个人想把美好的东西变成自己的这种心情？

生：能。

师：所以巴不得它长快点。其实你注意到了没有，在“自私”之前有一个成语已经告诉我们他的情感已经有些病态了，是什么？

生：“揠苗助长”。

师：把苗拔起来，希望它长快点，这不符合植物生长的规律，苗被拔了，它就没了根，它便会死亡，那么这个植物幽囚得了吗？这是怎样的一株常春藤呢？

生：固执。

师：在第几节？

生：第 10 节。

师：它怎样的固执？怎样描写它的固执的？

(生读第 10 节)

师：他读的时候特别强调了哪些字？

生：总、一直……

师：原来的方向在哪里？

生：朝着窗外的阳光地带。

师：这个植物在失去自由之后，仍然在追求，在抗争，在朝着阳光伸展，所以陆蠡称它为“永不屈服于黑暗的囚人”。同学们，从植物的角度来看，我把它囚住了，这是对它的爱吗？你们有没有注意到：板书中的两个“绿友”一个有引号，一个没有？我囚禁常春藤的时候，它是我的“绿友”吗？我是不是仅仅以它为友才囚禁它的？

生：不是。

师：“我”的动机是用它来干什么？

生：“装饰我过于简陋的……”

师：可以说：“我”是不乏自私的。但是到后来这“绿囚”成了“我”的“绿友”吗？

生：是的。第 13 节：“临行前我珍重地开释了这永不屈服于黑暗的囚人……”“珍重”，珍惜尊重，这是友谊的前提和核心。

师：“我”把这本该在阳光下生长的植物囚禁到我的居室里来，这是不是尊重？

生：不是。

师：“我”伤害了植物，违背了植物生长的规律，这是对这个植物的不平等。一开始“我”爱这个植物，后来囚禁了绿，发现了绿的变化过程之后，知道了“我”不能幽囚它，“我”幽囚它是自私的，“释绿”时“我”完成了对“绿”的爱的升华，所以这里的尊重还有对生长规律的尊重，对生命的敬重，这一枝枝绿，这柔条，这常春藤值得“我”敬重吗？

生：值得。

师：为什么？

生：因为它是永不屈服于黑暗的囚人，它永远向着光明，向着阳光生长，这是“我”对它的敬重。

生：还有对它的爱意，所以“我”放了它。有一首歌，“浪漫如果变成了牵绊，我愿为你选择回到孤单；缠绵如果变成了锁链，抛开诺言——有一种爱叫做放手。”

师：说得好，从牵到放，这是“我”和这个生命相处过程中的一种自我认识，自我救赎。“我”认识到真正的爱是给予对方尊重，给予对方自由，是尊重它生命成长的节律。这是我们抛开时代背景来看的。陆蠡在文章最后说：“离开北平一年了，我怀念着我的园窗和绿友。有一天，得和它们见面的时候，会和我面生吗？”你们觉得“它们会和我面生吗”？

生：不会。

师：为什么不会？

生：“我”还是放了它。

生：它会原谅“我”过去对它的不尊重，以前“我”是因为太爱它们才这样的。

师：有没有人觉得不应该原谅？

（生摇头）

师：可能生活中有，但我们班的孩子没有。

师：如果我们抛开时代背景，能解读出很多的主题，说说看。

生：我仿佛就是这枝绿藤，我也是渴望自由，渴望阳光的。读了这篇文章后，我想对我妈妈说，你爱我，请放手。

生：自由的空气，自然的怀抱，是我们的向往——人乃自然的分子。

生：过分的爱是溺爱，是伤害——不乏自私的成分。走不出母亲“视力范围”的孩子，不会有作为。要学学其他动物——给孩子健康的爱。

生：我要告诉班主任：老师您爱我，请让我出去上体育课，这是我生命的本能，我需要，这样我才能在阳光之下茁壮地成长，才能够繁茂，才能够昌盛，就像这株常春藤。

生：我要提醒我舅舅，爱舅妈就尊重她，不要限制太多。

生：人要有个性，要有执著的精神，绿的精神。

生：与狼共舞——人与自然和谐相处，人不能把自己的意志强加于自然。要尊重自然，尊重规律才是对自然的爱。

生：我建议把这株常春藤放回大地，让它沐浴雨露阳光。

师：好主意。同学们很有见地，佩服！陆蠡写这篇文章的时间大家知不知道？

生：1938 年。

师：怎么知道的？

生：卢沟桥事件。

师：卢沟桥事件发生后，“我”离开北平，回到哪里？

生：上海。

师：后面交代？

生：离开北平一年了。

师：如果联系时代背景，这株“绿藤”有没有特别的意义？你觉得这篇文章在那个时代发表以后，会对中国人产生什么样的影响？

生：这里的常春藤俨然象征着被压迫的中国人民。

师：象征着中国人民的什么？

生：坚强不屈的精神。它当时肯定会给国人以联想、以激励、以鼓舞。绿的精神肯定能激励在那个时代的中国人。

生：还象征着作者自己。

师：为什么？

生：有人说：读散文可以看出作家本人。作者也有绿的精神。陆蠡本身就是一位不屈于黑暗的“囚人”，他因此付出了宝贵的生命。

生：我觉得文中的绿象征着当时的祖国。

师：大家同意他的见解吗？说说理由。可以互相讨论一番。

（生讨论、交流）

生：可以画上等号。

师："我"幽囚了绿，虽不乏自私，但很大程度上源于爱；日本侵略中国，也是因为爱中国吗？中国抗战的胜利，是因为日本的"郑重开释"吗？

生：不是。

生：我以为不能简单地对号入座。

生："我"只是借一株常春藤和"我"相处的生命过程，来写"我"的情感和理智。

生：我倒觉得这个"绿囚"不仅仅是常春藤本身，在幽囚常春藤的过程当中，"我"也幽囚了自己。

师：我觉得很有道理。后来"我"放开了它，也开释了自己，和它平等地相处，这时常春藤才开始真正地成了我的绿友，"绿友"没有了引号。同学们，读文章我们要联系背景，但是不能拘泥于此；绿的精神肯定能激励在那个时代的中国人，但是我们不能把它简单地画等号。

五、《囚绿记》教学手记

第一次教《囚绿记》。因为是第一次，加上自己很喜欢这篇文章，因而一直期望值比较高，希望孩子们也能像我一样喜欢它。

昨天，第一课时，听着孩子们自然、生动、到位、准确的朗读，我享受到一份愉悦——满足的开心。尤其是张昊蒙和俞荔子的朗读，让我欣慰，甚至是得意：太棒了。他们对作者意图的体会与把握，对轻重的处理，对音韵的掌控乃至对标点的揣摩，都叫我心动。能读得如此之妙，理解就毋庸置疑了。

今天，在解读了文章的线索，以小见大、托物抒情的手法，文章的背景以及作者陆蠡后，我们开始了对作品主题的多样解读。二教《囚绿记》，我在教学设计上有了突破，师生协进，可有了梯度，也更自然而有深度。

六、高效协作的典范——听李凤老师执教的《囚绿记》有感

何谓协作，我理解为人生存的一种方式。任何人都不可能孤立地存在，无论是物质领域还是精神领域，都与其存在着千丝万缕、相辅相成、同协共进的关系。李凤老师的精彩课堂，有很多值得学习之处，下面我仅从"协作"这一方面谈谈体会。

（一）协作有广度

协作的方式多种多样，涉及面应该是广阔的，层次应该是多元的，同时，它应该与课堂教学水乳交融。这就对教者提出了很高的要求。李凤老师的这堂课无疑很好地引领孩子进行了生生协作。同时，教者随机的点拨、对文本的理解，又促进了教师与学生之间的师生协作。整堂课，就是在教者的引领下，不断地进行生生协作、师生协作、生本协作的螺旋形上升过程。例如，文本主旨的多元解读，“囚”的造字方法以及“囚室”环境的探讨，不仅新颖、有趣，激发了学生强烈的求知欲，而且让学生轻松地理解了文本和作者的情感。又如：到底用“爱绿”“见绿”还是“遇绿”？通过师生之间、生生之间的交流、探究，学生的多种能力得到了潜移默化的培养。

（二）协作有深度

缺少深度的语文是没有生命力的，一堂课不能只停留在一个层面进行协作。这堂课无疑在引领学生走向教材的深度方面做了一个很好的示范。看似信口拈来，其实环环相扣。由“囚什么”到“为什么囚绿”，最后归纳“绿的性格”，对排比句独特的朗读指导，对“绿”与“我”的关系——“绿影”“绿色”“绿友”“绿囚”的挖掘以及对作者“盼绿”心情的理解，让学生结合实际体会“焦”的感受等，都是教者用心潜沉到教材的深处精心设计而又水到渠成的。

（三）协作有活度

协作应该是建立在对生命、生活、教材的尊重的基础上，失去了这三大基础，那么课堂所有的教学行为就失去了赖以存在的土壤，成了无源之水、无本之木。一位学生说“我觉得文中的绿象征着被压迫的中国人民”“象征着当时的祖国”，教者作了很好的引领，放手让学生讨论交流。另一位学生说“我倒觉得这个绿囚不仅仅是常春藤本身，在幽囚常春藤的过程当中，我也幽囚了自己”，教者的肯定和点拨恰到好处。这些协作中的小插曲显然都是课堂上随机生成的，很精彩的师生协作。再如，教者把一株“窈窕”的常春藤带到学生面前，将课堂与生活紧密链接，这都是课堂上灵活的协作。有些公开课由于设计得太过完美，常常会出现无视学生存在、无视学生思维漏洞的现象。无疑，这堂课，李凤老师给我们作了很好的引领和示范。

（如东县实验中学高级教师　周卫红）

第三节 情感内化渐进无痕

有人说："谦卑的强权，通过吸引别人而不是强求别人想要达到的目的，这就是文化。"成尚荣先生认为，文化的实质是人化。教师和儿童既是文化的体验者、享受者，更是文化的创造者。所以，文化使者——教师对儿童的引领，更为重要的是，在传承文化的过程中创造文化、发展文化。"无痕"语文主张教师以文化的、人文的、道德的教育方式引领学生。语文学科背后是一个广博的领域，这里有足够多的美，足够多的智力历险，足够多的探索发现，吸引每一个学生。顺应学生的心理生理特征，兴趣爱好，顺应学生的认知规律，潜移默化，聚沙成塔，善莫大焉。

听流行歌曲《寂寞沙洲冷》，看影片《满城尽带黄金甲》，我们寻找流行元素的文化根脉，苏轼的《卜算子》，黄巢的《不第后赋菊》自然进入孩子们的视野；受张艺谋意象系列启发，教学中，我们的"白鹭意象""杨柳意象""荷花意象""枣核意象"……渐成序列。细雨如水，相融无痕。传统与现代之间的无痕对接，使课堂丰盈多姿，精彩纷呈。课堂教学与生活在我们是"联通公司"，在这个公司里我们拓展了许多业务，从这家公司里走出去的业务员们，语文素养自然胜人一筹。

努力给学生创造一个敢发言、敢思考、有个性的氛围，对学生的赏识的语言和口头评价充满机智和幽默，让学生备受鼓励，这就是一个课堂的文化。

《口技》中有"妇梦中咳嗽"。问及为何咳嗽，众说纷纭："妇抚儿乳""妇拍而呜之"，冻了；"微闻有鼠作作索索"，用咳嗽吓唬老鼠，不想起身对付，她带孩子，累了；"梦中咳嗽"，不是吓唬老鼠，她睡得很香，是自然咳嗽，我也有过；咳嗽无意识，而老鼠被吓着，因此更有趣，敲山震虎，巧了；"忽一人大呼火起"，在此之前，妇人感觉到起火后的烟雾，所以咳嗽，呛了；以动写静，为救火场面到来蓄势，引渡，妙了……我们的课堂时常如此，火了！

严清主任如是说：李凤追求的是"无痕语文"，这里的"痕"，其实指的是"雕琢"，是板着面孔的教化和符号系统的理性压迫力。李凤试图在她的语文课堂里，引领学生去作中国语言文字、文学、文化的愉快之旅。她希望这种“旅行”尽可能让学生轻松一些，在不知不觉中完成“幸福徜徉”。

一、新课改，要关注学生的冷暖

春江水暖鸭先知。新课改倡导以人为本，一切为了学生，为了学生的一切。在课改中，我们首先应当关注的是学习主体——学生的冷暖：他们在课改中的感受，对新课改的要求，他们在思考什么，真正需要什么，我们如何给生长、成长中的生命提供有益的帮助……基于这样的思考，我们开展了“实话实说——新课改背景下语文学习的感受”征文活动。

征文三大方面的内容让我们震惊，甚至震撼。

（一）爱我：请先放手

“语文实践活动，应该放手让我们做。老师的千叮万嘱，有时使我们很反感。老师代替我们制订的周密的计划，缺乏新意，不符合我们的审美需求。我们的心灵受到束缚，思想遭到禁锢。你们说起来很爱我们，其实，对我们缺乏起码的信任和尊重。如果真的爱我，请先放手！”

“要让我们接受课改，就得让我们真正成为学习的主人。老师在台上表演，学生在下面当观众，学生被老师牵着鼻子走，走到天边也走不出课改的误区。”

学生被老师牵着走惯了，好比“笼养的小鸟”，突然要将它放飞，有的小鸟根本就不愿出笼，有的出去了又飞了回来，最惨的是飞出去却因不会觅食而饿死。新课改倡导的自主学习，旨在让“笼养小鸟”学会单飞、高飞，终能笑傲长空。

新课改倡导学生有明确的学习目标、对学习内容和学习过程有自觉的意识和反应的自主学习方式，力求改变课程实施过于强调接受学习、死记硬背、机械接受的现状，鼓励学生主动参与、乐于探究，着力培养学生搜集和处理信息的能力、分析问题和解决问题的能力以及交流与合作的能力。

因此，教师在帮助学生提高学习自觉性、掌握正确的学习方法、养成良好的学习习惯上多做文章，在了解学生的个体差别和学习需求上多用心思，在激发学生的学习兴趣、好奇心、求知欲和进取精神上巧下工夫，才是上佳的选择。

自主学习是新课改的核心，请将足够的时间交给学生自主阅读，潜心感知，放胆让学生说出一锤定音的话。放手让学生参与策划，最大限度地给予他们活动的自由，让他们享受飞翔的快乐，生命的快乐。

请将对学生的爱用“放手”的方式来传达。

（二）渴望：深度撞击

“语文课，我们不仅需要与文本、老师对话，更需要与同学对话。比如甲同学提出一个问题，乙同学作答后，丙同学再补充，丁同学又给出使大家耳目一新的答案。这时，受到刺激的就不仅是甲乙丙三个人，同学都会判断：谁的发言最有质量。由这一问题引发的思考、甚至争鸣，在我们脑海里留下的痕迹是很不一样的，同学之间无形中就互相促进了。这样的良性循环对我们很重要，希望老师多给我们提供深度撞击的机遇。”

是啊，学生在听到完全不同的解答时，他们的智力在接受挑战，他们的思维在接受碰撞，尤其当这种挑战来自同学而不是老师时，碰撞会更加激烈和深入。

教育的目的之一就是要引发这种碰撞，并且引导学生去深入思考，拓展思维空间，引发创新火花。

扪心自问：课改中，我们为学生创设了轻松、活跃、和谐的环境气氛了吗，搭建好对话的平台了吗？我们不是渴望更多的精彩从学生嘴里说出来吗？那么，从学生的发展需要出发，在语文课改中，为学生提供这样一个展演的舞台，激活他们的思维和想象力，让富有活力和创意的对话生成，让他们优势互补，灵性互动，让学生在对话中学习、合作、交往、竞争，在深度撞击中培养其语文素养吧！

（三）活动：不要一晃而过

“‘快速阅读全文’，这么长一篇文章，三分钟哪里读得过来？不仅要读，还得同时思考两个问题，这叫我们不知所措。”

“虽有讨论，但只不过一晃而过。我们正谈得热火朝天，老师就命令停下。这样的紧急迫降，着实扫兴！”

“多媒体课，老师为它费了许多时间，甚至影响了前后几节课的质量。可是，上课的时候，方便的是老师，吃亏的是学生。一个界面刚刚露脸，下一个又迫不及待地闪亮登场了。虽然我们大气也不敢喘，终究不能适应媒体变脸的快节奏。一笑而过，你伤害了我。”

凡此种种，反映了新课改中课堂教学所存在的形式化倾向。

新课改明确要求确立现代阅读理念，为学生提供许多旨在为了愉悦，为了自我发现、自我充实的阅读机会，要重视学生在阅读过程中的主体地位，要重视学生的独特感受和体验。试问：走马观花式的阅读能达成以上目标吗？浮光掠影般的阅读能领略到作品的精妙吗？还得带着镣铐舞蹈——“思考两个问题”，现实吗？

贴着“合作学习”标签的分组学习、讨论，不痛不痒，不伦不类，不要也罢。

以鼠标代替粉笔，用大屏幕替代黑板的花哨的多媒体，教师制作辛苦，用得忙乱。学生目不暇接，更谈不上想象与思考，这样的媒体岂不成了“霉头”？

因为，电灌不是语文，集市不是课堂，速成成不了教育，作秀秀不出课改。只有真正地以学生为本，坚持科学适度的原则，采取因文制宜的方法，才能赢得学生会心的笑容，取得实效。

热爱从关注开始。这次活动，我们把目光聚焦于新课改中学生的切身体验和真实感悟，聆听学生的声音，了解学生的需求，接受学生的批评，反思课改得失。读到如此有质量的文字，谁还敢小瞧这些少年？走进如此丰富的精神世界，谁还能无动于衷？

学生是新课改的主体，学生对新课改的感受与评价，是我们深入开展课程改革必须正视的重要因素。一切为了学生，为了学生的一切。让我们在语文教育中努力践行这一理念，不要让它变成一个口号，一句空话。

二、巧用角色优势点化生命

又是一年柳绿时。土山池，池水照旧清澈，景色依然怡人。但我最怕走过的地方就是这里。因为九年前的这个季节，我班上的一位十五岁的女孩选择在这里结束了她花季的生命。这梦魇般的记忆，时时警醒班主任兼语文老师的我，利用自身的角色优势，点化生命：帮助学生建立正确的生命认知，尊重生命，欣赏生命，热爱生命，自我展现生命的价值。

语文是母语，是民族生命的整体体现，是民族精神、民族情感的汇集，是民族传统的根本标识。语文的长河里流淌着的是生命的血液，奔腾的是生命的回响。我通过语言这一神奇的元素激发学生原有的造血功能，以生命的虔诚与敬畏传承民族精神，追求语文与生命的高度统一，为此，我进行了认真的思考与实践。以语文为平台，欣赏生命的光彩；以语文为给养，润泽生命的芬芳；以语文为血液，圆润生命的光泽。

（一）在阅读过程中感悟生命的光华

文学是生命的花朵。语文教材为生命教育提供了丰富的素材，其内容的具体可感、贴近生活、撼动心灵，使它成为得天独厚的生命教育资源。

初中教材中有很多生命题材的美文佳作：宗璞的《紫藤萝瀑布》形象美、意境美、结构美、语言美，通过精细的描写、含蓄的抒情、新颖的想象感悟人生哲理；席慕容的《贝壳》托物抒怀，作者借助一枚小小的贝壳，演绎出对人生、对生命的深刻体会；《散步》《背影》等秀美隽永、内涵丰富，演绎亲情的美好。

教材之外，通过教师推荐，学生互荐，家长推介，补充一些生命素材的作品。

大量的阅读，使学生在美好的氛围里，感受生命的律动，享受生命的甘甜。阅读，让学生明白“我很重要”，认识到神圣的生命是宇宙间的奇迹，是我们拥有一切的前提，是我们最应珍爱的东西。

师生生命是课堂的主体、主导，一切教学活动以有利生命的持续发展为依归，知识、方法、技能、智慧均为生命服务。生命在场是一节好课的重要指标。在阅读过程中创设问题情境，引导学生发挥想象，展开讨论，思考生命的意义，很有价值。阅读《“诺曼底”号遇难记》，学生就哈尔威船长以身殉职的壮举发表独特见解：与“诺曼底”号“一起沉入深渊”，表现出他对自己生命的大不敬。在生命与责任之间，他看似选择了责任，但皮之不存，毛将焉附？船长在放弃生命的同时，也放弃了对家庭，对全体船员，对国家、社会应负的责任。

引导学生认识生命的尊严、理解生命的价值，唤醒生命意识的责任和使命，阅读教学功不可没。

（二）在写作实践中领悟生命的滋味

“生命”是多么美好的元素，但它的美常常被琐碎的日常事务所掩盖。人活着，可是我们并不时常体味生命的滋味。

毋庸讳言，目前，学生学业压力较大，他们的情感、心灵和个性受到忽视，甚至被压抑。学生知识的增长有时以情感的麻木和冷漠为代价，最终导致了学生对生命价值与意义的怀疑、虚幻与破灭。

刘建琼说过："教育意味着一种解放，语文教育中的写作教学便是对人的精神世界的一种自我解放。写作的心理变化过程是极好的教育历练，其间，自我生命的率真、情趣和责任，处在现实拷问和理想的追问之中，经历汉文字的洗礼从而获得精神升华，生命的质量得以提升。"可见，倾诉是人的天性，写作是高雅的倾诉形式。

借由大作、小作、随笔、博客等倾诉渠道，我们有意识地引导学生欣赏生命之美好，体悟生命之乐趣，在思想上认识生命之可贵，珍惜生命之存在，也通过这些平台疏导学生的不良情绪，在面对压力与挫折的时候，保持阳光健康的心态，克服生活中的困难，迈过沟沟坎坎。

学生在文章中写道：每每念起生命一词，犹如嘴含芬芳，耳闻禅乐，内心油然而生无限美好，从内脏到六腑无不散发出醉人的清香。是生命让我们活着，活着为了生命的神圣使命：敬畏生命，润泽生命。

习作批阅，讲评，是语文老师走近学生的一条捷径。文字联通生命世界。信息社会，发 E-mail、登陆 MSN，使用 QQ，博客留下悄悄话等，使沟通变得迅捷而且文明。学生不足为外人道的心里话可以说给他们信赖的老师听，我们就可以走进一个个真实的生命，了解其鲜活的思想。

一段时间，陆续读到一些同学关于孤独的文字。我就有的放矢地进行疏导，告诉学生正值豆蔻年华的少男少女体验到孤独并不可怕，这正是自我意识觉醒的一种表现。学习压力、交往困难、先天气质、生活环境等多种原因均可导致孤独情绪的产生。我借助多种渠道教给学生排除孤独的方法，"心中有太阳，脸上有笑容，嘴里有歌声"成了他们的座右铭。

教育的终极关怀是人，学生以写作释放文明的气息，以真来充实，以善来滋养，以美来感染熏陶，健康而忘我，生命之花灿烂地绽放。

（三）在语文活动中参悟生命的真谛

教育的任务首先不在于教会受教育者多少知识和本领，它最基本的任务是教他们如何去发现生活世界中的真诚、善良的魅力，教他们用一颗真诚的心去融入社会、理解他人、关爱生命。

语文的外延和生活相等。丰富的语文实践活动让学生深入生活，接触大众，培养关心社会、热爱自然、同情弱者、爱护生命的情怀，在活动中参悟生命的真谛，体味“一粒沙里看世界，半瓣花上说人情”的精妙。

“编演课本剧”的体验教学，是语文课外活动中进行生命教育的一个着力点。通过角色扮演、模拟情境等各种方式的体验活动，让学生直接参与表演，分别感受“真实情境”中人物的微妙情绪，体会其中的喜、怒、衰、乐，彼此交流分享。

在朗诵、演讲、辩论等常见语文活动外，我还组织“亲子日”“为生命骄傲”“伸出你的手”等主题活动。倾听长辈心声，倾诉儿女亲情；分享成功的生命体验，体会与命运抗争的豪情；捐助贫困学生，帮助老弱病残……

学生通过活动策划、运营、总结的过程开发生命潜力，享受生活的意义。活动同时给学生一个充分展示自我的舞台，发挥他们所长，最大限度地激发他们的自信心、挖掘培养他们的才艺及特长。一系列活动的过程，也是学生很好的自我认知、自我发展的生命教育。

蒙田说过：“我们的生命受到自然的厚赐，它是优越无比的。”活动教育中学生领悟到人要悦纳自己，善待自己，享受生命成长的快乐，懂得一颗流星、一点流萤，在广袤的夜空，都是亮丽的风景，都让我们感受到“这一个”的独一无二和与众不同。除了自己，别人的痛苦也是痛苦，别人的生命也是十分珍贵的；要尊重人自身的生命，还要欣赏其他形态的生命。正如肖川教授所言：“……生命教育的宗旨就在于：捍卫生命的尊严，激发生命的潜能，提升生命的品质，实现生命的价值。”

人本主义教育理论认为，学生是涌动着无限活力的生命体，是教育的起点和归宿。生命教育应该是温馨的，沁人心脾，润物无声。巧用角色优势关注生命、点化生命，教育拨动了生命的“琴弦”，给学生以感化、力量、激励、智慧。关注生命的教育才能真正走进学生的心灵，为学生的生命打上亮丽的底色，为学生形成快乐、开朗、积极、乐观的人生态度奠定良好的基础。

第四节　点击生活缤纷无痕

陈鹤琴“活教育”思想主张直接向大自然、大社会这一“活教材”的学习，走向活的直接的“知识宝库”探讨研究。直接知识比问题知识好，后者只能当做学习的副工具或活教材的补充。

语文教育应当从生活中吸取培养它自己的血液，如果脱离生活，语文教育就变成无本之木，无源之水。头脑是空的，感情也会枯竭。“教育可以是书本的，与生活隔绝的，其力量极小。拿全部生活去做教育的对象，然后教育的力量才能伟大，方不至于偏狭。”陶行知在《生活即教育》一文中如是说。课堂回归生活，语文就会悄然浸润孩子的心灵。生活化的语文教育，始终追求的便是这种无痕的教育。

一、满城尽带黄金甲——呼吸时尚，回味经典

第十二届CCTV青年歌手电视大奖赛上，一位歌手抽到这样一道填空题：“满城尽带黄金甲”是____朝________的诗句。歌手回答是秦朝人的诗，但不知道是何人。这样的答案体现了歌手不尽如人意的语文素养，令人扼腕。

说到“满城尽带黄金甲”，许多人都知道这是张艺谋一部新片的名字，眼下炒作甚热，然而，知道它的来历的人不多。

该片名出自唐朝末年农民起义领袖黄巢诗作《不第后赋菊》：“待到秋来九月八，我花开后百花杀。冲天香阵透长安，满城尽带黄金甲。”片名引用这句诗是为了体现片中刀光剑影的宏大战争场面。

值得欣慰的是，我的初一学生对此耳熟能详。为什么呢？因为呼吸时尚，回归经典，是我们在新课改下，提升学生的语文素养所走的一着妙棋。

时尚无处不在，大到思想文化，小到衣食住行，都有时尚的影子。青少年是好奇心最强的群体，求新求异，追求时尚和流行是他们的心理特点。

了解时尚、透视时尚，引领青少年由时尚回归经典，感知中华民族传统文化的永恒魅力，以此为契机，提升学生的语文素养，别有洞天。

学生喜爱品牌服饰。我为他们吟诵《秦风·蒹葭》：“所谓伊人，在水一方。”他们知道了“秋水伊人”的来历。给学生布置作业：到商场了解时尚品牌。通过访问营业员、上网等渠道，学生兴奋地发现：“虫二”，寓意“风月无边”；“红豆”源于王维的《相思》“红豆生南国，春来发几枝。愿君多采撷，此物最相思”；“千百度”出自辛弃疾的“众里寻他千百度，蓦然回首，那人却在灯火阑珊处”（《青玉案》）；“霞飞”源于“落霞与孤鹜齐飞，

秋水共长天一色”（唐，王勃《滕王阁序》）……

发现时尚服饰与传统经典的渊源后，他们又触类旁通，搜索出其他品牌与著名诗文的关联：“稻花香”的美名出自南宋大词人辛弃疾的《鹊桥仙》中“醉扶怪石看清泉，酿成千顷稻花香”的诗句；“杏花村”取自唐杜牧的《清明》“借问酒家何处有，牧童遥指杏花村”；“楼外楼”来自宋朝林升《题临安邸》“山外青山楼外楼，西湖歌舞几时休”；“杜康”源于三国时曹操的《短歌行》“何以解忧？唯有杜康”……

时尚品牌牵线搭桥，经典诗文就这样成为学生的内存。

学生崇拜周杰伦，我与他们一起吟唱《东风破》“一壶漂泊浪迹天涯难入喉，你走之后酒暖回忆思念瘦”。以酒切入，与他们大侃经典诗文中的“酒文化”：从“流觞曲水”的《兰亭集序》的魏晋风度，到李白的“诗百篇，酒家眠”，欧阳修做《醉翁亭记》，苏东坡“还酹江月”……借着酒气豪情，学生们一气痛引了相关诗文十多篇。

由时尚的《千纸鹤》《丁香花》《两只蝴蝶》，我和学生忽悠上鹤文化、花语、协奏曲《化蝶》，流行歌曲与经典文学、音乐和谐共振，相得益彰。

在时尚的潮流里，着意让学生保持一份对于传统的审美和感知的心情，学生渐渐明白，优秀的传统不但是前人创造的结晶，更是当今时尚创新的资源，或许找到了传统经典，便更容易找到流行时尚。

因此，嗅出时尚气息时，学生养成了“追根溯源”的良好习惯。他们一看张艺谋新片名“满城尽带黄金甲”，就自然关注该诗句的来头。验明正身后，向全班推荐发布。

于是，我们的“时尚语文栏”内，你方唱罢我登场。昨天是奥运诗文标题的娘家：“‘病’玫瑰——君问归期未有期”“奥运过后——莫让浮云遮望眼”“李卓折戟 48 公斤”。今天是“感动中国”十佳人物颁奖词，介绍牛玉儒、孙必干时引用的“位卑未敢忘忧国”的祖训和“苟利国家生死以，岂因祸福趋避之”的名句的原籍。后天为“苍官影里三州路，涨海声中万国商”，中国国民党主席连战在上海发表两岸经贸主题演讲时形容上海的繁华的诗句和贾庆林与江丙坤副主席会面时援引的“历尽劫波兄弟在，相逢一笑泯恩仇”的老家……众多的名家名篇名言警句，走进了学生的视野，走进了学生的心灵，成为他们缤纷生活的一抹亮色。

素养，即平日的修养。捕捉流行元素，应和明星节拍，瞅准热门赛事，跟踪社会热点……充分利用新鲜、可口、时尚的语文学习资源，学生饶有兴趣地接受着语言文化的熏陶，日积月累，聚沙成塔。

诗言志，黄巢诗作《不第后赋菊》展示的是希望有朝一日带兵攻进长安城的雄心壮志。我们欣喜地发觉，“满城尽带黄金甲”——呼吸时尚，回归经典，内化优秀的语言文化成果，提升语文素养大有可为。

二、江风海韵

我们如东南有长江、狼山，东临黄海，在这片广袤的大地上蕴藏着丰富的环保教育资源。学生对长江、狼山、黄海一往情深，对班集体活动心驰神往，因此，我组织了踏青、登山、赶海等系列活动。江风海韵哺育环保精灵：在班集体活动中，学生通过自己策划、组织、实践，取得成功，不仅体验到作为主体的一种精神满足，增强了主体意识，而且我在活动中的各个环节，特别注意加强环保教育，在集体活动中激发学生环保的热望，使其认识环保的意义，培养其共同遵守环境道德规范的能力，对自己提出更高要求，从而提升环保道德层次，达到自我教育的目的，实现了在班集体活动中进行环保教育的目的。

（一）参与策划，强化意识

踏青、登山、赶海“走进大自然系列活动”让学生自行策划，他们个个兴趣盎然。在学生策划时我适时提示：人与大自然相互依存，走进大自然，在关心动植物、减少环境污染、明智利用并节约各种能源、爱护环境等方面应注意点什么呢？一石激起千层浪，学生的环保意识被触动，他们你一言我一语，好不热闹。有的说，踏青的时候我们不要父母开汽车、摩托车送，大家搞一次远足——步行去桃园，这样，不仅能减少尾气对环境的污染，还能磨炼大家的意志。有的说，吃饭问题自己解决，不叫盒饭，一方面是用实际行动拒绝白色垃圾、一次性碗筷等对环境有害的东西，另一方面可以展示自己在烹饪上的才能，使同学们吃到风味各异的“百家饭”。有的说，“草木有情，脚下有爱”，大家要爱护花草树木，爱护一切生灵……见时机已到，我建议策划小组拟订一个“走进大自然系列活动环保手册”，交全班讨论。很快，一份体现全班意志的“手册”出台了。这份“手册”俨然成了大家的行为规范。班级还建立了系列活动环保领导小组，从组织上确保规范的落实。

一个心灵手巧的女同学还为环保小组成员制作了精致的胸卡。

利用活动的具体情境，激发学生的动机，使之产生心理需要，在此基础上，用情感感染学生，使之产生一种心想神往的心理需要；而后，教师用情感感染，使之由情绪上升到情感水平。由于在参与策划过程中强化了学生的环保意识，大家在系列活动中就有了明确的环保目标。

（二）亲近自然，激发热望

如果称策划阶段为班集体活动中环保教育的情绪准备——情感感染期，那么，引导学生亲近自然，领略江风海韵、观赏花鸟草虫，使他们从内心产生向往清洁美丽的环境的愿望，我们不妨称之为情感体验——情感升华期。

新春的原野，绿油油的麦苗、金灿灿的油菜花、粉白相间的桃林梨园，那欢叫着的鸡鸭鹅，摇着尾巴的小蝌蚪，无不给大家以美的享受；学生登上狼山之巅，滔滔江水，点点白帆，片片梯田，袅袅炊烟使他们的心沉静，进而又自失起来，大有“望峰息心，窥谷忘返”之意；站在江轮的甲板上，看浮光跃金，沙鸥翱翔，听汽笛长鸣，惊涛拍岸，不由高歌一曲：你从雪山走来……扎进大海的怀抱，尝一尝“又苦又咸”的海水，邀浪花一齐舞蹈，请老牛一同留影，与海鸟一块高飞。潮去的时候一任浪花亲吻，尽情享受其温存；潮来的时候惊叹大海的澎湃，充分体悟其雄浑，书本里的诗文成了触手可及的形象。学习生活的紧张与劳累，在绿水青山之间消失殆尽。学生置身于大自然之中，倍感舒展自如。

大自然诗化的感染和熏陶，加之切身的体验和感悟，唤醒了一颗颗年轻的心，学生保护美好生态环境的热望油然而生。情感共鸣，使情感升华，在行动中又加深情感体验。这一循环往复、螺旋上升的过程，使大家觉得“环保手册”中的条款不再是写在纸上对自己的行为产生约束的戒律，而应该是每个学生的自觉行动。所以，无论是在高山之上，江海之滨，还是在喧闹的城市，宁静的乡村，也无论是在远行的车上，远足的途中，还是在活动的哪个阶段，大家都表现出前所未有的环保自觉性。所到之处，留下的是美好和洁净，留下的是如东县实验中学学生良好的精神风尚。

走进大自然的系列活动成了系列生态环境教育活动：对环境负责，就是对自己负责，对未来负责，这些都变成大家的共识。这种感受占据他们的整个心灵，支配他们的思想和行动。学生对环境保护这一基本国策有了形象而深刻的理解。

(三)抓住契机,实现内化

在赶海的活动计划中,本来安排了“海上迪斯科”这一内容,可到了海边才知道,由于海水受到严重污染,我们如东北渔养殖场的文蛤、对虾等几乎全军覆灭。遗憾之余,我引导学生对环境污染的恶果进行反思,并且及时更换活动内容,把“海上迪斯科”改换为对渔民和养殖场技术人员的采访调查。铁的事实,活的教训,着实给大家开了一次环保教育现场会:我们众多如东人赖以生存发展、引以为荣的大海遭此劫难,环境保护与我们的生活息息相关!

我抓住大海对学生的教育最鲜明、最积极、最深刻的时机,再敲了一次警钟:请同学们再做一次社会调查,了解如东县其他行业环境污染的情况。调查发现:汽车、摩托车的尾气,工厂的烟尘,建筑工地的尘土等已成为城市环保的最严重问题。水质污染,噪音污染,固体废物污染,食品污染也相当厉害。接着,我们又引导学生从如东看全国,从中国看世界。经过大量的理性的分析,学生充分地认识到地球——我们唯一的家园已经千疮百孔,环境保护迫在眉睫,人人有责。我们当代中学生应成为环保精灵。

我们知道,情感是基本的人性,只有通过深刻的情感体验,才能将外部的要求转化为内在的需要。环保意识内化过程中,情感体验是关键环节,尤其是环境道德的内化,必然伴随着情感体验。走进大自然,走进社会大课堂的正反两方面的深刻体验,使学生在心灵上产生了情感的激荡,有了进一步的环境道德需求。要使纯朴的道德情感更深刻、更持久,必须通过理性的自觉方能达到,所以,情感与理性的结合是环境道德内化过程由自发走向自觉的必要条件。因此,我们开展争当环保精灵的践行活动。践行教育,就是使个体的环境道德在认识和情感体验基础上的进一步深化、落实,这是有形的外显的环境道德行为实践。学生通过板报、橱窗、电台、电视台等渠道向全校发出倡议,通过张贴标语、文艺演出等途径向社会做宣传,倡导环境保护从我做起,从身边做起,从小事做起,成效显著。从此教室几乎一尘不染,校园难见一片纸屑,花草树木有人护卫,假山池沼有人关爱……

江风海韵哺育环保精灵——“走进大自然”系列班集体活动把学生带进了生活的真实,真实的生活又带给学生心灵的震撼,精神的启迪。在活动的策划、实施、延伸中,学生对环境保护的认识和理解产生了质的飞跃。环境意识成为学生的自觉意识,环保行为成为大家的自发行动。环境教育作为学生各种素质的重要载体和显现形式，它的品位、质量必将在很大程度上影响未来学校的教育水平和质量，从而最终影响到新世纪人才的培养和造就。从这个意义上来说在班集体活动中实施环保教育大有作为。

三、可口可乐——圈点学生社会实践活动

新世纪的第一个初夏，如东县实验中学初二年级的全体学生，打点行囊，满载好奇、激动，还有那一丝莫名的紧张和刺激，兴致勃勃地来到如东县学生实践基地，进行了为期三天的实践活动。实践基地的生活，可口可乐，可圈可点。

基地过的是集体生活，吃饭时，十个人一桌。学生第一次过这样的生活，第一次吃“大锅饭”，觉得格外新鲜。不知是基地的菜烧得好，还是其他什么原因，学生吃起来津津有味，似乎特别可口，特别开心。

最开心的大概要数品尝自己的劳动成果了。烹饪课上，学生自由组队，互助合作，忙忙碌碌地洗菜、切菜、打蛋，像模像样地打开煤气开关，手忙脚乱地放油、加作料……一曲锅碗瓢盆交响乐过后，一盆盆炒鸡蛋、炒肉片装盘了，“尝尝我们的”，“看看咱们的怎么样”，大家互相品评着劳动成果，有的点头，有的摇头，有啧啧称道的，也有打“60 分”的，还有说“不敢恭维”的。不管怎样，吃着自己亲手炒的菜，总觉得别有风味。学生在炒菜的过程中学会了合作，学会了统筹。一些学生深有感触地说：自己动手，才知道做菜原来也不容易。在家的时候，有时还对父母做的菜挑三拣四的，现在想想，都不好意思了。

暂离了父母，生活在基地的同学，大有小鸟出笼的快感。艺术摄影课幽默诙谐；航模、缝纫、陶塑等课，动脑动手，各展才智。心与小飞机一起翱翔，手和脚配合自如，自制的小布包玲珑可爱，颇富个性的创意变成了一件被老师认可并展示的作品……没有了作业的负担，没有了考试的压力，开放式的教学，自由的空间，创作的愉悦，无不令学生欢欣。

基地最快乐的莫过于下海和“海滨之夜联谊会”。

尽管基地距离大海有 5 公里左右的路程，而且赶上初夏艳阳高照的日子，来回又都是步行，但学生依旧兴致不减，一路谈笑风生。“长征”队伍很快到达了大家心仪已久的大海。学生脱掉鞋袜，挽起裤管，扑向大海的怀抱。男同学玩起了沙滩足球、排球；女同学三五成群地放起了小风筝，一只

色彩斑斓的巨型风筝后面，奔跑着几十个大呼小叫的少男少女。几天的朝夕相处，捅破了师生间的那层窗户纸，调皮的男生，朝令他们曾经心存畏惧的男老师身上泼起了水。女老师身边，同学们围成圆圈，跳起了欢快的海上迪斯科。“我又踩到一个文蛤了”“快看，这儿有一只蟹”“这里的贝壳真漂亮”……快乐的时光总是不知不觉地过去的，当带队老师催促大家返回时，学生们赶忙拍照留影，他们留下了欢声笑语，留下了永久难忘的靓丽的记忆。

当最后一抹夕阳隐去，夜幕降临海滨时，基地的广场已经张灯结彩——海滨之夜联谊会即将开幕了。随着学生主持人的一声“海滨之夜联谊会现在开始”，全场掌声雷动。联谊会上精彩纷呈：独唱、二重唱、合唱、相声、小品、舞蹈、器乐、诗朗诵、书法、绘画应有尽有。事先有准备的固然漂亮，即兴登台的也毫不逊色。学生争先恐后，一亮歌喉，一展才艺。预先准备九点半结束的晚会开到十一点，学生仍意犹未尽。

每班一个同学代表抢坐椅子的游戏掀起了联谊会的第一个高潮：音乐声起，五个班的选手围着四把椅子顺时针跑动，全场同学高喊：“×××加油!”音乐一停，五名选手抢坐四把椅子，未坐到的同学被淘汰。如此这般，最后一位抢到椅子的学生俨然成了晚会上的英雄。获胜班级为胜利大声呐喊，为凯旋的“英雄”鼓掌接风。被淘汰的同学难免失意，大度地说一声“友谊第一，比赛第二”，“他得第一，我得到了‘败不馁’的精神洗礼”。过分失意的，得到了老师、同学善意的劝慰：贵在参与，你已经尽力了，大家不会怪你。集体主义观念在小小游戏中体现、升华，竞争意识，耐挫心理在游戏中也得以培养。

晚会的第二个高潮是几位年轻教师表演的交谊舞：青春的舞步，婆娑的舞姿，看得同学们目瞪口呆。他们和着音乐，在头顶上打起节拍，流行歌曲“发烧友”们为自己所崇拜的歌手疯狂的情景在这里上演。学生惊叹：“我们的老师原来不仅能说会道，还能歌善舞，多才多艺啊！真令我们刮目相看。”学生在欢歌笑语中度过了一个狂欢夜。

这可口可乐的社会实践活动，为学生打开了一扇通过体验、感悟等自主获得真知的大门。虽然只有短短的几天时间，但它给学生留下的印记也许终身难忘。它不但丰富了学生的生活体验，让他们体验了亲情、友情，感受到大自然的美、艺术的美，增强了好奇心、求知欲，而且满足了他们自尊和成功的需求，成为其人生的宝贵财富。这次活动对培养学生的生存能力、实践能力、交往能力、协作精神、创新精神大有裨益。

这可感可叹的社会实践活动，为师生创设了一个朝夕相处的情境。几天的“亲密接触”，进一步融洽了师生关系，使师生之间彼此多了份了解，少了段距离，多了些关爱，少了层芥蒂。它警醒教育工作者，对学生的评价不能局限于分数：学生各有所长，一些学习困难的孩子身上，往往有很多可爱之处。它告诉教育工作者，学生的需要是多层面的，不能整天把学生关在教室里；我们的教育应该是开放式的活的教育，要把尊重人、发展人作为教育的出发点。它启示教育工作者：社会实践活动是素质教育的载体，是学校课程改革迈出的可喜一步，对教育工作者进一步更新教育理念，拓展育人渠道影响深远。

四、“话说清明”专题活动

教师：李凤

学校：实验中学

2009 年 4 月 1 日　第三节课

班级：初一（9）班

师：同学们都知道，现在国家已经把清明节、中秋节、端午节和春节一样，作为法定假日了。上学期，我们开展了中秋专题学习活动，这学期将进行的是清明专题学习。同学已经找到不少材料。语文课上，我们要重点关注的是清明当中的文化元素、文学元素，因为语文首先是文字，然后是文学、文化。

去年的清明节，我回家上坟后，写了篇微博，追忆我和已故的外公间的往事：

“吃完午饭，我们去上坟。在去外公墓地的路上，我们说起小时候娘做了好菜，让我们给外公外婆送去，大家争着当差：一来路上看看四周无人，可以偷吃，二来外公外婆还会让我们先吃个够（他们说，你们心意到了就好，小孩在长身体，该多吃点好东西）。尽管娘交代再三，家里还有，不许吃送去的那份，我们总会犯规，而外公外婆总是擅长保密。

“在外公坟前，我首先跪拜。我对外公说，大马（外公个子高，力气大，小时候我经常骑在他脖子上上街、看戏、上学），我们来看你了。中午你最喜欢的老酒喝足了吗？外公生前好这一口，且酒量之大，远近闻名。因为患了严重的心脏病，外婆严禁他喝酒。小时候，我和外公走亲戚，外婆就会千叮万嘱：看好外公，不许喝酒。我也很负责，每当有人劝酒，而外公将就时，我就挺身而出劝说，不止，就要赖——哭，大哭。外公心太软，见不得孩子流泪。我一哭，他就投降（真的向我举手投降，还扮鬼脸逗我笑）。但我也有禁酒失败的时候，外公先前就腐蚀拉拢我，给我一个人买糖，堵我的嘴。许诺带我上街坐馆子，他喝酒吃肉，我除了能吃上好菜外，还能吃上最喜欢的炸油糍。每当此时，我就叛变。回家后外婆审查，我帮着外公隐瞒。外公和蔼地说：老太啊，我今天没喝酒。不信，你问孙女。我心发虚，脸发热，嘴不发软：一口咬定，外公没有喝一滴酒，真的，真的没喝。

“……”

师：清明节，我们会想起很多，因为这是个悲欢离合的节日。你们说说看，如何理解这里的“悲欢离合”？

生：悲，因离而生，因为清明我们首先想到的是回家纪念我们的先人，想到先人永远和我们阴阳两隔，不再相聚，这个是我们悲的原因。但是，清明也是一个合家欢聚的日子，兄弟姐妹一家人，约好了在这样一个日子里，一同回家去祭拜祖先，一同回家去看望健在的父母和其他的老人，那么，这就是合，这种聚合，就带给我们无尽的欢乐。

师：很有道理。这种悲欢离合的情感，在我们古代早就有记载了。

师：同学们，你们知道清明是从何而来的呢？

生：周代。

师：关于清明的诗歌文化，像酒香一样，飘洒在我们民族文化的长河当中。我们小时候，读过杜牧《清明》，也读过介绍张择端的《清明上河图》的文章。

生：历史书上也介绍过。

师：介绍过，那么，你们知道《清明上河图》是什么意思？（指一生）你站起来说说看。

生：清明节的时候上……河……

师：这里的“上”是什么意思？（发现有人偷偷翻看历史书）（笑言）不能翻历史书啦！

生：上，上午？真的不晓得！

师：河，就是开封的汴河，清明上河就是，就是清明的时候到哪里去？（生齐：到汴河去）对，到汴河去，去干吗呢？

生：那个图啊，我看了介绍，长五米多，画的是清明时节人们从乡村到城镇，一路上踏青、交易等生活画卷。图上车水马龙。

师：说得不错。现在咱们先看讲义上的第一首诗，大家齐吟诵杜牧的《清明》。

（学生齐读）

师：我来问问，清明时节雨纷纷，这里的"雨纷纷"怎么理解？

生：是清明节心里难过，下的泪雨。

师：你觉得是泪雨，那么为什么不是泪纷纷，而是雨纷纷？

生：写雨纷纷，是衬托悲痛的心情。

师：你说。

生：我查了，清明时节，那个气候，容易下雨……

师：是时令原因。

生：清明，雨水较多，所以，雨纷纷，适合植树。

师：你说，是写实。

生："清明时节雨纷纷"，是写实，因为清明时节，冷暖交会，容易下雨，在我们这个地方也是这样，我们家的汽车刚洗，老天又流泪，车一会就脏了。

生：我觉得是虚写，是泪雨。大家看后一句："路上行人欲断魂。"行人，是杜牧，也指其他旅人。杜牧是他乡游子，他"欲断魂"，这首诗的色彩，是压抑而伤感的。

师：为什么"欲断魂"呢？

生：在清明这个重大的节日，漂泊他乡，不能回去和家人团聚，不能祭奠亡故的先人，心情沉重，加上雨丝飘拂，所以"欲断魂"。

师：所以，我们可以把这个雨，既看成是自然界的雨，也看成是诗人的心雨。自然界的雨平添了诗人的哀愁，所以，我们读的时候，应该怎么读？

生读："清明时节雨纷纷，路上行人欲断魂。"

师：读得凄切哀婉，很有表现力。

师：因为心情郁闷，所以，要借酒消愁，于是就有了下文的"借问酒家何处有……"，同学们，这里有个词，我特别喜欢："遥"。你想，一路下雨，衣服淋湿了，心情也糟糕，这个时候，最需要有一间小屋子，歇下来，喝口小酒，暖暖身子，解解乏，也希望避避雨，不要让自己淋得过湿，另外，因为心情不好，可以借酒消愁，但是这个酒店在哪里啊？

生：杏花村。

师：杏花村，怎么理解？

生：我觉得，杏花村就是一个寨子……

师：有没有其他看法，你觉得，是村寨，还是？大家想想，杏花是什么季节开的呢？

生：春天。

师：对了，现在杏花已经开始绽放了，前天，我到南通去，一路上看到了春天的风景，真的很美，桃花开了，梨花也开了，油菜花是金灿灿的。杏花盛开的时候，杏花村不仅可以指那个村子，也可以指杏花盛开的某个地方。一面酒旗挑出来了，牧童说，你要找酒家呢？就在杏花深处。

现在“杏花村”成了酒的品牌，诗歌里有了酒文化。从诗歌当中得来的品牌你们还知道哪些？

生：稻花香，“稻花香里说丰年”。

师：还有吗？

生：剑南春。

生：杜甫有诗，“剑外忽闻收蓟北”，不是剑南……

师：酒里，还有“何以解忧，唯有杜康”。

生：“红豆”，是个品牌吧，是从王维的诗歌里来的，“红豆生南国”。

生：还有一个鞋子品牌“千百度”，“众里寻它千百度，蓦然回首，那人却在灯火阑珊处”。

生：百度搜索。

师：对，“百度”。

师：有个品牌叫“霞飞”，猜一猜，源自哪里？

生：是不是王勃的《滕王阁序》。

生：“落霞与孤鹜齐飞，秋水共长天一色。”

师：厉害！

生：太多了，杭州有个酒楼，叫楼外楼。“山外青山楼外楼，……，直把杭州作汴州。”

师：对了，我们学习古文化，就要从这里面汲取一些养分。刚才我们说了，杜牧的清明，是伤感的，是压抑的，为什么欲断魂呢？因为一到清明，古木花影白杨树，正是生死离别处，这个时候，诗人天涯漂泊，自然欲断魂。但是清明诗歌里面也有愉快的，请看宋代吴惟信的《苏堤清明即事》，大家一起读一读。

（生齐读）

师：同学们，苏堤，知道吗？去过杭州西湖的同学，请举手！好的，手放下。去过的不少啊！知不知道苏堤是怎么来的，跟谁有关系？

生：跟苏轼有关。北宋时候，苏东坡第一次来到杭州当地方官。他十分迷恋杭州的山水，觉得西湖比古代美女西施更美，便写下了“欲把西湖比西子，淡妆浓抹总相宜”这句绝妙好诗。可是过了15年，苏东坡再来杭州当太守时，发现西湖长久不治，湖泥淤塞，葑草芜蔓，就感慨上书，认为“杭州之有西湖，如人之有眉目”，决定要学唐朝诗人白居易，疏浚西湖，为杭州人做件好事。

后人为怀念苏东坡浚湖筑堤的政绩，就将这条南北长堤称为苏堤。春日之晨，六桥烟柳笼纱，几声莺啼，报道苏堤春早，有民谣唱道：“西湖景致六吊桥，一株杨柳一株桃。”“西湖十景”中的苏堤春晓就此而得名。

师：大家知道的，苏堤是地点，时间为清明，“即事”，何为“即事”呢？即，当即、眼下的事，就是把眼前的说出来，写下来，“即事”，歌咏眼前的景物（教师板书）。自己读一读这首诗，看看他写了眼前的哪些景物，你读出哪些味道。自己读，自己体会。

生读：吴惟信《苏堤清明即事》：“梨花风起正清明，游子寻春半出城。日暮笙歌收拾去，万株杨柳属流莺。”

师：读了一遍了，拿出笔，把写到的景物画下来，想想作者是从哪些角度来写这些景的。再思考第三个问题，看看他写的景物给人的感觉是什么样的，他当时的心情应该是怎么样的。

（生思考，默读）

师：现在把你们的想法在你的学习小组内交流，在小组交流过后，全班交流。

（学习小组内热烈讨论）

师：同学们，刚才我参加了一个组的讨论，哪个小组汇报一下，随便哪个发言都行，西北边陲的，你说，先说读出了什么。

生：站不起来了（旁边坐满听课老师）。

师：你就坐着说，（看到学生不站了）那就请别的组里先说，你待会儿补充好不好？

生：……（说得不成功）

师：有没有人知道，作者为什么要写这首诗啊？是不是觉得这首诗不怎么读得懂？哪里不懂？先把不懂的说出来。

生：梨花风？

师：梨花风，不懂？还有呢？你觉得有点难，是吧，还有哪里？

生：半出城，不知道！

师：这么难啊？

师：又不知道啊？我觉得，（学生说失败）不是失败，是我高估了学情，我看来，一点不难的，……

师：有没有谁知道他们刚才提的这些问题，谁知道的，有没有理解的？

生：我觉得梨花风与杏花雨、杨柳风一样，就是指春风……

师：善于联想思考，恭喜你，猜对了。你们知道中国的风有个特殊的符号，有个二十四番花信风，我也是上网查了以后才知道的。花信风里有菜花、杏花、桃花、李花等的花，而这个梨花风，是属于第十七番花信风，这告诉我们，此时已经是春分过后，清明快要到了，所以梨花风，就是指春风。

生：出城的人多，“半出城”，有一半的人出城了，出城去干什么？踏青，游玩。

师：说得好。刚才还有人说“收拾去”不知道，他们出去玩了多少时间？

生：一天，从早上玩到晚上，收拾……

师：对，他们带去的游乐的东西，全都收拾好了，都回家去了，用一句话讲，他们的玩是朝而往，暮而归。然后“万株杨柳属流莺”，这个知道了吧，人来了，鸟儿被惊吓了，不敢出声，当然也可能有莺歌燕舞的声音，人走了，林子就全部属于鸟儿了，那么，属流莺，知道了吗？

生：流莺也可以是借代，代很多的鸟。

师：有道理。那大家现在知道写了哪些景物了吗？杏花，还有什么？杨柳。从描写的角度来看，有听觉的，笙歌，流莺自娱自乐的声音。

生：有触觉，“梨花风”。

师：齐读一遍。

（生齐读）

师：好的，会背了，是吗？我们再背一背，把它记住！

（生自背）

师：会背吗？

（一生站起来背）

师：好，同学们，柳是中国特有的文化符号，中国古文化中，柳文化源远流长，柳跟哪个词谐音？

生：留。

师：对，苏轼在苏堤栽种了多少棵柳树啊？对，“万株”，我们可以想象一下，现在这个季节，正是柳枝最漂亮的了，清明前后，柳枝非常柔顺，现在刚过二月，阴历三月了，我们有位诗人写过一首诗：碧玉妆成一树高，……二月春风似剪刀。

生（齐背）：“碧玉妆成一树高，……”

师：清明时分，苏堤杨柳低垂，鸟语花香，赏心悦目，所以人们去踏青、看花、赏景，最不可或缺的就是柳树。同学们，清明除了去看柳还有一个习俗，叫插柳，俗话说“有心栽花花不发，无心插柳柳成荫”，古人插柳啊，还有一个传说，除了植树，还能避邪。我们小时候，也玩杨柳，插柳，还用柳枝做帽子戴在头上玩。男孩子手里拿把小木头枪，像打仗似的，所以说清明和游乐也是连在一块的。因为清明节不单单是纪念先人，也可以踏青，游玩，亲近大自然。这首诗是比较明朗的。

师：同学们，还有人借清明来写讽喻诗，我们来欣赏韩翃写的《寒食》，这个韩翃，不是唱《天路》的那个韩红，这个也读“红”，在上面注个音，这个“翃”是什么意思呢？是虫子飞，你看，它的偏旁是羽，这首诗有没有读过？最有名的是哪一句：……

当时，唐代有两个韩翃，皇帝要赏赐的时候，就说，这个是赏给“春城无处不飞花”的韩翃的，可见这首诗在当时的影响。

（大家自由朗读）

生：“春城无处……”

师：这首诗挺押韵，斜，应该读 xia，就像杜枚的那首《山行》，还记得吗？

（生齐背）

师："春城无处不飞花"，会飞的是什么花？

生：柳絮。

师：你真聪明，暮春时节，长安处处花絮纷飞，这个花，就是柳絮。"杨花落尽子规啼，闻道龙标过五溪。我寄愁心与明月，随君直到夜郎西。"这个杨花也就是柳絮。"寒食东风御柳斜"，写出了柳树在春风吹拂下的动态情景。这首诗的讽喻表现在后面，清明节前面是寒食节，寒食节是不允许点灯的，寒食节本来是纪念，纪念谁啊？对，介子推……日暮，汉宫里又开始传蜡烛了，官员们走马传蜡烛，轻烟散入五侯家，寻常百姓家里不许点灯，但是王公贵族家里却是轻烟袅袅，这里对当时的权贵进行了讽刺批判，这里汉宫是借汉代事来说什么朝代的事？对，是唐代的事，这些都能读懂吧？

生：明白了，第一二句写的白天，三四两句写的傍晚，由唐城写到了皇宫，然后写到宫廷里的事。

师：在清明悼亡的诗词中，苏轼的《江城子》特别有名，请大家读一读，然后我请一个同学给大家来朗读一下。

生（约一分钟后，学生很有感情地朗读）：《江城子》，苏轼：十年生死两茫茫。不思量，自难忘。千里孤坟，无处话凄凉。纵使相逢应不识，尘满面、鬓如霜。夜来幽梦忽还乡。小轩窗，正梳妆。相顾无言，惟有泪千行。料得年年肠断处：明月夜，短松冈。

（学生鼓掌，听课老师也鼓掌）

师：肖能凭自己的感悟，读得这么好，看来是理解了苏轼的情感了。下面我再来读现代诗人余光中写的《招魂的短笛》，谁来读一读，下一课，我们来欣赏这两首。

（生读）

（下课铃响，宣布下课）

五、"清明专题"教学反思

清明节是我国民间重要的传统节日，一般是在公历的四月五日。清明节的习俗是丰富有趣的，除了讲究禁火、扫墓，还有踏青、荡秋千、蹋蹴鞠、打马球、插柳等一系列风俗体育活动。这个节日中既有祭扫新坟生离死别的悲酸泪，又有踏青游玩的欢笑声，是一个富有特色的节日。于是，教学设计时，我请学生自己上网查资料，制作 PPT，介绍清明的由来、风俗。学生用习作记载回家过清明的亲身经历与感受。作为中国文化中最瑰丽的风景，诗词的魅力不可小觑。我希望学生明白，生活和文学是息息相关的。所以，在这节课我设计了诗词欣赏，选取了清明诗词中表达“愉悦”“哀伤”情绪的系列诗词，或重点赏析，或读读议议，或自读自悟。我希望，有朝一日，学生们踏青的时候，头脑里蹦出一些积累的诗句，让清明文化在他们心中生根！

六、专题语文活动课怎样达到“无痕”之境

专题语文活动课怎样达到“无痕”境界？李老师的这堂课处理好三对关系，为我们提供了有益的借鉴。

第一，运用“经历共鸣”法处理师生关系，构建师生和谐互动的交流平台。一开始教者引用自己的清明博文，毫不忌讳地“晒”出童年的“贪嘴”和“撒谎”，这就平添了几分亲切和真挚，使学生对教师产生经历认同和情感认同，从而缩短了师生间的角色距离，为“无痕语文”的达成奠定了心理基础。

第二，运用“重点切入”法处理“节日”与“语文”的关系，使清明文化成为既自由翻飞又一线牵引的美丽风筝。课堂上尽管说到了酒文化、商标文化、西湖文化甚至旁及《清明上河图》，但这些都被“清明诗词”这根金线牵引着，而几首“清明诗词”的选取，看似信手拈来，实则体现着能为学生提供多元情感活动的语文元素。杜牧《清明》的压抑伤感，吴惟信《苏堤清明即事》的明朗欢快，使学生的情感风筝随着诗歌意境的变换而尽情翻飞。这样，“节日”与“语文”的“联姻”显得那么自然放松，教者与学生共同手牵一根金线“披文入情”，课堂上翻飞着姿态各异的语文风筝，从而使整个活动流程渐入“无痕”之境。

第三，运用“点到即止”法处理表层与深层的关系，为学生能力的提升开辟广阔的空间。教者经过铺垫，点出韩翃《寒食》诗后两句的讽刺意，然后又引出苏轼的《江城子》，当代诗人余光中的《招魂的短笛》，自然地引导学生将鉴赏清明语文的触角逐渐延伸至内涵丰富的精神世界。由此可见，“无痕”语文不仅是一种艺术，而且应该成为能使学生不断攀临的精神高地。

（曹津源）

第五节　语言幽默机敏无痕

教育家斯维特罗夫说："教育最主要的也是第一位的助手，就是幽默。"幽默的教学语言，绝不只是为了博得学生一笑，它在给学生以愉快欢悦的同时。促使学生深入思索，悟出"笑外之音"，从而起到积极的教育作用。

在教《我爱故乡的杨梅》时，于永正老师请一个学生朗读课文，让其他学生边听边想象情节。学生声情并茂的朗读，仿佛把大家带入了果实累累的果园。

这个学生读完后，于老师看了看全班同学，煞有介事地说："陆晓荣听得最投入。我发现他在边看边听的过程中，使劲咽过两次口水。"回过味来的学生都会心地笑起来。于老师接着说："课文中描写的事物，肯定在他的头脑中变成了一幅鲜明生动的画面。我断定，他仿佛看到了那红得几乎发黑的杨梅，仿佛看到了作者大吃杨梅的情景，仿佛看到了那诱人的杨梅果正摇摇摆摆地朝他走来，于是才不由得流出了'哈喇子'……"学生们都哈哈大笑起来。于老师又郑重其事地说："如果读文章能像陆晓荣这样在脑子里'过电影'，把文字还原成画面，那就证明你读进去了，就证明你读懂了。老实说，刚才我都流口水了，只不过没让大家发现罢了。"学生听了笑得更厉害了。

这节课中，于老师用幽默的语言，把一个重要的读书方法——"边读边想象，把抽象的文字还原为生动的画面"讲出来了，而学生们发自肺腑的笑声则表示着他们对课文的理解和对教师语言能力的折服与钦佩。

一、悄悄地进村，打枪的不要

因为学校承办市英语优课评比活动，对今天的作息时间作了调整。因为和同学们醉心读《哈姆莱特》，晨读课结束的铃声，我们压根没听见。

"快下课了吧?"我问孩子们。他们哈哈大笑："已经上第一节课了!""真的?"我惊呼。一看唐诗的手表，上课都十分钟了。

"对不起，我不知道是这样。"我道歉，并宣布退还课间十分钟，但嘱咐：其他班级都上课了，需要方便的同学"悄悄地进村，打枪的不要"。孩子们心领神会，鬼子进村般去了“一号”。大多数同学留守在教室。聊天，吃早点，分享课外书。

我站在讲台上，看见王梅晨手里拿着个盒子，酷似香烟盒，我笑问：“王梅晨，你带香烟呢?”王梅晨摇动手里的盒子笑眯眯地说：“不是，是薄荷糖。”我走到她面前的位置上坐下（前座同学方便去了），接着问道：“你爸抽烟吗?”“抽!”王梅晨做个怪脸。“您吃糖!”我摇一摇糖盒，“只剩一粒了，你留着吧!”我们接着聊天。

王逸夫和马骏为书发生争抢，碰掉了文具盒。我以为是刘俊廷的，暗自佩服刘俊廷的耐心——没有叫。杨帆打趣说：肯定不是，要是她的，早嚷开了。果然，文具盒不是刘俊廷的。“邻居们”会心一笑。

左前方一阵骚动，原来王佳欣带来太多好吃的，几个家伙在“劫富济贫”。我也凑热闹，分得一块山楂糖。吃完，把糖纸交给王佳欣（回收）。

接下来，我们讲练习册，学生一改往日站着读书的习惯，按学号坐着读，效果相当好——特别温馨、平等的感觉。巧的是，当读到“把洞庭湖就写完了”的时候，下课的钟声响起，我们的课宣布结束。

因为失误，我反而有了一个特别的和同学们相处的“课间十分钟”。“退耕还林”，感觉不赖。

二、慢羊羊

语文老师要让学生成为你的粉丝，得潮，得酷，得雷人，得玩得转，关注时尚，熟悉网络，尤其是语言。“不要迷恋哥，哥只是个传说，哥行走江湖太久，也就有了传说。哥不是有型，只是为了生活，哥从不寂寞，只因寂寞总是陪伴哥。”

“哥读的不是诗，是寂寞”“神马都是浮云”……语文老师的心不能苍老，一篇课文，对70后、80后、90后不能用同一种方式，得洞悉语言前沿，八方资讯，在不经意间“秀”一个，不至于太“瓜”太“呆”。对于“山寨版”的作业，“特困生”“犀利哥”“官二代”“富二代”都要“控”。如果说你的学生是羊族，你的身份就是“慢羊羊”村长，而不只是个“打酱油的”。

我和学生关系很铁，我知道他们想什么，他们也乐意把自己的心思悄悄告诉我。我经常请他们吃东西、送他们小礼物，也经常吃他们的零食，有时还当众接受同学的贿赂（小玩意）。有时我出差或开会，学生几天见不到我，他们会念叨我，想我，有的孩子像丢了魂儿似的，这让他们的家长和其他老师有些吃醋，他们打趣说：你是不是用了什么魔法，让学生为你着迷。

亲其师，信其道。在赢得学生“芳心”的基础上，我着意揣摩让学生学得轻松、扎实、灵活的学法，让教学贴近学生的生活，唤醒学生的记忆，走进学生的心灵。

让教学贴近学生的生活，“聪明的老师会用心”。做老师，你得先读懂孩子。只有懂孩子，才知道如何爱孩子，怎样和孩子交流，什么样的教育会让孩子心悦诚服。你必须知晓孩子们关心什么，喜欢什么，他们在读什么书，看哪一类电视，玩什么样的游戏，崇尚哪一类偶像。

孩子在读韩寒、读王朔、读金庸、读《哈里·波特》《文化苦旅》《我为歌狂》（三部曲）《第一次亲密接触》……为师的你就必须读一读。孩子们在看《情深深，雨濛濛》《灌篮高手》《黑客帝国》《蜘蛛侠》……即使你不喜欢，你也应该瞧一瞧。只有这样，你才能“笑傲江湖”，使“泰坦尼克”永不沉没，你可以高举“宝莲灯”，在“卧虎藏龙”“风云”变幻的时刻，用你的“铁齿铜牙”将“星河战队”的“猫和老鼠”“皮卡丘”“总动员”，你才能知道用什么“魔法”和孩子们“亲密接触”，如何成为“灌篮高手”，明白“拿什么拯救你，我的孩子”——对网络“情深深”、为游戏发狂、视学习为“文化苦旅”的“CS”的“黑客”。

记得在学习初中第一篇文言文《幼时记趣》时，曾有一段话令孩子们拍案叫绝：沈复有“鹰的眼睛”——“能张目对日，明察秋毫”；癞蛤蟆有“熊的力量，豹的速度”——“一日，见二虫斗草间，观之正浓，忽有庞然大物，拔山倒树而来，盖一癞蛤蟆也。舌一吐而二虫尽为所吞。”

初二第三单元学的是说明文，眼下“F4”退居二线，航天英雄杨利伟横空出世。利用杨利伟的明星效应，我选择了一组介绍航空航天知识的说明文，让学生在崇拜英雄的激情中燃烧说明文的知识之火，收效甚好。

《中国石拱桥》中有一个词语“巧妙绝伦”，对“伦”解释为“同类”，学生有些费解。这时周杰伦走进了我的课堂。我说：台湾歌手周杰伦是同类歌手中的杰出人物，可谓“出类拔萃”。他很有才气（能写会弹还会扮酷——长长的头发总是盖住小小的眼睛，神情之中带一丝忧郁），也有天分（声音有磁性）。我随即哼了《爱在西元前》里的两句，学生很是振奋。“然

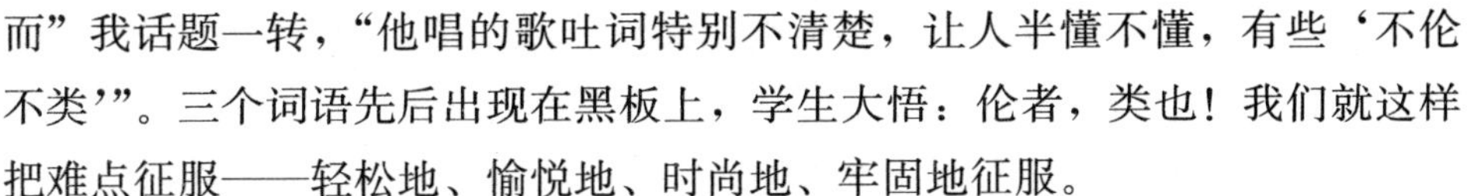

而”我话题一转，“他唱的歌吐词特别不清楚，让人半懂不懂，有些‘不伦不类’”。三个词语先后出现在黑板上，学生大悟：伦者，类也！我们就这样把难点征服——轻松地、愉悦地、时尚地、牢固地征服。

有的老师在教授新知识的时候，有意强调新知识的难度系数。我则不然，我总是淡化、弱化之。比如学习第一篇文言文《幼时记趣》前，我跟孩子们说，小学的时候，大家已经读了一些古诗文，有些孩子在课外还读了不少古典名著，其实，文言文实在好学，不信，请跟我一起在名沈复的引领下回到童年。我板书课题《幼时记趣》。“幼时”，把它变成双音节词就是“幼年时候”，也就是“童年时代”，“记”，变成双音节怎么说？大家回答：记叙。“趣”，有同学说“趣事”，“有趣的事情”。大家一看，理解课题一点不难，能够用自己原有的知识来解决，就对学习全文有了信心。我请同学读课文，他们读得真不错，请他们说说写了哪些趣事，学生的理解挺到位文言文我能读懂，我能学好，带着这样的心态，学生兴味盎然。

在理解“又留蚊于素帐中”的“素”时，我联系毛泽东的《沁园春·雪》：“看红装素裹，分外妖娆”，搬来孩子们熟悉的兵——白素珍（白娘子），大家恍然大悟。“神游其中”是学生理解的难点，我给他们出主意，让他们回忆从前玩的游戏：打仗的、过家家的、看蚂蚁搬家、堆积木造房子……学生茅塞顿开：“精神游历”的情境谁没有享受过？大家说着童年的故事，不亦乐乎。“温故而知新可以为师矣”。自己体悟到的比老师灌输的印记当然深刻，在新旧知识的比较、勾联中，学生畅饮着知识的琼浆，体验到习得的乐趣。

学生在小学学过缩句，在学习句子成分的划分和修改病句时，我就请他们从缩句入手；学生在小学时读过《金色的渔钩》《丰碑》《七律·长征》等，在阅读新课文《老山界》《七根火柴》时，我就注意提醒他们打开有关长征的知识仓；学生对侧面描写和反面描写难以区分，我就朗读他们的习作，告诉他们的文章中哪儿是侧面描写，哪儿是反面描写，学生一听，心领神会；学生对表达方式和说明方法容易混淆，我就用他们新近阅读的作品反复举例，让他们自行比较、甄别；学生学习记叙的要素时，我和他们说“从前有座山，山上有座庙，庙里有个老和尚在给小和尚讲故事，讲个什么故事呢？从前有座山……”他们一听，记叙的要素了然于胸，难以忘怀；理解反复修辞的作用时，我和他们一起重温歌曲《常回家看看》《真的好想你》《我的中国心》等，其强调、突出某种情感的目的一目了然……

三、绿色幽默，让课堂灵动起来

幽默，《现代汉语词典》解释为“有趣或可笑而意味深长”，英文写做humour。

绿色幽默，是聪明、机智、创新、灵感的俏皮，含蓄的花朵和微笑。绿色幽默有别于黑色幽默与灰色幽默，它不是唬下脸来的嘲笑、拉长面孔的讽刺、扭曲心灵的挖苦，也不是油腔滑调、装腔作势、低级趣味的插科打诨。它集严肃的内容、深度的意义与轻快的表达为一身，具有优美健康的气质。

绿色幽默开辟绿色通道，带来绿色心情。破译绿色幽默的基因密码，让绿色幽默落户语文花苑，是新课改的召唤、大语文的大幸。

（一）巧用机智，挑战机遇

语文课堂充满变数，充满挑战，这正是它的魅力所在。如果说学生是咖啡，教师是咖啡伴侣，语文知识是热水，那么绿色幽默便是晶莹剔透的方糖，在语文教学这个神奇的杯子中，适当地加进方糖，就会冲出一杯香气四溢、味道极好的饮品。

学生因口吃回答问题遭遇尴尬，“别急，慢慢来！这不是什么缺陷，只是你心里想的比嘴巴快而已”。绿色幽默充当自尊卫士，救孩子于水火。个别学生上课注意力不集中，我轻轻哼唱：“对面的男孩看过来！”绿色幽默体面地招回溜号的心神。发现学生有作弊的动机，我微笑着说：“个别宾客‘伸颈、侧目’”，属于“作奸犯科”，宜付良心“论其刑赏，以昭李凤平明之理”。绿色幽默引发学生的自省，冷静而轻松地扫除了孩子心灵的尘埃。设计运用多媒体教学的公开课刚刚敲响开场锣鼓，突然停电，“小牛犊们：电老虎大发牛脾气——罢工不干，我们无法控制电老虎，但可以控制自己，展示大家才智的机会到了。”绿色幽默，气定神闲地把学生带进了柳暗花明的天地。

绿色幽默不仅能“救失”，还能“长善”，为语文花苑带来盎然春意。

送教到宿迁，教学《十五的月亮》进入高潮，一位漂亮的女生发表自己见解时突然卡壳，一时找不到合适的词语。面对该生“只能意会，不能言传”的处境，我一语点拨后问她“你想表达的是这个意思吗?”她脱口而出

“yes”，既而满脸绯红。她觉得台下上千人听课，“yes”的回答不得体，马上对我说：“对不起！”我拍拍她的马尾松，笑盈盈地答曰：“That’s all right！”这个回话，不仅让她心安、心悦，也赢得听课师生一片友善的笑声。在练习环节，我特意请她答题，并诙谐地说：“你只要回答 yes or no。”她很开心地回答：yes！我对她的正确答案作出了“Very good”的评价，全场又一次漾开了笑声。

绿色幽默时常为我们的课堂带来欢笑：“矜持”的“矜”，我戏言为“毛巾”。作者“林斤澜”，我让大家倒过来念：“蓝精灵”。“日啖荔枝三百颗”的“颗”，有人误写为“棵”。我打趣道：乖乖，竟能一天吃下“三百棵”树上的荔枝？苏东坡得知也许会感叹：“该生的夸张手法好生厉害，对荔枝偏爱有加的杨贵妃一辈子也没吃掉这么多也！”绿色幽默，在学生心中轻松地打下了深深的知识印记。

绿色幽默滋养着孩子，也滋补了教师，滋润了语文芳草地。

《从百草园到三味书屋》处于正在进行时，不速之客——蜘蛛“下挂”于教室左前方。蜘蛛的下凡，吸引了不少同学的眼球。我灵机一动，宣布：“大话蜘蛛！”只要是跟蜘蛛这种“昆虫”有关的话题，都可以谈。

话音未落，小手如林。一位内向的女生说：老师，您说错了，蜘蛛不是昆虫。

听闻此言，自觉汗颜——不耻下问的机会到了。我真诚地调侃说：请大家给我送点“补品”，来一套“蜘蛛滋补液”怎么样？

一听这话，我的小老师们争先恐后地上岗：

“老师，昆虫的身体必须分为头、胸、腹三部分。”

“昆虫的头部有一对触角，一对复眼，胸部有三对足，两对翅。而蜘蛛的头、胸连在一起，只有单眼，没有复眼。”

“给你来个板书吧，帮你理解。”我还没来得及表态，他就蹿上了讲台，煞有介事地边写边讲，还问我有没有真的掌握。

他们津津有味地讲：蜘蛛，号称“五毒之一”，是世界上分布最广的一种动物。蜘蛛约有 3 万多种，分属 66 科，最大的体长 9 厘米，最小的体长仅 1 毫米。

他们眉飞色舞地说：中医认为，蜘蛛性味苦寒；有一种花叫做“蜘蛛兰”，花瓣细长，且分得很开，酷似蜘蛛的长腿；能飞檐走壁、为高楼“美容”的人被称为高空“蜘蛛人”；科幻大片、游戏《蜘蛛侠》都挺棒。他们拿出“蜘蛛侠”贴画给我看，有个孩子让我把手伸过去，将一个“蜘蛛侠”的贴画贴在了我的手背上。

绿色幽默卸下了师道尊严的盔甲，扫除了我知识上的一个盲点。其乐融融的氛围中，语文花苑芳草萋萋，莺歌燕舞。能者为师，教学相长，语文花苑再添一块绿色版图。

（二）自出机杼，涵养机谋

绿色幽默可以舒缓紧张心绪，减轻神经压力。在学习节奏加快、学习压力加大的今天，最是那富含幽默情愫的教师为学子所欢迎。

语文教师除了在不可预设的环境下，发挥自己灵性的幽默外，还可以移植幽默基因，培植幽默细胞，自出机杼，涵养机谋，有的放矢地做幽默的引渡人。

“从前有座山，山上有个庙，庙里有个老和尚在给小和尚讲故事，讲什么故事呢？从前有座山，山上有个庙……”我以这样的歌谣开启，向学生讲授记叙的要素；“欧阳修，号‘六一居士’，《社戏》里有位‘六一公公’”——“六一”儿童节那天，我以“这三个‘六一’各是什么含义”的问题打开话闸；我在“下雪别忘穿棉袄，天晴别忘戴草帽”的歌声中隆重推出“茅盾”先生；《笑傲江湖》风靡一时，我走进课堂二话不说，播放起琴箫合奏的《笑傲江湖曲》，而后请“吴伯箫”先生和大家见面……

机智、俏皮的导语层出不穷，语文教学的红盖头有创意地掀起，不断变脸的导语，大大激发了学生求知的欲望，拉近了师生间、文本与学习者间的距离，走活了课堂教学的第一着棋：开场——推开绿色之窗。

过渡——架设绿色桥梁。

“毛泽东引领我们欣赏了北国风光，高尔基邀请大家聆听《春天的旋律》——《海燕》”：两篇课文间过渡一例。一篇文章内部，这样引线：电话有内线与外线，《藤野先生》一文也有。外线是明线，我们已经发现，现在大家一起查查暗线。“刚才我们从中间开花，美美地享用了红烧鱼段，接着，把鱼头和鱼尾放到沙锅里熬汤，让我们一起来尝尝沙锅鱼头的滋味！”

形象通俗的比喻，巧妙地攒起语文教学的散金碎玉，完成了教学过程的起承转合，带给学生鲜活愉悦的感受。

收官、打烊、下线、换频道，其他行业的术语为我所用；且听下回分解、孩儿们自行操练、我去也、bye-bye 等是我的结语；88、简笔画、手势都是我跟同学们说再见的方式。

轻松诙谐的结语，因文而异，见机行事，留下绿色空间，产生绿色回响。

新授课，思接千载奏绿色华章。

“教鞭轻轻地敲在石板边上”（《我的老师》），正如《在那遥远的地方》“我愿她拿着细细的皮鞭不断轻轻地打在我身上”，我请学生置换修饰语后试唱，“我愿她拿着粗粗的皮鞭不断狠狠地抽在我身上”，学生在大笑中体会了“师爱”。“大家跳下船”（《社戏》），启发学生体会“跳”的表现力。学生说：“跳”写出了能去看社戏高兴而迫切的心情。我追问：如果“我”的外祖母心中高兴、心情迫切，她会“跳下船”吗？他们在笑声中明白：“蹦蹦跳跳”还传达了儿童活泼的天性。

即使在很小的知识点上，也可以点到学生的幽默之穴。爸爸妈妈是“举案齐眉”，还是“拍案而起”，都“有案可稽”。“巧妙绝伦”的“伦”解释为“同类”，学生有些费解。这时周杰伦走进了我的课堂：台湾歌手周杰伦“出类拔萃”。他唱歌吐词不清楚，有些“不类不伦”。在幽它一默的比较中，成语“成”了。

复习《醉翁亭记》，我问大家：欧阳修设宴，吃的什么？学生作答“山肴野蔌”。气氛如何？答曰“觥筹交错”。

《藤野先生》《从百草园到三味书屋》，《孔乙己》在《故乡》做《一件小事》：看《社戏》。学生就不会记混淆鲁迅的散文和小说。《安娜·卡列尼娜》在《战争与和平》中《复活》一串联，同学们轻快地盘点了托尔斯泰的作品。

“甚矣，汝之不惠”，直译为“太了，你不聪明”，学生自然觉得好笑，原来，它是一个倒装句；松鼠“搭窝”技能之高妙，使人诧异：套用《蜘蛛》中的句子复习《松鼠》，同学们在会心一笑中品味了一箭双雕的神奇……

瞻前顾后，别具匠心的幽默整合，营造了一条赏心悦目的绿色长廊。

绿色幽默，让语文课堂快乐起来，睿智了许多。它让语文课成了孩子们的念想，语文老师成了孩子们的伙伴，语文花苑成了孩子健康成长的绿色摇篮。

“晴空一鹤排云上，便引诗情到碧霄。”绿色幽默打开灵性而善良的师生心扉，成就灵动而诗意的语文课堂。语文花苑应该为绿色幽默颁发“绿卡”，让绿色幽默“落户”语文花苑，“定居”语文花苑。

后　　记

一、修炼眼力

“没有经过审视和内省的生活是不值得过的。”（苏格拉底）从这个意义上说，要抵达专业幸福，语文教师得好好修炼眼力，炼就新闻眼、时尚眼、第三只眼……经过不断的修养和锻炼，具备非常敏感的观察能力、敏锐的辨别能力。具备了这种眼力，向外时足以登高望远，向内时能够扪心叩问。

1. 新闻眼

语文不仅是一门实践性很强的课程，而且是母语教育课程，学习资源和实践机会无处不在、无时不有。语文教师必须炼就一双新闻眼，眼观六路，纵览社会生活热点，积极开发并合理利用校内外各种课程资源，让语文教学更丰富生动，更具开放性与灵活性。这既是新课程提倡的理念，也是师生共同成长的需要。

2010 年 11 月 16 日，美国总统奥巴马访华，在上海科技馆与中国青年对话时，引用了《论语》中的“温故而知新”。当天，我就向学生介绍：奥巴马“秀”中文。以此为引子，我向学生介绍历任美国总统访华时引用的中国诗文。我从提高学生语言应用水平和文学修养出发，同时兼顾语文学科的情感特质，选择一些符合学生认知水平又契合他们兴趣爱好的新闻资源，令学生耳目一新、胃口大开。

在学习《都市精灵》时，我适时插播央视精彩播报：成千上万只红嘴鸥在翠湖飞翔栖息、嬉闹戏水、争抢食饵的神奇景观，令学生怦然心动。读张晓风的《一山昙花》时，我请学生观赏从网上下载的难得一见的昙花一现的图片，刹那的美丽、瞬间的震撼成为他们永恒的记忆。

在老师的引导下，学生也有了新闻意识。学生阅读《始终眷恋着自己的祖国》后不久，钱学森逝世了，他们通过课外看到的新闻材料丰富文本，加深了对钱学森伟大人格的认识，对教材中的“始终眷恋”有了更深入的解读。更重要的是学生自觉关注新闻，将语文视野扩大了，其文化意识增强了。

2. 时尚眼

时尚就是“时间”与“崇尚”的相加，它在特定时段内由少数人率先实验，后来为社会大众所崇尚和效仿的。时尚无处不在，大到思想文化，小到衣食住行，都有时尚的影子。青少年是好奇心最强的群体，求新求异，追求时尚和流行是他们的心理特点。每天面对追求时尚的青少年，教师不能无动于衷。

炼就一双时尚眼，从一拨又一拨的时尚潮流中抽丝剥茧，萃取它的本质和真义，来提高自己的审美品位。理智而熟练地驾驭时尚，是我们语文教师必备的素养。于是，我了解时尚，透视时尚，引领青少年由时尚回归经典，感知中华民族传统文化的永恒魅力，以此为契机，提升学生的语文素养。

二、修炼内功

1. 读书

一杯香茗，一卷诗书。神交古人，心仪经典。领略大家风范，参悟人情物理。在《菜根谭》寻立身处世之方，向苏霍姆林斯基学为师之道。陪黛玉葬花，看老人出海，和丰子恺一起向蚂蚁立正敬礼，与毕淑敏一道“坦然走过乞丐”。偷偷地一笑，微微地颔首，紧紧地皱眉，悄悄地抹泪——读书的时候率性而惬意。

曲折的故事让我迷恋，曼妙的语言叫我沉醉，高尚的情操使我折服，深邃的哲思带我飞升……

感谢“教育在线”，它为我推开了新视窗，让我找到了新平台。网络阅读，方便快捷。轻轻地点击，激活了思想，激活了课堂。从此，我阅读着、思考着、实践着。

阅读的千万个触点联通了课堂，教学因此更加得心应手。思接千载，视通万里，师生心灵契合，课堂神采飞扬。

书籍，你赠与我高雅的时装、快乐的魔盒。与你牵手，我阳光地做人，诗意地生活，读你千遍也不厌倦。

2. 练口才

因为多次在学校和县里的朗诵、演讲比赛中夺得一二等奖，所以，1996

年学校推荐我参加了省普通话测试员培训班。

当测试员后，我对自己的普通话有了更高的要求。除了在学校讲普通话，在家里跟儿子交流也用普通话。上课时，我请班上同学随时指出我发音中的问题，提出意见的同学有奖。几年来我养成了一些习惯：看电视节目时跟着说，觉得有问题时查字典。听同事的课、校领导的报告，将读音不正确的字词另外记一项，交流时必说无疑。看书报、打字、唱歌时总是特别留意前后鼻音、平翘舌音，好像条件反射似的……拳不离手，曲不离口，自我加压，处处留心，经年累月，普通话与时俱进。

给学生上课，我非常注重对他们朗读能力的培养。我以课堂训练为中心，以诗词、时文、美文朗读为重点，以演讲、朗诵、辩论、故事会为主要形式，以多媒体为辅助手段，构建了普通话综合训练网络，使推普工作扎实有序，形成了浓厚的普通话学习环境和氛围。对不同水平的学生，我提出不同的要求，表扬每一个学生的每一点进步。天长日久，学生在发音吐字、轻重缓急、气息共鸣的把握以及对不同作品的感情处理上有了较高的水准。

作为一名省级普通话测试员，我深知语言文字工作的根本任务。因此，近年来，我利用节假日，积极投身于县普通话培训和测试工作，着力在校园文化建设中优化语言环境，把普通话纳入评课体系，使规范的语言文字成为优化课堂教学有力的手段，带领师生走入社区，检查、更正不规范用语，推广普通话，为全县推普工作尽了绵薄之力。

推普活动中，我饱尝奋斗的艰辛，领略到成功的喜悦，享受着自我提升的乐趣。祖国语言文字的博大精深、瑰丽多姿使我折服，让我心灵纯洁、精神富足！

3. 公开课

学校是教师专业成长与发展的场所，教师发展是在教育实践中进行的。课堂教学是教师专业成长的最为重要的渠道，而公开教学则是加速教师专业成长的最有力的推手。

回首二十多年的语文教育生活，我很庆幸自己得到了很多次公开教学的机会，在一次次磨洗中摔打，在一次次摔打中成长。

清楚地记得第一次公开教学是在参加工作后的第二周，校长和全校语文老师听我执教的《荔枝蜜》。那时，我们学校初、高中没有分开，听课人数加一块儿三十多人。尽管我是全校学历最低、年龄最小的老师，但初生牛犊不怕虎，我按部就班，较好地完成了教学任务。

评课的时候，领导、老师们充分肯定了我的成绩，夸我落落大方，亲切自然，普通话标准，充满活力、激情，说我是个好苗子。同时，他们也诚恳但委婉地指出了我在教学难点突破、时间分配、教学环节间过渡及教学机智等方面的诸多不足。虚心听取他们对课的解剖，将缺点一一记下，我尝到了公开教学的甜头。

此后，我更多地听课，看我的这些问题老教师们是怎样解决的；有针对性地读书，看解决问题的依据是什么。理论与实践结合，使我较早地认识到语文教学的一些规律。

上一堂公开课，自己深入钻研教材，广泛涉猎资料，在独立思考的基础上设计教案是第一位的。当然，教学的本质是一种学习活动，根本目的在于促进学生的发展。好的课堂教学是师生共同构建学习主体的过程，怎样开展有效的教学活动，调动学生积极主动地参与，通过丰富多样的交往形式，有意识地培养学生学会倾听、交流、协作、分享是我不断追问的课堂本真。在教学的过程中和学生面对面，这样的实战最锻炼人，教学的机智就是在实战积累中闪过的一道道灵光。

送教下乡，执教《死海不死》，我请学生把我们家乡的黄海与“死海”作比照，加深了他们对死海本质特征的认识；到无锡赛课，我用歌曲《太湖美》和学生联络情感；在全国拥军模范县海门执教《十五的月亮》，我在课堂即兴采访，让军人的孩子说他们父母的故事，成为课堂亮点，博得满堂彩；在陕西支教，学习《水城威尼斯》，我带上朋友从意大利捎来的精美别致的小艇贡多拉，作为课堂最佳风采奖获得者的奖品。谁知一堂课下来，最佳风采奖获得者无法定夺，表现精彩的学生太多了。那艘小艇最终成为我送给他们这个优秀集体的纪念品……

在南通教学比武，前面上课的老师告诉我这个学校的学生一点不配合，尽想出上课老师的洋相，他简直气昏了！临上课时接到通知：一堂课不是45分钟，而是40分钟。走进教室，才晓得，所抽课文《听潮》他们已经学过。怎么办？怎么办？“天将降大任于斯人也，必先苦其心志，劳其筋骨……”我自我安慰。教室里一片混乱，几个男同学还在敲打，后面坐着一排专家，他们似乎不在意。我笑盈盈地走进教室，拣起最前排学生敲打时摔在地上的文具，用手绢擦去灰层，轻轻地放在他的课桌上。那个孩子有些不好意思了，挠挠头，目光中掠过一丝惊讶。我什么也没说，微笑着在他肩上轻轻拍了两下，然后走上讲台，开始上课。互致问候后，我这样开讲："同学们，我来自黄海之滨的小城掘港，请问，有谁去过掘港，到过黄海?"一位女生高高地举起了手。原来，她就是我们掘港人。我走过去和小老乡拉拉手，随即抛出一个问题："听说大家已经学习过《听潮》了，我想问大家一个问题，可以吗?""OK!"同学们很友善地回答。我说："'没有风。海自己醒了，喘着气，转侧着，打着呵欠，伸着懒腰，抹着眼睛。'鲁彦为什么在'没有风'后面用句号，在'海醒了'中间加'自己'?"

同学们七嘴八舌，怎么也说不到点子上。此时我解开谜底：海潮的涨落与风没有关系，海面无风三尺浪。潮汐是在月球、太阳等天体引力作用下所产生的。同学们恍然大悟。

以此为突破口，我请他们谈谈"海睡图""海醒图""海怒图"，并让他们作比较，看看自己喜欢哪一个，同时说说理由。同学们情绪高涨，争相发言。其间，我穿插了奖励式的评点、幽默式的调侃，以及大家未知的背景资料介绍，同学们兴奋不已，不知不觉中听到了下课铃声。

这一课我获得了当年的第一名。

课后，我诚邀该班全体同学来年春天到滨城掘港，到黄海去"听潮"。几乎所有同学都以为这只是我一时的"应景之言"。谁知，这年秋天，我真的带着我班56位同学到了南通，与该班同学联欢，结成"友好班级"。来年春天，我们全班师生做向导，两个学校130多位师生一起赶海踏浪、听潮。"没有风。海自己醒了，喘着气……"这些课本中的文字成为亲见的景观。看到两班孩子一起和老水牛合影，在拖拉机上吟诵"它从我们的脚下扑了过来，响雷般地怒吼着，一阵阵地将满含着血腥的浪花泼溅在我们的身上……"，看到他们一起野炊、吃海鲜、拔河、打沙滩排球，看到他们成语接龙、歌曲联唱，我心潮逐浪。这一课，我们终生难忘。

教师的自我更新是专业发展的内在机制，"自觉""自主"是教师专业发展的关键，教师关注的不应仅是知识学习，还应有倾听、阅读、反思和询问他人等行为学习。课前、课后，听取行家的意见、建议，把自己的想法与大家真诚地交流、合理地碰撞，可以汲取、整合宝贵的资源，完善设计。往往当局者迷，旁观者的一语能够将我点醒，令我豁然开朗。"他山之石，可以攻玉。"集体智慧的滋养、集体关怀的温暖、集体力量的激励是我专业成长的重要外部因素。

在县中工作，上公开课的机会自然多。不断亮相，赢得过鲜花与掌声，也经历过理还乱的困扰，饱尝过辗转反侧的煎熬，受到过泪千行的委屈，承受过只能成功不能失败的压力……这些历练，促使我成长。

1995 年，在我成功地执教了一堂省级公开课《十五的月亮》后，我的师傅、江苏省语文特级教师、江苏省首届名教师曹津源校长语重心长地找我谈话："上一堂好课不容易，上完了一扔太可惜，把上课的所思所感写下来，一定是一篇好文章。"曹校长是写文章的高手，可是，在此之前我仅发表过两篇语文教学方面的文章。师傅德高望重，我又不敢不听话，何况师傅还要检查作业呢。万般无奈之下，我开始苦苦地写作。

如何立意，怎样构思，不成问题；难的是自己理论功底不够，思考缺乏深度。再去请教师傅，看师傅的这类范文，读相关的教育学、心理学、逻辑学理论，才明白，自己的教学招式里原来还有理论在支撑呢，心中窃喜！幸运的是，以《十五的月亮》为素材写作的两篇文章《品诗歌画　味爱国情》和《知趣　理趣　情趣》先后发表于《江苏电教》《江苏教育报》。

后来，曹校长对我提出了上一节好课，就要出一篇有质量的文章的要求。我谨遵师傅教诲，逐渐养成了一课一作，甚至一课多作的好习惯。就这样拾级而上，上过《水城威尼斯》后，我发表了《多姿多彩　活力四射——初中语文整合教学 ABC》；执教完《端午日》，我发表了《〈端午日〉备课札记》，该文章入选著名语文特级教师于永正主编的《个性化备课经验》。我撰写的《以教学民主为本位的初中语文教学》获得江苏省"五四杯"论文评比一等奖，其他多篇文章见诸报刊。新一轮课程改革刷新了我的教育理念，在这一阶段，我在自己的公开教学，以及与其他青年教师研究公开教学的过程中有了新的思考，写出了《新课改，请关心学生冷暖》《新课改，请关注学生的价值观》《新课改，谨防马太效应》等系列文章，分别发表于《语文教学之友》《语文教学与研究》。

怎样发展，怎样增加生命的厚度、提高教育的含金量，是我曾经面临的一道坎。2003 年 7 月，我登陆"教育在线"，对自己提出了更高的要求，及时记录教育教学点滴，将自己有一定质量的思考变成文字。从此，借助"教育在线"这个展台，我开始了新的跋涉。近五年来，在省级以上学术刊物发表有较高水平的本学科专业研究论文三十多篇。其中《绿色幽默——让课堂

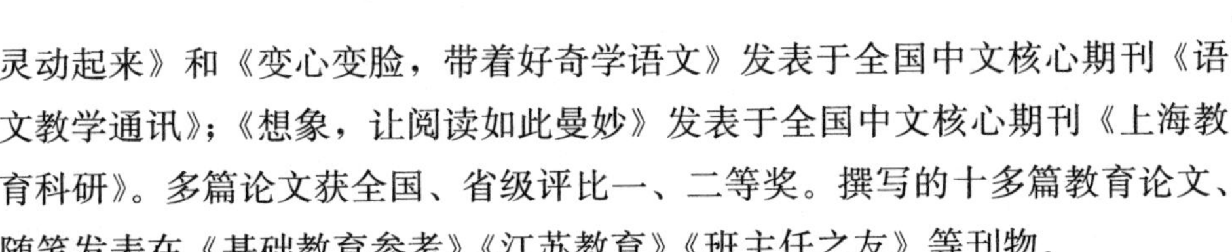

灵动起来》和《变心变脸，带着好奇学语文》发表于全国中文核心期刊《语文教学通讯》；《想象，让阅读如此曼妙》发表于全国中文核心期刊《上海教育科研》。多篇论文获全国、省级评比一、二等奖。撰写的十多篇教育论文、随笔发表在《基础教育参考》《江苏教育》《班主任之友》等刊物。

钻研文本，喜欢较真，注重细节是我的惯性。查阅大量资料，证实“葆生叔”其实不是教参上所说的“葆生（张联芳）的叔父”，而是张岱的叔叔张联芳本人。我以《葆生叔究竟是谁》为题写了一篇短文发表在《语文教学研究》。后来我发现被删节过的课本《于园》《黄鹤楼》《黔之驴》《我的母亲》等，都因删节不同程度地影响了读者的理解，于是我写作了《不能忽略的删节》《“妹仔”带来的精彩》，发表于《南通教育研究》《中学语文教学参考》。

在“教育在线”看到《四川教育》《师道》“关注细节”的主题征稿启事，我先后写出《美丽打了折》《蜘蛛滋补液》，均入选。针对青春期学生的心理特征，我写作了《当学生残忍地对待这只小狗时，教师该做什么?》《巧用角色优势点化生命》《孩子，让我抱抱你》《那不争气的眼泪》等文章，分别刊登于《中国教育报》《成才导报》《中国教师》《教书育人》。

这些文字及时记录着我的教育教学感悟，师生交流的妙音化做有情有义的墨痕，对于自己是再次的打磨过程。梳理思想，记录成长的足迹，我拥有了一笔弥足珍贵的财富。在磨课、洗课的过程中，学习、思考、实践、总结、提升，自己变得深刻了许多，感性理性水乳交融，教育教学渐入佳境。从县到市，从市到省，观摩课、比武课，一路走来，一路思考，一路收获。我收获的不仅仅是一张张获奖证书，扎根民主教学沃土，以睿智的眼光，亲和的魅力，打造高质量、有品位的语文生活，逐渐形成了自己“民主开放、鲜活细腻、机敏灵动、轻松幽默、和谐高效”的教学风格。

把平日的每一节课当做公开课来对待，不断涵养积聚，不断反思创新，使学生们越发喜欢语文课。“李老师，上您的课，心灵被滋润，您独特的教学方式和幽默的风格，把我们带入语文的胜地，让我们体验到语文之乐，语文之奇。上您的课真的很开心……”

有时，我外出开会学习，孩子们会盼我、想我，给我发短信、邮件。他们会用热烈的掌声、盈眶的热泪迎接小别的我。

哪里有爱，哪里就有成功和智慧。作为一名语文老师，我带着爱心上路，从公开教学起步，与学生一起成长，体验着崇高与幸福。

三、高人指路

又是麦苗拔节时。我的教育生命，宛如田野里的麦苗，在南通市名师培养第一梯队——我们的精神共同体里拔节。

春天的土地是温馨的。经江苏省特级教师、江苏省首届名教师、南通市名师培养导师团曹津源校长举荐，2008 年春天，在历经数月的严格考核（听课、开座谈会、调查访问和审看论文等）后，我有幸增补进南通市名师培养第一梯队。从此，我进入了专业成长的生态家园。在这里，智慧与智慧碰撞，精神与精神会晤，构筑共同愿景，教育生命昂然拔节。

2008 年，成长的印记留下我诸多感动。

初春，南通教育界德高望重的朱嘉耀团长、何广余副团长、导师曹津源校长、樊志瑾书记、郭志明局长等在我校召开师生座谈会。会后，找我个别谈话。他们鼓励我说：你是一位有爱心有灵气有个性的老师，你的课堂民主、细腻、诙谐、高效。瞧孩子们课堂上自由发表主见时的那个自信，与你心有灵犀，水乳交融的那份和谐、兴奋，看孩子们座谈会上抢着夸你时的那份自豪，很是满足啊。你是一位德艺双馨的教师，深受师生喜爱，这种好感不是他们装腔作势做出来的，而是从内心真实地流淌出来的。教师做到这个份上是一种享受，太幸福了……

就这样，幸福的我加盟了令我幸福加倍的团队。

进入第一梯队，结识了陈杰、祝禧等有教育梦想的中青年才俊。在读书汇报、专业发展体会交流、会课、课题研讨、个人专场展示等活动中，见贤思齐，自我砥砺，压力转化为动力。

2008 年 5 月 5 日，南通市名师培养第一梯队的部分导师和培养对象，在王笑君局长、茅慧生处长、余宙处长的率领下去连云港参加教学交流活动。在此之前一个月，我接受了执教一堂语文课的任务。

我选择了莫怀戚的《散步》。深入钻研教材，深度解读文本，广泛涉猎资料，在独立思考的基础上设计了教学案。曹津源校长极仔细地审读、修改了教学案，充分肯定了我的设计理念与思路，给出了增加“幸福指数”等很好的建议，同时提醒我，如果授课班级有单亲家庭的孩子要格外关照。在听了我的试教后，曹校长发现，“国际家庭日会徽”打到屏幕上后颜色有变化，建议我请美术老师另画一幅会徽，连我穿的鞋子不能有响声这样的细节都一一关照了。

这是我参加梯队后的第一次公开亮相，王局长、茅处长、郭局长等给这一课很高的评价。何广余副团长跷起大拇指夸赞，师资处余处长告诉我，这节课将她深深吸引，多次不由自主地流泪。

连云港老师们评价道：“这是一节生命的课，语言的课，思维的课。有亲情的浸染，有语文的润泽，有教法的启迪。”“这一课书声琅琅，咬文嚼字声，不绝于耳，深烙于心，学生不虚此学。”“整个礼堂沉浸在浓浓的亲情之中，听课的老师掌声一片。”“李凤老师的课堂的确让我大开眼界。声情并茂，知识涵养高，旁征博引，古诗句、名人名言随手拈来。俗话说‘腹有诗书气自华’，这种深厚的功底表现出来的就是举重若轻、温文尔雅、气质非凡，这是我一直向往的……”

学习共同体的肯定与鞭策，同行的认可与鼓励，情感的沟通，喜悦的分享，让我不断感受生命的涌动和成长。此后，师资处将我推荐给江苏省教师培训中心。2008 年下半年，受江苏省教师培训中心委托，我先后在灌南、赣榆、高邮、镇江等地执教了省级公开课五节，做讲座三场。每次磨课，都是一次学习、一种历练、一份财富。它带给我的不仅是教学艺术的长进，更是责任感和使命感的增进。

2008 年，我将“无痕语文”作为自己的专业发展方向，将教育教学的感悟变成文字，在《语文建设》等刊物上发表文章十多篇。

感恩的心，感谢有你——南通市名师培养第一梯队。有你的引领，你的呵护，你的润泽，我们这些苗儿才能拔节生长。如果说，我们是绿洲，那你就是我们生命的动脉！

1. 目标导航，提升了教育境界

进入梯队之前，我的发展目标是初中语文教学市内有地位和影响，具有引领与辐射作用，力争成为江苏省特级教师。

2008 年插班进入一梯队后，我根据导师团的培养目标调整自己的努力方向，挖掘自身的发展潜力，定位于成为省内有影响的初中语文特级教师。

导师团有 20 多位知名的教育专家，这些德高望重的前贤，有不少是我久仰但无缘结识的高人。在近年来与他们零距离的接触中，在他们的报告、讲座中，在与他们的专业交流甚至闲聊中，我都感受到浓郁的教育情结。他们为了梯队成员的成长，高瞻远瞩，殚精竭虑，人格的魅力、人性的光辉时时温暖鞭策着我。他们对一梯队成员付出的至情至爱，非急功近利之徒所能理喻。成为培养对象，改变的不仅仅是自身的教育目标，前辈们的教育理想，他们对教育的痴情与我内心对教育的狂热和谐共振，我感到自己再度被点燃，被激励，心中风生水起，情不能自已。不少教师人到中年，事业出现了瓶颈，产生了职业倦怠，而我爱教育的心依然甚至更加年轻。一梯队，焕发了我的教育青春。前方是一条路，不断延展，充满乐趣，没有尽头。

2. 专业引领，提升了业务素质

教育之神分外眷顾我。我刚参加工作就分到如东中学，导师团的樊志瑾书记、曹津源校长是我的老领导、引路人。幸运的我，20年前就是曹津源校长的徒弟，我听曹校长的课，阅读他的文章，欣赏他的为人，敬仰他的学识。他帮我听课、磨课、评课，指导、监督我搞教育科研，鼓励我不断上台阶，给我莫大的帮助与教益。毫不夸张地说，我专业成长中的每一点进步，都凝聚着他的心血。

导师团对我们培养对象实现一对一、多对一的帮扶指导，曹津源校长、何广余校长担任我的导师。何校长，我景仰已久。这位智慧倜傥的教育大家，以其何等宽广的胸襟不遗余力地奖掖后生晚辈，给了我父亲般的关爱，众多的言语细节令我终身难忘。岂止这两位导师，四年来朱嘉耀校长、汪乾荣校长、郭志明局长、严清会长、姚侃校长、钱俊元校长、王学东主任等众多导师的恩情，我时时铭记。

3. 风格主张，提升了教学品质

风格，即教师在长期教学艺术实践中逐步形成的、富有成效的一贯的教学观点、教学技巧和教学作风的独特结合和表现，是教学艺术个性化的稳定状态之标志。

“无痕语文”没有剑拔弩张、暴雨狂风，有的是慈善温润、好雨随风；没有师道尊严、一言九鼎，有的是能者为师、教学相长；没有教条刻板、一成不变，有的是活泼灵动、妙趣横生。“无痕”语文不搞克隆拷贝、随帮唱影，而是继承创新、我秀我型；不搞填鸭灌输、模式套人，而是诱导点燃、我有我滋味；不是正襟危坐、不苟言笑，而是率性天真、我的地盘我做主。

近年来，我在众多的展示课中彰显“无痕语文”风格，在各地的讲座上宣传“无痕语文”教育主张，《语言文字报》《语文建设》《江苏教育研究》

《教育家》等报刊陆续刊登介绍“无痕语文”教育理念的文章。“追求无痕——李凤语文教学风格展示活动”2010年5月成功举办。

导师们对我在无痕语文教学上的探索给予很多鼓励：“她的语文是去应试之痕，在人类优秀文化享受中打造文化人。对文本的适度挖掘，是对教材的润泽。去符号之痕，在语文与生活的牵手中进行情境学习。去模式之痕，在收放自如的课堂流程中完成语文徜徉。去身份之痕，在角色换位的人际关系中实现心灵融合。”

“李凤的追求来自本真。追求无痕，已经成为她平常的生存状态。”“李凤如今的‘追求’源于本真，高于‘本真’。风格是一种特殊的人格。‘无痕’不仅体现在李凤老师的课堂教学中，更是渗透在她的全部教育生活中、生存状态中。她既是一名为众多家长追捧的语文教师，又是一位知名度很高的班主任。这与其说是她的‘无痕’教艺使然，不如说是她的人格魅力使然。”

我清醒地意识到如今我只是“初见”风格，风格的打磨和成熟是一个较为长期的过程。“无痕无巅，追求有径”，我唯有不断求索。

4. 专业发展，提升了幸福指数

做事情，有的出于利益，有的则出于性情。不止一位同事对我迷恋教育大惑不解，询问我如何修炼出这般“定力”。我坦言：“定力”不是我修炼出来的，它直接来自孩子、来自语文教育对我的吸引力。我很幸运，喜欢做教师，和孩子们在一起就欢喜，走进课堂就起劲，教书育人很给力。热爱，源于本心，发自肺腑，神圣感、使命感无非是对从事的教育的真性情而已。我被孩子、被语文的美好所吸引，为他们着魔，感觉特别幸福。无论在哪里，都会牵挂着他们，如同母亲牵挂着自己的孩子。

曹津源校长说：“李凤老师就这样真爱着，行走着，幸福着，享受着，她似乎没有很多语文教师所说的无尽烦恼。雪落春泥，悄然入土，孕育和润泽着生命。虽然‘无痕’，却有声有色；虽然‘无痕’，却有滋有味；虽然‘无痕’，却如诗如乐。‘无痕’之雪，无声中却有歌，无形中却有画，这就是哲理人生。”——知我者，师傅也！

四、团队激励

席勒曾说，任何天才都不可能孤立地发展，外界的激励，如一本好书、一次谈话，会比多年独自耕耘更有力地促进思考。我虽不才，但已经摸到了语文教学的门，然而没有一梯队的团队引领，没有领导、导师、同仁们营造的良好环境，也不可能有今天的成绩。

加入一梯队专业发展共同体，让我更多地聆听到领导、导师们语重心长的教诲。一梯队的成员各怀绝技，他们绝大多数是省特级教师，还有一些是教授级中学高级教师、人民教育家培养对象。和这些优秀的成员在一起，压力不小，动力也大。导师团给我们下达的考核指标涵盖了教师专业发展的方方面面，其要求之高曾令我心里发憷。好在有压力，有舞台，更有关爱与激励，让我有勇气在三年中承担了国家级、省市级公开课 30 多节，讲座 30 余场，在与西藏、新疆、上海、四川、陕西、甘肃及省内诸多县市老师和学生们的交流中，成长加速。

在一梯队，我们时常受到激励。激励的心理过程，就是由人的需要、动机、行为、目标相互作用的过程。法国著名作家安德烈·莫洛亚说过："美好的语言，胜过礼物。"赏识性的激励，带给我崇高的精神体验，转化为更加努力的强大内驱。

五、啐啄同时

鸡蛋欲孵化时，小鸡在里边啐，母鸡在外边啄，这啐啄之机亦是师对弟子最好的教育法。任何事情必须要有内因"啐"，外因"啄"，才能成就，内因与外因，缺一不可。"佛度有缘人"，我和导师们因教育而结缘，遇到啐啄同时的好因缘。

思想在与人交往中产生，而它的加工和表达则是在一个人独处之时。如果没有独处中的用心加工和表达，不但已经产生的思想材料会流失，而且新的思想也会难以产生了。课堂是教师成长的基地和起点。我的心志在此，创意在此，快乐也在此。我迷恋课堂，喜欢思索，不满足于重复、单一的教学。于是，我反思语文教学现状，琢磨、坚守学生发展及语文教育的基本规律，从中国传统文化中寻根，在时尚流行元素上驻足，在教育学、心理学、美学、脑科学中找依据，向教学的高标"无痕"走近、再走近。力虽不逮，心向往之。在思想方法上循大师的思路，边学边做边悟，在教学中体悟幸福人生。

我力求每一次教学都有新感觉，新鲜、有激情，流畅、有技巧，率性、

有深度……课堂成为我和学生的幸福向往。

感谢所有的导师！

感谢我的家人！

感谢关心我成长的各位领导！

感谢培育我的学校！

感谢我的同仁和朋友！

感谢我的学生和他们的家长！

感谢教育，感谢生活！

人生有涯，“无痕”无巅，我仍将幸福地前行！